科学发展主题案例

KEXUE FAZHAN ZHUTI ANLI

社会服务与管理

全国干部培训教材编审指导委员会组织编写

人民出版社

党建读物出版社

责任编辑：刘宗琴
装帧设计：肖　辉
责任校对：张学民

图书在版编目（CIP）数据

社会服务与管理／全国干部培训教材编审指导委员会组织编写．
　--北京：党建读物出版社：人民出版社，2011.7（2011.12 重印）
（科学发展主题案例）
全国干部学习培训教材
ISBN 978－7－5099－0205－9

Ⅰ.①社…　Ⅱ.①全…　Ⅲ.①社会服务－案例－中国－
　干部教育－教材②社会管理－案例－中国－干部教育－
　教材　Ⅳ.①D669.3②D63

中国版本图书馆 CIP 数据核字（2011）第 030529 号

社会服务与管理

SHEHUI FUWU YU GUANLI

全国干部培训教材编审指导委员会组织编写

主　编：李立国

人民出版社
党建读物出版社 出版发行

保定市中画美凯印刷有限公司印刷　新华书店经销

2011 年 7 月第 1 版　2011 年 12 月第 4 次印刷
开本：710 毫米 ×1000 毫米　1/16　印张：17.25
字数：239 千字　印数：400001－450000 册

ISBN 978－7－5099－0205－9　定价：36.00 元

邮购地址 100706　北京朝阳门内大街 166 号
人民东方图书销售中心　电话（010）65250042　65289539

本书如有印装错误，可随时更换　电话：（010）58587660

序　言

以科学发展为主题，是实现经济社会又好又快发展的要求，是时代的要求，关系全面建设小康社会奋斗目标的实现，关系我国改革开放和社会主义现代化建设全局。在当代中国，坚持发展是硬道理的本质要求就是坚持科学发展。这是立足我国仍处于并将长期处于社会主义初级阶段这个最大实际、着眼于解决我国发展中的突出矛盾和问题、顺应各族人民过上更加美好生活新期待作出的科学判断。以加快转变经济发展方式为主线是推动科学发展的必由之路，符合我国基本国情和发展阶段性新特征。必须把加快转变经济发展方式贯穿经济社会发展全过程和各领域，坚持在发展中促转变、在转变中谋发展，提高发展的全面性、协调性、可持续性。

坚持以科学发展为主题，以加快转变经济发展方式为主线，开创科学发展新局面，要求我们必须全面准确领会科学发展观的科学内涵、精神实质、根本要求，不断深化对发展中国特色社会主义的规律性认识，用科学发展的眼光、思路、办法解决前进中的问题；必须更加注重以人为本，坚持从最广大人民根本利益出发谋发展、促发展，着力保障和改善民生，不断满足人民日益增长的物质文化需要，走共同富裕道路，促进人的全面发展，做到发展为了人民、发展依靠人民、发展成果由人民共享；必须更加注重全面协调可持续发展，按照中国特色社会主义事业总体布局，促进现代化建设各个环节、各个方面相协调，促进生产关系与生产力、上层建筑与经济基础相协调，促进经济发展与人口资源环境相协调；必须更加注重统筹兼顾，正确认识和妥善处理中国特色社会主义事业中的重大关系，认真考虑和对待各方面发展需要，正确反映和兼顾各方面利益要求，充分调动全社会的发展积极性，为全面建设小康社会、实现中华民族伟大复兴凝聚强大力量；必须始终保持党同人民群众的血肉联系，切实做好新形势下群众工作，更加注重加强和创新社会管理，正确处理人民内部矛盾，促进社会公平正义，最大限度激发社会创造活力，最大限度增加和谐因素，最大限度减少不和谐因素。

“十二五”时期是全面建设小康社会的关键时期，是深化改革开放、加快转变经济发展方式的攻坚时期。落实好“十二五”时期发展的各项目标任务、推动经济社会发展再上新台阶，必须坚持用邓小平理论、“三个代表”重要思想和科学发展观教育和武装干部，加快建设马克思主义学习型政党，培养造就善于推动科学发展、促进社会和谐的高素质干部队伍。

干部教育培训是建设高素质干部队伍的基础性工作，必须紧扣科学发展这个主题和加快转变经济发展方式这条主线，联系实际创新路，加强培训求实效。全国干部培训教材编审指导委员会组织编写了以科学发展为主题的10本案例教材。这些案例既有成功经验，也有深刻教训，具有较强的实践性、典型性、针对性。各级领导干部要认真学习借鉴，不断加深对推动科学发展重要性和必要性的认识，自觉转变不适应不符合科学发展的思想观念，切实增强把握发展规律、创新发展理念、转变发展方式、破解发展难题、提高发展质量的能力，切实把科学发展观贯彻落实到经济社会发展各个方面，努力实现经济社会又好又快发展，为全面建成小康社会、加快推进社会主义现代化贡献力量。

胡锦涛

2011年6月7日

目　录

CONTENTS

第四章　社区建设案例

第五章　社会工作案例

第六章　优抚安置工作案例

第七章　行政区划、地名管理案例

总 论

第一节　社会服务与管理概述

理论既是对实践规律的概括性抽象，又对实践具有指导作用。分析社会服务与管理的案例，必须掌握其基本理论，并在宏观理论背景下分析社会服务与管理发展的基本状况。

一、社会服务与管理的基本内涵

“社会服务”（Social Service）是在现代化进程中，政府为维护和保障全体公民，尤其是社会困难群体和特殊群体（如老年人、残疾人、儿童、失业者、贫穷者等）的生存权益和生活需求，向其提供必要的日常劳务帮助和基本服务支持的一种制度安排。社会服务按服务性质可分物质性服务和精神性服务；按服务的程度又分为基本性服务、发展性服务和享受性服务。社会服务运动始于1884年英国伦敦成立托因比服务所。1889年后赫尔大厦服务社在芝加哥西区成立。此后社会服务运动迅速传到西欧大部分国家以及东南亚、日本和中国。我国学界对社会服务的理论探讨始于改革开放的实践探索，发展于政府社会治理创新，经历了社会福利服务向社会保障服务的延伸、特殊群体直接需求服务向社会成员生活服务的扩展、社区服务向社会服务的提升。随着以人为本执政理念的确立，科学发展观的深入人心，学术界对社会服务的认识不断拓展和深化，逐步将其聚焦为提升政府行政能力和衡量政府行政水平的重大关切，正在形成理论与实践相呼应、相统一的态势。

尽管宏观意义上的社会服务内容可以涵盖社会事业各领域，但在各国的具体实践中，关于社会服务的基本政策架构主要集中在对全体公民、尤其是社会困难群体和特殊群体的日常生活服务上，由此形成社会服务和专业服务的明晰区别。我国当前的社会服务内容主要包括两个方面：一是面向特定对象的社会福利服务、社会救助服务、救灾减灾服务、优抚安置服务等；二是面向全体公众的基层治理服务、社会组织服务、区划地名服务、婚姻殡葬服务、社会工作服务和社区服务等项内容。上述社会服务在预防、解决社会问题，处理社会矛盾，调整社会关系，改善社会生活方式，完善社会制度，减少社会发展的障碍因素等方面，具有重要作用。

从我国社会服务实践形态的历史演进看，我国的社会服务主要是针对社会成员所发生的特定困难而进行的体现公平与公正的帮助、扶助或支持等活动，其活动具有人格化、行动指向的特定性和具体性等特点。目前我国社会存在着相当数量的困难群体和特殊群体，这些群体仍是我国社会服务的主要对象。社会服务作为保障基本民生的一项制度性安排，作为社会政策的具体表达，应充分实施于各级政府的社会建设过程中。因此，政府部门必须强化社会服务理念，制定社会服务政策，发展社会服务事业，妥善解决好社会特殊群体和困难群体的生存与生活问题，保障、维护社会困难群体的基本权益，建立并逐步完善社会主义社会服务体系，切实满足公民的基本社会服务需求。

社会管理，属于公共管理的范畴，主要是指政府和社会组织等社会管理主体为促进社会良性运行与协调发展，通过行使公共职能，供给制度安排，对社会系统各组成部分、社会生活的不同领域以及社会发展的各个环节进行组织、指导、规划、服务、协调、监督和控制的过程。社会管理的作用在于更好地优化社会资源配置，构建社会发展的良好秩序，确保社会良性运行。社会管理的主体以往是单一的政府，未来应该是政府与公民社会，包括社区、社会组织和公民个体等多元主体的协同合作。管理的途径除了传统的行政手段，将越来越多地运用经济手段和各种社会化方式，形成多方合力。社会管理的重点不仅在于要建立职责清晰、管理高效的体制机制，更重要的是树立良好的社会秩序规范，如涉及经济领域的合法经营、诚实守信市场规范以及公民基本的文明道德规范等，从而在提高社会运行效率的同时，实现社会公平正义的基本价值追求。

就内涵而言，社会服务和社会管理是密不可分、相互促进的。从理念来看，两者都必须坚持以人为本，促进社会公平和正义，推动社会全面进步和可持续发展，实现人的全面发展；从内容上看，两者有相互包容的成分，建立健全社会管理的体制和机制本身就是社会服务的重要内容，而制定社会服务的规划也同样是社会管理的必要环节；从功能上看，两者是相互促进的，优质、高效的社会管理为社会服务创造有利的环境和条件，保证社会服务的顺利进行，而社会管理的理念和思路、体制和机制、方式和方法等都需要在社会服务的实践中不断调整、创新和完善。

在我国的政治语境中，中国特色社会主义的社会服务与管理是指在社会主义制度基础上，从保障社会公平正义出发，以政府为主导，立足国情，动员社会力量，整合社会资源，管理社会事务，发展社会组织，规范社会秩序，协调社会关系，完善社会功能，服务社会公众和优化社会生活，构建全体人民各尽所能、各得其所而又和谐相处的社会环境，推动社会全面进步的过程和活动。

我国是中国共产党领导的社会主义国家，实行以公有制为主体、多种所有制经济共同发展的基本经济制度，这是社会主义社会服务与管理的基本前提和制度保证。在我国，社会服务与管理的主体是多元的，不仅政府机构，而且还包括各种社会组织乃至企业，他们在规范、协调、服务等社会管理活动中都可以发挥各自的不同作用。社会服务与管理的手段是多样化的，既包括政府利用行政手段、法律手段对社会生活的干预，也包括社会组织和社会成员利用社会团体行为准则和道德约束对社会生活的自我管理或自治自律，还包括企业利用市场机制提供公共服务以及自觉履行社会责任。社会服务与管理的主要方式是进行社会性规制和提供公益性或互益性服务，具体包括规范行为、整合利益、服务社会。规范、协调、服务既是一种活动，又是一种过程。社会服务与管理的目的在于通过推动公民社会的发展，提升民生福祉，实现社会治理。具体说来就是为了满足社会成员需求，解决社会问题，保障社会公平，促进社会均衡发展，推动社会进步，促进社会和谐，为国家政治发展和经济增长提供稳定的社会秩序和基础。

二、社会服务与管理的基本目标与主要任务

从社会学的视角分析，社会服务与管理的基本目标在于：

一是公众的社会服务需求得到基本满足，弱势群体的基本权益得到基本保障。社会服务体系比较健全，可以有效覆盖并满足弱势群体的特定社会服务需求与普通公众的基本社会服务需求。二是利益分配合理，社会的公平和效率能得到合理兼顾，社会冲突与对抗能得到及时、有效的预防和消弭。三是社会整合机制健全，社会资源的整体效用得到充分发挥。经济、政治、文化的发展能够协调一致，各种不同社会制度下的文明成果能够相互借鉴。四是社会结构合理，社会关系融洽。社会的各个组成部分（子系统）之间的关系比较匀称、比较均衡、比较稳定，特别是人口结构、阶层结构、职业结构、地区结构、家庭结构比较合理，社会的各个子系统都能得到适当的生存和发展条件。五是人与自然和谐共生。将人、社会和自然视为相互作用的有机复合生态系统，关注生态伦理，关心、敬重自然界所有生命形态，在推动经济社会发展的同时，保护好自然界这一人类赖以生存和发展的物质基础，使社会走上生产发展、生活富裕、生态良好的文明发展道路，实现人与自然的和谐与共生。

而从政治学的视角分析，社会服务与管理的基本目标与基本任务是由不同时期的政治与行政生态环境所决定的。现阶段，我国社会服务与管理的基本目标是：促进社会发展，提升民生福祉，构建和谐社会。以此为出发点，我国社会服务与管理的主要任务有四项：

一是基本社会服务更加完备，政府的社会服务和管理水平有较大提高。就是要做到：政府的公共财政体制框架进一步完善，各级政府的事权和财权更加合理，城乡居民逐步享有均等化的基本社会服务，社会救助、社会福利、社区服务等项社会服务的质量显著提高，符合社会主义市场经济体制要求的政府职能转变有较大进展，政府的社会管理和社会服务水平更适应广大人民群众日益增长的物质文化需要。

二是覆盖城乡居民的社会服务体系基本建立，城乡、区域社会服务与管理发展差距扩大的趋势逐步扭转，合理有序的社会服务与管理格局基本形成，人民的幸福指数逐步提升。

三是全社会的思想道德素质、科学文化素质和健康素质明显提高，良好道德风尚、和谐人际关系进一步形成。就是要做到：社会主义核心价值观深入人心，爱国、敬业、诚信、友善的道德规范取得广泛共识，广大人民群众的生理健康和心理健康水平明显提高，人人为我、我为人人的社会风气蔚然成风。

四是全社会活力显著增强，社会管理体系更加完善，社会秩序良好。就是要做到：全社会更加团结和睦，公平竞争机制更加完善，全社会的创造能量充分释放，创新成果不断涌现，社会生产力得到不断解放和发展。在整合社会管理资源的基础上，形成政府与市场分工明确、上级政府与基层政府分工合理、各类社会组织服务与管理功能完善的互补型网状结构，更好地适应社会结构转型的需要，不断增强人民群众的幸福感和安全感。

三、社会服务与管理的基本原则

社会服务与管理，必须坚持五项基本原则：

一是坚持科学发展。发展是我们党执政兴国的第一要务。只有经济社会发展了，社会财富增加了，才能形成构建社会主义和谐社会的雄厚物质基础，才能为社会服务与管理提供基本的条件。坚持科学发展，就是要求在社会服务与管理中必须坚持统筹城乡发展、统筹区域发展、统筹经济社会发展、统筹人与自然和谐发展、统筹国内发展和对外开放，加快转变发展观念、创新发展模式、提高发展质量，推进节约发展、清洁发展、安全发展，真正实现经济社会协调发展以及人与自然和谐相处。

二是坚持以人为本。这是社会服务与管理的根本出发点和落脚点。以人为本既是对人在社会服务与管理中的主体作用与目的地位的肯定，又是一种价值取向，强调在社会服务与管理中必须尊重人、理解人、关心人、解放人、依靠人和为了人。在社会服务与管理中坚持以人为本，就必须从促进人的全面发展出发，实现好、维护好、发展好最广大人民群众的根本利益，努力提升全社会的民生福利水平，不断满足人民群众日益增长的物质文化需要，做到发展为了人民、发展依靠人民、发展成果惠及全体人民。

三是坚持公平正义。公平指的是一种合理的社会状态，它包括社会成员之间的权利公平、机会公平、过程公平和结果公平。正义是对于社会终极价值的追求，是对于社会成员的基本道德约束。公平正义既是古往今来人们衡量理想社会的标准之一，是人类社会发展进步的重要价值取向；也是协调社会各个阶层相互关系的基本准则，是社会具有凝聚力、向心力和感召力的重要源泉。在社会服务与管理过程中，只有遵循公平正义的原则，才能取得社会各个阶层的共识和认同，才能获得最广泛的社会支持；只有遵循公平正义的原则，才能有效调节各种利益关系和处理各种社会矛盾，使绝大多数社会成员受益；只有遵循公平正义的原则，才能有效地整合社会各种资源和力量，实现全社会的团结与合作。在社会服务与管理中，必须逐步建立以权利公平、机会公平、规则公平、分配公平为主要内容的社会公平保障体系，从法律上、制度上、政策上努力营造公平的社会环境，从收入分配、利益调节、社会保障、公民权利保障、政府施政、执法司法等方面采取落实公平的切实措施，推动社会向着公平正义的方向发展。

四是坚持民主法治。这是实现社会公平正义的客观要求，也是促进社会和谐的重要保障。必须加强社会主义民主政治建设，了解、理解并尊重人民群众民主参与社会事务的愿望与诉求，大力发展社会组织和基层自治组织，使全体社会成员依据法律更大程度地参与到社会服务与管理的过程中，形成社会治理的良性机制；树立社会主义法治理念，增强全社会的法律意识，全面实施依法治国方略，加快建设社会主义法治国家；适应社会发展和经济基础发生的新变化和人民群众的新期待，不断健全社会服务与管理的法律体系，创造社会服务与管理的良性制度环境，稳步推进社会服务与管理的法制化、规范化。

五是以稳定为前提，坚持改革发展。构建社会主义和谐社会，不改革就没有动力，不发展就没有物质基础。社会服务与管理，要以改革为动力，坚持与社会主义市场经济相适应的改革方向，加快社会领域改革的步伐，大胆进行制度创新，逐步形成体现公平正义的社会发展格局，建立健全充满活力和富有效率的体制机制。在改革发展过程中，必须高度重视社会稳定，妥善处理好各方面的关系，把改革的力度、发展的速度和社会可承受的程度统一起来，维护社会安定团结，做到以改革促进和谐、以发展巩固和谐、以稳定保障和谐，确保人民安居乐业、社会安定有序、国家长治久安。

四、社会服务与管理的主要内容

社会服务与管理的内容包括制度建设、结构建设、组织建设、事业建设、思想建设、管理体制与协调机制建设等方面的内容。

（一）健全社会服务与管理制度，平衡利益格局

社会服务制度是指在社会服务领域分配社会资源、协调社会各方利益关系的基本规则，包括制度和机制两大部分。制度是社会各方利益博弈均衡的产物，必须深化体制改革，健全社会服务与管理制度，通过制度建设来推进社会利益格局的调整。当前，我国改革发展的社会基础和面临的社会背景发生了重大变化。社会利益关系更趋复杂，统筹协调各方面利益关系难度加大。如何在加强制度建设，推进利益格局调整的过程中，切实加强和改进社会服务与管理，统筹协调好各种利益关系，妥善处理好各种利益矛盾，不仅直接关系到社会稳定和谐，而且直接关系到巩固党执政的社会基础。

（二）建设社会服务与管理组织，发挥职能作用

一方面，健全基层群众性自治组织，推进社区建设，完善基层服务和管理网络。全面开展城市社区建设，积极推进农村社区建设，健全新型社区管理和服务体制，把社区建设成为管理有序、服务完善、文明祥和的社会生活共同体，实现政府行政管理和社区自我管理的有效衔接、政府依法行政和居民依法自治的良性互动。另一方面，培育发展社会组织，增强其服务社会功能。坚持培育发展和管理监督并重，完善培育扶持和依法管理社会组织的政策，发挥各类社会组织提供服务、反映诉求、规范行为的作用。引导各类社会组织加强自身建设，提高自律性和诚信度。努力形成各种社会组织结构健全、功能分工明确，形成政府、企业、社会组织各司其职、协调配合的格局。

（三）发展社会服务与管理事业，改善服务供给

社会服务与管理事业是指国家为了社会公益目的，由政府或其他组织举办的从事社会救助、社会福利、救灾减灾、社区服务、优抚安置、基层治理等项活动的社会服务与管理部门。我国正处于并将长期处于社会主义初级阶段，人民群众日益增长的物质文化需要同落后的社会生产之间的矛盾仍然是我国社会的主要矛盾。而人民群众日益增长的公共产品、公共服务需求同公共产品、公共服务供给不足之间的矛盾日趋突出。近年来，城乡居民在社会救助、社会福利、救灾减灾、社区服务、优抚安置、基层治理等方面的社会服务与管理需求大幅上升，人民群众的社会服务与管理需求正逐步由生存型向发展型升级，呈现出增长迅速、主体多元、结构复杂、需求多样的特点。必须加快发展社会服务与管理事业，尽快改善公共服务体系，净化社会服务环境，切实提升社会救助、社会福利、救灾减灾、社区服务、优抚安置、基层治理等项社会服务与管理水平，不断满足社会公众日益多元化、个性化的公共服务需求。

（四）完善社会政策，维护社会公平

社会政策（Social Policies）是指为满足公众社会需求、提升社会生活质量、促进社会整体进步、解决社会问题、保证社会安全而制定和实施的

各种措施、计划、方案、法律、制度的统称。从历史分析看，发达国家社会政策的发展基本经历了从重增长、重效率，转向重公平、重民生的转型。加强社会服务与管理，应把维护社会公平正义作为社会政策的重要取向，正确处理公平和效率的关系，初次分配注重效率，再分配注重公平；在经济生活中把效率放在第一位，在政治生活和社会生活中把公平放在第一位。要正确处理社会政策的稳定性、连续性和与时俱进、适当调整的关系，既要适应当前我国利益格局的深刻变动适时进行调整，又要保持相对稳定；既要防止因政策朝令夕改引发新的矛盾，又要防止因政策明显不合时宜且迟迟未改激化矛盾。同时，在社会政策的制定过程中，必须注重公众参与。要通过各种途径、方法，将拟定的社会政策向社会公开，使人民群众对于同自身利益密切相关的社会政策设计有着充分而广泛的民意表达，确保社会政策的有效性、合理性和科学性。

（五）构建社会利益协调机制，妥善处理社会矛盾

利益关系是一切社会关系的基础。加强社会服务与管理，必须适应我国社会结构和利益格局的发展变化，形成科学有效的利益协调机制、诉求表达机制、矛盾调处机制、权益保障机制。坚持把改善人民生活作为正确处理改革发展稳定关系的结合点，正确把握最广大人民的根本利益、现阶段群众的共同利益和不同群体的特殊利益的关系，统筹兼顾各方面群众的关系。拓宽社情民意表达渠道，健全信访工作责任制，搭建多种形式的沟通平台，把群众利益诉求纳入制度化、规范化、法制化的轨道。健全社会舆情汇集和分析机制，完善矛盾纠纷排查调处工作制度，综合运用法律、政策、经济、行政等手段和教育、协商、疏导等办法，把矛盾化解在基层、解决在萌芽状态。坚持依法办事、按政策办事，发挥思想政治工作优势，积极预防和妥善处置人民内部矛盾引发的群体性事件，维护群众利益和社会稳定。

五、社会服务与管理的基本特征

从社会学的视角分析，社会服务与管理主要有三个基本特征：

一是人本性和主体性。人是社会的主体和基本分析单元，社会服务与

管理要以人为本，以人为主体，体现尊重人、理解人、关心人、解放人、依靠人和为了人。我国的社会服务与管理是中国特色社会主义建设总体布局的重要组成部分，必须贯彻落实科学发展观，坚持以人为本。要尊重人民的主体地位，以改善民生为重点，推进社会体制改革，扩大公共服务，完善社会服务与管理，促进社会公平正义，努力建设和谐社会。

二是公共性和公益性。社会服务与管理是依托公共权力，为社会公众谋取公共利益的公共管理与公共服务的综合过程。社会服务与管理的一个重要原则和功能是促进社会公平正义，这就体现了它的公共性特点；同时，也决定了它的社会公益性特点，即社会服务、社会事业、社会设施等主要不是为了谋取私人或集团的经济效益，而主要是为了谋取为公众服务的社会效益。

三是结构性和整体性。社会服务与管理是由横向不同要素和纵向不同层次构成的一个有机整体和系统。社会服务与管理应该包括服务与管理的制度建设、组织建设、基础设施建设、体制机制建设等要素。社会服务与管理又是由国家、省（区、市）、地市、县区、城市社区和农村等不同层次实施的事业。在社会服务与管理中不同要素、不同层次都承担各自的使命和发挥各自的功能。这些若干要素、若干层次的社会事业，方方面面、上上下下，互相关联，相互作用，共同组合为一个网络状的立体、完整的社会服务与管理系统。

六、社会服务与管理的主体

在当代，社会服务与管理涉及社会生活的各个方面，关系到社会各个不同层次、不同阶层、不同团体的利益；而社会管理的主体构成也从传统的政府扩展到了所有的公共部门（政府、非营利组织或中介组织等）以及公民个人，社会服务与管理开始进入包括政府管理在内的多元主体的开放式“多中心”治理阶段。

（一）政府

作为受公民委托代行公共权力的强力组织，政府是社会服务与管理的基本主体，社会服务与管理是现代政府的基本职能。政府在社会服务与管理方面的主要职责在于：有效整合政治资源、经济资源和社会资源，公平维护与有效增进社会公共利益，实施社会管理，维护社会稳定，提供基本服务，推动社会发展。顺应当前的社会发展形势，我国政府在社会服务与管理方面的基本职责正在呈现三种发展趋向：（1）实现和完善政府与社会的职能分工，构建政府与社会适当关系的新模式。政府逐渐退出社会能够进行自我管理和服务的领域，还权于社会，促进社会自我治理。政府与社会分工协作、相互制衡，在有限政府与自治社会的强强联合中实现“善治”的目标。（2）精简政府机构，缩小其规模，减少行政成本，实现最优化行政管理。（3）由管治型政府积极转向服务型政府，采用柔性化、多维度的管理方式，提升公共服务水平，并以公共服务为引导，平衡社会利益，优化社会环境，促进社会发展。

必须充分认识到，政府并非是万能的，政府根本不可能解决全部的社会问题，很多情况下，在“市场失灵”之外，也同样存在“政府失灵”的状况，主要原因包括公共政策失效、公共物品供给低效、内部性与政府扩张以及寻租与腐败等问题。因此，从现代社会的发展需求出发，政府在社会服务与管理方面的主体作用应该适度，即政府在社会服务与管理过程中应依法界定自身职能，合理划清权力与义务的基本边界，不应该也不可能包揽一切，不要也不必去做本来应当由社会去做并且实践已经证明社会能够做好的事情。具体地说，政府在社会服务与管理中应遵循三个基本原则：一是政府社会管理的范围应是弥补社会自我治理的缺陷和不足，是对社会自我调节机制的拾遗补缺。按照这一原则，在社会自我调节机制能够发挥功能的领域，政府就不要插手或介入，而在社会自我调节机制不能有效发挥作用的领域才需要政府干预。二是政府社会管理的目的应是促使社会自我调节机制恢复功能，而不是去替代。按照这一原则，政府干预的方式和力度就不应该是固定不变的，而应随着社会自我调节机制的健全而变化。一般来说，在社会自我调节机制不够健全时，应适当放宽政府干预的方式，加大政府干预的力度；而当社会自我调节机制比较完善、比较强势时，就应当减少政府干预的方式，缓和政府干预的力度，以充分发挥社会自我调节机制的功能。三是政府干预的结果必须要比干预前的情况有所改善和好转，否则，就要慎重。按照这一原则，政府在准备进行行政调节时，有必要先低头看看行政调节不完善的地方，以使政府干预尽可能地降低成本，减少副作用，增加有效性。

（二）社会组织

在社会科学中，社会组织有广义、狭义之分。广义的社会组织是指人们从事共同活动的所有群体形式，包括氏族、家庭、秘密团体、政府、军队和学校等。狭义的社会组织对应于英语中的非政府组织（NGO）或非营利组织（NPO），是为了实现特定的目标而有意识地组合起来的不以营利为目的的社会团体，它只是指人类各种组织形式的一部分。社会组织是相对于政府、市场之外的第三部门或公民社会的主体，也是建立在国家—市场—社会这一制度框架之上的社会自治领域。根据萨拉蒙的观点，社会组织主要有五个特点：组织性、非政府性、非营利性、自治性、志愿性。① 但中国社会组织的内涵比西方的非政府组织要丰富，既包括社团、民办非企业单位、基金会，也包括基层社区自治组织。在发达国家，社会组织与现代政府、市场经济体制一起，形成现代国家治理的基本架构。它以独特的性质和特有的优势，比较有效地解决私人领域乃至公共领域中的经济社会问题。

由于“市场失灵”与“政府失灵”的存在，政府与市场并非都是万能的，都无力解决全部的社会问题，因此，在社会服务与管理中，社会组织是非常重要的主体，必须充分发挥其重要作用。一般而言，在社会服务与管理中，蓬勃发展的社会组织既是政府行政权能向社会延伸、细化的关键，也是缩减公共政策成本的重要因素，更是社会文明与和谐社会价值的倡导者和推动者。从社会学的视角分析，社会组织的功能在于：一是建立政府与社会之间的对话、协商和沟通机制，形成国家与社会之间的桥梁；

---

① 参见［美］莱斯特·M. 萨拉蒙等：《全球公民社会——非营利部门视界》，贾西津、魏玉等译，社会科学文献出版社 2002 年版，第 3—4 页。

二是推动社会自律和自治；三是节省社会运行的行政成本。

当前，我国社会主义现代化建设进入新的发展阶段，社会组织的地位进一步凸显。完善市场经济体制，实现经济又好又快发展，客观需要更大限度地发挥社会组织的作用；扩大公民有序参与，发展社会主义民主政治，内在要求社会组织承担更多的功能；发展和繁荣中华文化，提高国家文化软实力，客观需要进一步激发社会组织的活力；保障和改善民生，加快推进社会服务和管理，迫切期待社会组织提供更多的服务；扩大对外开放，拓展国际交流合作，现实需要社会组织扮演更重要的角色。今后一个时期，行政管理体制改革进一步加快，政府将不再包揽一切事务，政企、政事、政社不断分开，众多群众性、社会性、公益性、服务性的社会职能将向社会分离和转移，“小政府、大社会”格局将日益明显。社会组织植根于公众，是承接政府职能、增强社会自治的重要载体，是人民群众实行自我管理、自我服务、自我教育、自我监督的重要形式，也为人民群众开展社会自治和互助服务，实现政府行政管理与基层群众自治有效衔接和良性互动，提供了有效的组织平台。必须在“党委领导、政府负责、社会协同、公众参与”的总格局下，以加强社会服务与管理为出发点，以构建政府、社会、公民三维有机互动为重点，调整和完善我国的政治体制，增强其包容性、协调性和创新性，加快发展社会组织，加快推进公民社会的发育成长，加速形成政府、市场和社会组织合作互动的发展格局，充分发挥社会组织了解民情、集中民智、表达民意和发展公共服务、增进利益表达、促进社会参与、推进社会自治以及化解社会矛盾、协调社会关系、维护社会稳定、推进社会发展的重要作用。

（三）公众

公众是社会服务与管理的最基本元素，既是其基本服务目标，也是其基本参与主体。社会服务与管理的核心主题就是维护人的尊严和满足人的需要，其终极价值和最终目的是改善人民生活质量与提高社会福利，增进社会绝大多数人的最大幸福。特别是在现代民主社会中，政府公共权力的取得与统治的合法性取决于公众的法理性认可。在此背景下，公民不再是被动接受管理和服务的消极参与者，而是积极主动的参与者，具有前所未有的参与公共事务管理的动力和能力。在现代成熟的国家制度框架中，公众积极参与社会服务与管理不仅适应了社会异质性的需求，培养了公民民主的生活方式和公共精神，防止了社会利益失衡，维护了社会秩序稳定；而且有效保证了政府决策的科学性和民主性，弥补了政府行政行为的疏漏，减轻了政府的行政负担，提升了政府效能。因此，能否设计有利于公众参与社会服务与管理的制度安排是有责任感的政府的重要标志之一。如果不能提高公民社会参与的信心、路径和能力，社会服务与管理将无从谈起。

在我国，加强社会服务与管理，构建社会主义和谐社会，是包括社会各阶层在内的全体公民的共同事业，只有动员全体社会公众共同参与，才能使这一宏伟目标变成现实。公众积极参与社会服务与管理既有利于公众了解社会政策的基本内容，理解公共政策的目标选择，积极参与相关的社会服务与管理政策的制定；又有利于公众主动配合相关政策法规的实施，促使社会服务与管理取得良好绩效。因此，社会服务与管理，必须有赖于公众的认同、支持与积极参与，这既是社会服务与管理的基本动力，也是推进我国社会服务与管理的必由之路。

发挥公众在社会服务与管理中的重要主体作用，必须培育公众的参与意识，增强公众的主人翁意识和社会责任感。要加大公众参与的宣传力度，让公众知道自己有权参与公共事务，逐渐把参与公共事务看成是一种习惯。可将公众参与意识的培养融入到国民教育体系中，让公民从小就接受社会参与的理念与实践，逐步形成公众社会参与的氛围。应该发挥舆论的引导作用，通过舆论的引导，使公民正确认识社会参与的权利与义务，形成参与型的政治文化氛围。要逐步提高公众参与的能力和水平。可结合推进基层社区自治，从技术的角度对公民传授一些实际操作的民主参与知识，提高公众参与的实际操作技能，不断提高公众的参与能力和参与水平。要从保障公民的基本民主权利出发，设计适当的制度安排，建立健全民主参与体制，畅通公众的参与渠道，为公众参与创造良好的制度环境，以调动公众参与社会服务与管理的积极性、主动性和创造性，激励并保障公众能够参与到社会服务与管理之中。要建立保障公众在社会服务与管理中全过程参与的机制。在社会服务与管理中，公众参与包括决策参与、执法参与、争议裁决参与、监督参与等，包括信息公开、意见收集、处理和反馈等全过程的各个环节。应通过设立市长信箱、市民论坛、网络调查、社会事务听证和政务程序公开等方式，构建公民对于社会服务与管理的利益诉求机制、民意调查机制、决策参与机制和公众监督机制，扩大公众对社会服务与管理的知情度和参与度。

第二节　我国社会服务和管理进展情况

党中央、国务院一直高度重视社会服务和管理工作。党的十六大以来，社会服务与管理的概念在党的重大文献中多次被提出，成为新时期推进社会建设的重要话题。党的十六届四中全会通过的《中共中央关于加强党的执政能力建设的决定》，提出要“加强社会建设和管理，推进社会管理体制创新”，“发挥社团、行业组织和社会中介组织提供服务、反映诉求、规范行为的作用，形成社会管理和社会服务的合力”。党的十六届六中全会通过的《中共中央关于构建社会主义和谐社会若干重大问题的决定》明确提出：“健全社会组织，增强服务社会功能。坚持培育发展和管理监督并重，完善培育扶持和依法管理社会组织的政策，发挥各类社会组织提供服务、反映诉求、规范行为的作用。发展和规范律师、公证、会计、资产评估等机构，鼓励社会力量在教育、科技、文化、卫生、体育、社会福利等领域兴办民办非企业单位。发挥行业协会、学会、商会等社会团体的社会功能，为经济社会发展服务。发展和规范各类基金会，促进公益事业发展。”要“以增强社会服务功能和提高社会管理、依法办事能力为重点，大力加强基层政权建设”；要“深入开展城乡社会志愿服务活动，建立政府服务、市场服务相衔接的社会志愿服务体系”。党的十七大把社会建设摆到了更加突出的位置，首次把社会建设放到全面推进社会主义经济建设、政治建设、文化建设、社会建设“四位一体”的高度进行全面系统的论述，胡锦涛同志在大会上强调：“社会建设与人民幸福安康息息相关。必须在经济发展的基础上，更加重视社会建设，着力保障和改善民生，推进社会体制改革，扩大公共服务，完善社会管理，促进社会公平正义，努力使全体人民学有所教、劳有所得、病有所医、老有所养、住有所居，推动建设和谐社会。”由此可见，社会服务与管理不仅被提上政府职能转变的议程，还被作为基本民生保障的一项重要任务深入推进。

近年来，我国社会服务和管理取得了显著成就，在解决群众困难、方便人民生活、促进社会公平、维护社会稳定、实现社会和谐等方面取得了明显成效。突出表现在以下几方面：

一、社会服务和管理被纳入中国特色社会主义事业的总体布局，得到各级党委政府的高度重视

在党中央、国务院的领导下，社会服务和管理得到了全社会的高度重视，社会服务和管理法规政策不断完善，在民族事务、宗教事务、环境保护、人口和计划生育、医疗卫生、体育运动、社会治安管理等方面相继出台了一些专门的法律、法规。社会事业发展的资金渠道也大大拓宽，各级财政持续地、大幅度地增加了对社会事业的投入。有的地方还专门成立了社会工作办公室，研究社会工作总体规划，统筹推动社会工作各项任务的分解落实和督促检查，确保社会服务与管理全面推进、重点突破、有序进行。

二、社会服务的基本制度框架初步形成

经过长期努力，逐步构建了社会救助服务、社会福利服务、优抚安置服务和慈善服务等项基本社会服务制度和工作机制，形成了我国社会服务发展的基本制度框架。在社会救助服务方面，建立了城乡最低生活保障服

务、灾害应急救助服务、农村五保供养服务、流浪人口生活救助服务及医疗救助服务、教育救助服务、住房救助服务、法律援助服务等项救助服务制度。在社会福利方面，先后构建了养老、医疗和生活补贴等项老年福利服务制度，孤残儿童供养、教育等项福利服务制度，残疾人生活、康复、医疗、教育、就业和交通出行等项福利服务制度。在优抚安置服务方面，以政策法规为保障、双拥共建为带动、深化安置改革为动力、国家抚恤与社会优待相结合的优抚安置服务格局趋于成型，优抚安置服务逐步走上了法制化、规范化的轨道。在慈善服务方面，发布了慈善事业发展纲要，建立了以慈善文化、慈善组织、慈善政策、慈善募捐为基本架构的慈善服务发展机制。在工作机制方面，"政府主导、部门协作、社会参与"的社会服务工作机制基本形成，强化了各级政府对于社会服务事业主导、投入和监管的职能，加强了相关部门的协调配合，增强了人民群众参与社会服务的积极性和主动性，社会服务的社会开放度、透明度和参与度不断提高。随着社会服务基本制度框架的建立和完善，社会服务开始由"补缺型"向"适度普惠型"转变，越来越多的社会成员享受到了与经济社会发展相适应的社会服务。

三、社会服务体系基本建立，服务水平逐步提升

一是面向公众、多元化投资、多层次发展、专业化服务的社会福利服务格局基本形成。以居家养老为基础，社区照料为依托，机构养老为补充的中国特色的养老服务体系已基本建立。公民收养、亲属监护、家庭寄养、社会助养等多向度的孤残儿童养育服务模式初步形成，孤残儿童养育服务逐步向家庭化、亲情化、社区化方向发展，孤残儿童回归家庭、融入社会的步伐加快。以保障残疾人的生命健康权、生存权和发展权为主线，残疾人社会福利服务已由过去的单一救济型服务，逐步发展成为包括康复、教育、就业、社保、文体、维权、交通和残疾预防等项服务在内的综合服务体系。二是基本建立了以最低生活保障服务为基础，以灾害救助服务、五保供养服务、医疗救助服务、流浪乞讨人员救助服务为主要内容，

以临时救助服务为补充，与住房、教育、司法等专项救助服务衔接配套的社会救助服务体系，有效保障了城乡困难群众基本生活。特别是以备灾减灾、灾害应急响应、灾后恢复重建、冬春灾民生活安排、社会动员为基本内容的灾害应急服务体系成效明显，农村五保供养服务实现了从集体互助向以财政保障为主的历史性转变。三是以义务兵优待服务、军人家属优待服务、烈属抚恤服务、军队离退休干部服务等项服务内容为主体的优抚安置服务已自成体系，并探索发展了一些行之有效的新模式。四是面向全体公众的区划地名服务、婚姻登记服务和殡葬服务的质量进一步提升。以地名标准化为基础、地名信息化为载体、地名文化为支撑的地名公共服务体系初步建立，进一步方便了群众的生产生活。通过加强婚姻服务规范化管理，改善服务环境，推行信息化服务，提高了婚姻登记服务的质量。通过加强殡葬法制建设、实行骨灰处理生态化、改善殡葬服务条件等措施，提高了殡葬服务水平。

四、社区建设深入推进，有效促进了政府行政管理与基层社会自治的有效衔接和良性互动

社会管理的重心在基层。城乡社区既是加强基层社会管理、构建和谐社会的重要基础，又是服务城乡居民的重要载体。加强城乡基层自治组织建设，在基层形成一个横向到边、纵向到底的社会管理体系，对于动员和组织人民群众有序参与社会管理和互助服务具有重要作用。

经过多年的实践探索，我国村（居）民自治范围基本普及，内容不断丰富，制度日趋完善，规范化的水平逐步提高，已由普遍建立制度向着进一步完善制度、规范程序、提高实效的新阶段转变。95%的村委会、22%的居委会实行了直接选举，基层自治组织不断健全；各地普遍在社区设立社区警务站（室）、社区卫生服务站、信息服务站、文化活动站、星光老年之家、慈善超市、社区学校和社区活动广场等，并以此为平台，积极开展社区卫生、社区文化、社区环境、社区治安、社区就业和社区保障等服务项目，多种形式的便民生活服务圈不断涌现，社区居民看病就医、文化

娱乐、环境美化和治安、就业等问题得到了初步解决。

五、社会组织已经成为社会主义现代化建设的一支重要力量

依法管理社会组织，是社会服务和管理的重要内容，是完善社会主义市场经济体制、促进社会和谐和推动社会全面进步的必要手段。

截至2008年年底，全国共有社会团体22万个，在反映群众诉求、维护公众权益、向政府建言献策、参与公共管理等方面作出了积极贡献；行业协会6万多个，基本涵盖国民经济各个门类，在规划行业发展、反映行业诉求、提供行业服务、促进行业自律方面发挥着越来越重要的作用；民办非企业单位17.8万个，有效扩大了教育培训、卫生医疗、劳动就业、社会福利等公共服务；基金会1390个，特别是非公募基金会从无到有，已设立349个，各类基金会年筹集资金近200亿元，有力地支持了公益慈善事业发展。

六、社会工作人才队伍建设工作全面启动

社会工作涉及社区管理与服务、青少年工作与管理、社会保障事务管理、家政服务、老年服务与管理、现代殡仪技术与服务、戒毒康复等多个领域，在调节社会关系、化解社会矛盾、预防社会冲突、解决社会问题、维护社会公正、促进社会和谐方面有着独特的作用，是现代社会管理和公共服务中的一支重要力量。2003年，上海市率先由市民政局和市人事局联合建立了社会工作者职业资格认证制度。之后，江苏、浙江、北京、天津、福建、重庆、广州、深圳、宁波等省市也都在社会工作职业制度建设方面进行了积极探索。

尽管我国社会服务和管理取得了很大的成绩，但随着社会主义市场经济体制的逐步建立与完善，我国社会事业总体上仍然滞后于经济社会的发展水平，还存在一些亟待解决的问题，突出表现在以下几方面：

一是法规制度建设落后。社会救助法等很多和群众利益密切相关的法律至今没有出台，公民的基本社会权利难以得到申明和有效保障；一些规

章制度严重落后，难以有效调节新的利益矛盾，在面临一些新的利益冲突时甚至出现了制度缺失。因此，迫切需要进一步完善社会管理的法律法规体系，真正实现通过法律法规调节规范各种社会关系和行为，在社会管理领域实现依法治国。

二是社会基本公共服务不足。虽然各级政府不断加大对社会事业的投入，社会服务获得了长足的发展，但是，与经济的发展水平和人民群众日趋多层次、多样化的物质文化需求相比，基本公共服务设施不完善、服务能力不足等问题仍然比较突出。

三是社会管理体制不健全。在社会服务和管理领域，政府职能的错位、缺位和越位现象仍然存在，需要加速改革和完善社会事业发展模式，理顺政府、社会组织与公众之间的关系。政府需要进一步从一些传统的管理领域中撤退出来，将更多的领域交给社会去管理。

四是社会事业组织发展落后，还不能有效承接政府转移出来的职能。社会组织和社区自治组织等社会事业组织直接承担着推进社会事业发展、提供社会服务的重要职能，但相对于我国企业组织运行机制改革和现代企业制度建立进度而言，我们各类社会事业组织发展明显滞后。目前，社会事业组织不仅数量少，而且很多社会事业组织还缺乏适当、有效的外部监管，内部运行机制的传统色彩也相当浓厚，人、财、物等资源的配置缺乏效率，不能适应快速推进社会事业发展的要求。

五是社会事业发展缺乏专门人才。没有高水平的专门人才，社会事业的发展就会失去人力支持。和经济技术人才的培养相比，我国目前对于社会事业发展人才的培养有很多不足，存在专业设置不全、分类过粗、人才培养规模偏小、人才培养层次偏低、人才激励机制不足等问题。

第一章
社会组织建设与管理案例

PART 1

概　述

社会组织是现代社会的重要组织形式。改革开放以来，我国社会组织得到了蓬勃发展，在经济、社会、政治、文化等领域发挥着越来越重要的作用，已经成为社会服务和管理的一支新生力量。

一、社会组织的基本情况

（一）社会组织的概念

在现代社会，社会组织是指在政府、市场、社会之间发挥服务、沟通、协调等作用的非营利性组织，又称民间组织。在国外，这类组织也被称为非政府组织、第三部门、社区和志愿者组织或慈善组织。

我国社会组织包括社会团体、民办非企业单位和基金会三类。社会团体，是指中国公民自愿组成，为实现会员共同意愿，按照其章程开展活动的非营利性社会组织。按照业务范围和会员组成特点的不同，社会团体分为行业性、学术性、专业性和联合性等类型。民办非企业单位，是指企业事业单位、社会团体和其他社会力量以及公民个人利用非国有资产举办的，从事非营利性社会服务活动的社会组织，如民办的学校、医院、研究所、博物馆、体育俱乐部、老年公寓、福利院等。基金会，是指利用自然人、法人或者其他组织捐赠的财产，以从事公益事业为目的，按照国家《基金会管理条例》的规定成立的非营利性法人。包括公募性基金会和非公募性基金会。

（二）社会组织的特点

（1）非政府性，是指社会组织都是由政府或政府部门以外的社会力量举办的，具有民间性。

（2）非营利性，是指社会组织不以营利为目的。通过服务活动取得的收入，不能分配利润，应当用于社会组织章程规定的业务领域，解体时的剩余财产按国家有关规定处理。

（3）自主性，即社会组织按照法律法规和自身章程的规定自主开展活动，任何组织和个人不得非法干涉。

（三）社会组织的作用

随着社会组织实力的增强和活动日益规范，社会组织的作用也越来越重要，对促进经济发展、推进社会进步、维护社会稳定和谐产生了积极的影响。

1. 经济领域

社会组织通过提供服务，反映诉求，规范行为，吸纳就业，配合政府宏观调控，协调市场资源配置，有力地促进了经济增长方式的转变和市场经济的发展，已成为促进政府职能转变，构筑市场体系不可缺少的组成部分。

2. 政治领域

社会组织为扩大群众有序参与、增强社会自治、参与公共事务提供了有效平台。一方面有利于满足人民群众利益多样化的需要，为他们理性表达利益诉求、合理维护自身权益、有序扩大政治参与提供了组织渠道；另一方面成为党和政府联系不同方面、不同利益群体的桥梁和纽带，广泛团结和凝聚了各方面的积极力量。

3. 社会领域

社会组织有利于化解社会矛盾，调节利益冲突，减少不和谐因素，维护社会稳定；有利于配合政府职能转变，承接一部分社会管理和社会服务的职能，填补公共服务的薄弱环节，扩大公共服务供给，降低社会管理的成本，使社会多样化需求得到进一步的满足。

4. 文化领域

社会组织聚集着大批科技、文化领域的专门人才，有很强的创新能力，通过科学研究、教书育人、文化传播等形式，弘扬了中华传统美德，促进了“科教兴国”战略的实施，推动了先进文化的发展。

5. 国际交流合作领域

社会组织对外倡导和平，维护正义，开展环境保护，消除贫困，代表我国企业参与国际市场标准制定，保护知识产权，处理纠纷争端，对树立我国良好形象，共建和谐国际环境发挥了不可替代的作用。

二、社会组织的管理体制和方针

（一）双重负责的管理体制

我国对社会组织实行的是登记管理机关和业务主管单位双重负责的管理体制。国务院民政部门和县级以上地方各级人民政府民政部门，是本级人民政府的社会团体、民办非企业单位的登记管理机关；国务院有关部门和县级以上地方各级人民政府有关部门、国务院或县级以上地方人民政府授权的组织，是有关行业、业务范围内社会团体、民办非企业单位的业务主管单位。

登记管理机关主要进行宏观管理和执法监督，是运用一定的机制，对社会组织的日常活动进行有效规范、监督和指导的过程。主要负责依法开展社会组织的登记审批工作，研究制定有关政策规定并组织实施，指导和检查监督社会组织的活动，依法查处违法违纪行为。业务主管单位主要负责社会组织的申请登记、思想政治工作、党的建设、财务和人事管理、对外交往、接受境外捐赠资助以及按章程开展活动等事项。登记管理机关主要进行宏观管理和执法监督。业务主管单位侧重于日常业务管理。两个部门各司其职、各负其责、密切配合，形成管理合力。

此外，一些地方还成立了由党政主要领导同志为负责人的社会组织协调机构，对涉及社会组织管理的重大问题进行研究、协调，加强了对社会组织管理工作的领导，完善了双重负责的管理体制，取得了良好的社会效果。

与双重负责管理体制相适应，我国对社会组织还实行同级审批同级登记的原则，由登记管理机关直接负责登记同级业务主管单位审查同意的社会组织的登记工作。

（二）社会组织管理工作的方针

我国对社会组织管理实行的是培育发展与监督管理并重的方针。培育发展是目的，监督管理是手段，加强监管是为了更好地培育发展，发挥社会组织的积极作用。培育发展，是指按照社会主义市场经济和社会发展的需要，坚持合理布局、优化结构、突出重点、注重质量的原则，制定培育发展的规划；从促进经济体制改革和政治体制改革的角度，结合政府职能转变，探索增强社会组织的服务功能，寻找培育发展社会组织的新途径；及时解决社会组织发展中遇到的问题，指导社会组织按照法律法规和章程开展活动，帮助社会组织完善内部治理结构，建立自律机制，使之不断提高服务社会的能力。加强监管，是指建立和完善社会组织行政监管体系和社会监督体系，政府有关部门紧密配合，社会各界共同监督，依法查处违法行为，打击非法组织，净化社会组织的发展空间。

三、社会组织的发展现状及存在的主要问题

（一）社会组织发展的现状

改革开放以来，我国社会组织得到迅速发展，布局得到调整，结构不断优化，质量逐步提高，群众有序参与、有效覆盖城乡、门类齐全的社会组织体系基本形成。社会组织在经济领域、政治领域、社会领域、文化领域等方面发挥了越来越重要的角色。

第一，社会组织保持良好的发展态势，组织数量不断增加。截至 2008

年底，我国共登记社会组织近 40 万个。其中，社会团体 22 万个，民办非企业单位 17.8 万个，基金会 1390 个。

第二，社会组织自身建设不断加强。社会组织的法人治理机制初步建立，领导班子建设日渐加强，从业人员年龄知识结构不断优化，非营利性组织会计制度广泛执行，自律意识和诚信观念不断加强，逐步涌现出一批制约机制健全、管理运行科学、社会公信力和影响力高的社会组织。

第三，社会组织服务社会能力进一步提高。2008 年度，全国各类社会组织吸纳社会各类人员就业 476 万人，兼职工作人员超过 500 万人，注册的志愿者超过 2500 万人，形成固定资产总值 888 亿元，收入合计 1001 亿元，各类费用支出合计 1028 亿元，社会组织增加值为 376 亿元。综合实力的增强，明显提升了社会组织服务社会的能力。

第四，社会组织整体影响力日益增强。社会组织涉及和深入社会生活的各个层面，在促进经济发展、繁荣社会事业、参与公共管理、开展公益活动和扩大对外交往等方面都显示出越来越重要的作用。

（二）规范社会组织的法律法规体系

目前，我国已经基本形成了以宪法、有关法律法规和部门规章、规范性文件组成的社会组织法律法规政策体系。宪法明确了公民结社自由等基本政治权利；专门或涉及社会组织管理的法律，包括民办教育促进法、公益事业捐赠法、企业所得税法、劳动合同法等；专门规制社会组织的行政法规有《社会团体登记管理条例》、《民办非企业单位登记管理暂行条例》、《基金会管理条例》、《医疗机构管理条例》、《外国商会管理暂行规定》等；涉及社会组织的行政法规有《中华人民共和国民办教育促进法实施条例》等，加上国务院有关部门和地方人大、地方政府出台的部门规章和地方性法规规章，共同构成了我国社会组织管理的法律法规政策体系。这些法规政策为社会组织依法开展活动和政府有关部门依法管理社会组织提供了法律保证，并将社会组织管理工作初步纳入了法制化、规范化轨道。

（三）社会组织建设面临的主要问题

我国社会组织尽管有了长足发展，但总体上仍处在发展的初级阶段，影响社会组织健康发展、发挥作用的思想观念、体制机制、法制政策、监督管理等方面都存在一些亟待解决的问题。

第一，地位作用认识不够到位。一些地方和部门在理解社会组织的地位、作用问题上存在认识上的偏差，对新形势下社会组织发展的重大意义、客观趋势以及功能作用认识不到位。

第二，法律体系有待完善。社会组织的立法层次低，内容不完善，政策不配套。目前社会组织的法规和规章主要以程序性规范为主，实体性规范明显不足，在税收优惠、资金投入、人事管理、社会保险等方面缺乏健全的政策规定。

第三，管理体制需不断健全。登记管理机关与业务主管单位双重负责的管理体制在强化社会组织准入条件的同时，也产生了两个问题：一是登记“门槛”过高，大量社会需要的组织找不到业务主管单位而无法登记；二是政社不分，社会组织行政色彩严重。另外，监管方面，也存在监督力量薄弱、监管乏力的问题。

第四，社会组织整体素质有待提高，能力建设亟须加强。一些社会组织的组织机构不健全，内部制度不完善，民主管理不落实，财务管理不透明。一些社会组织政社不分，现职党政领导干部兼任、离退休领导干部担任负责人现象严重。

第五，涉外社会组织管理问题突出。随着改革开放的深入和对外交往的扩大，境外社会组织在我国境内活动日益增多。但除涉外基金会外，涉外社团、涉外民办非企业单位的登记管理尚无法可依。如何趋利避害，加强引导和管理，妥善应对，已成为当前社会组织管理中一项紧迫任务。

四、培育发展社会组织的建议思考

为进一步加强社会组织的建设与管理，充分发挥社会组织在构建社会主义和谐社会、全面建设小康社会中的积极作用，我们建议：

1. 进一步统一思想，切实加强党和政府对社会组织的领导

各级党委、政府要充分认识新时期社会组织的地位、作用，准确把握我国社会组织的阶段性特点和本质特征，积极探索适合社会组织发展的管理思路，把社会组织发展、规划与管理工作摆到重要位置，纳入经济社会发展计划和政府绩效考核体系，帮助解决发展中的困难和问题，为社会组织发展提供良好的环境。

2. 加强分类指导，突出发展重点

鼓励社会力量在教育、科技、文化、卫生、体育、社会福利等领域兴办民办非企业单位。发挥行业协会、学会、商会等社会团体的社会功能，为经济社会发展服务。发展和规范各类基金会，促进公益事业发展。扶持慈善公益组织、社区社会组织，促进社会和谐。

3. 加大培育扶持力度，完善配套政策

健全社会组织专职工作人员工资、保险、福利等政策，解决社会组织工作人员的后顾之忧。建立社会组织财税支持政策，通过税收优惠、政府购买服务、建立社会组织发展基金等培育措施，促进社会组织建设。

4. 改进管理体制，加强监督管理

进一步完善法律法规，加紧修订和出台社团、民办非企业单位登记管理暂行条例。探索改进双重管理体制，促进管理体制逐步由重入口登记向准入和日常管理并重转变，由重行政控制向依法发展方向转变。强化行政执法工作，健全执法查处的主体、程序、监督、处罚等有关规定和法律文书，加强执法力量。

5. 建立现代社会组织制度，提高服务社会能力

健全权责明确、协调运转、有效制衡的法人治理结构，明确会员大会、理事会、监事会和管理层的职责，完善议事、选举、机构、财务、人事等各项制度。推动社会组织与党政机关在办公、人、财、物方面实现脱钩，减少社会组织行政化倾向，保障社会组织的自主性及独立性。加强社会组织人才队伍建设，建立社会组织内部激励和约束机制，发挥从业人员的工作积极性和主动性。加强和改进社会组织党建工作，充分发挥党组织在社会组织中的应有作用。

6. 做好境外非政府组织管理工作

要加快制定并完善切实可行的政策法规，尽快把在国内活动的境外非政府组织纳入依法管理的轨道。对危害国家安全和社会稳定的不法行为，必须加以防范，坚决打击，以维护我国政治、经济和社会的稳定。

7. 切实加强机构队伍建设

当前，登记管理力量薄弱，监管乏力，仍是制约社会组织建设与管理的一个突出问题。切实加强登记管理机关的自身建设，是社会组织建设与管理必须重视的一项基础性工作。要采取措施，有效解决登记管理机构设置、人员编制、专职干部、工作经费、执法装备等问题。

案例1　广东省食品行业协会的成功转型

2006年初，广东省在全国率先对行业协会进行了重大改革，出台了一系列政策措施，创新行业协会发展和管理模式，激发了行业协会的发展活力。在这次改革中，广东省食品行业协会（以下简称食品协会）在新的政策环境下，积极顺应改革形势，紧密结合改革要求，在协会内部进行了全方位的改革探索，使其自律和服务功能得到了充分发挥。

一、案例背景

目前，我国对行业协会管理主要是依据《社会团体登记管理条例》，实行双重管理体制和“一地一业一会”制度。同时，在登记管理、财政税收、社会保障等诸多方面，国家出台了大批配套性的政策规章，使行业协会管理工作逐步纳入了法制化、规范化轨道。截至2006年年底，全国有59783个行业协会商会活跃在工商领域，它们通过为企业和政府服务，成为我国经济社会发展中一支不容忽视的力量。但是，我国行业协会大部分由政府部门组建，行政化色彩重、角色定位不清、能力建设不强、市场应变能力弱。由于这些弊端的日益突出，社会各界对改革行业协会现状、推动行业协会发展的呼声越来越高。

2006年2月15日，广东省委、省政府出台了《关于发挥行业协会商会作用的决定》。3月1日，广东省人大常委会颁布的《广东省行业协会条例》正式施行。2007年12月，广东省民间组织管理局制定了《广东省行业协会章程示范文本》。这些政策文件，大胆提出了行业协会的民间化改革，对行业协会的管理进行了重大突破：

一是改进双重管理体制。针对双重管理体制带来的行业协会登记难、政府干预多、行业协会行政依附性强等一系列问题，广东把行业协会的业务主管单位改为了业务指导单位。业务指导单位可以是一个或几个，负责对行业协会进行相关业务指导，不再具有对行业协会的审批和行政管理权限。二是突破“一地一业一会”的登记准则。打破了“同一行政区域内已有业务范围相同或相似的社会团体”不能成立其他社团的限制，行业协会可以有序竞争，但不宜过多过滥地设立。三是赋予行业协会具体职能，要求政府部门将行规行约制定、行内企业资质认定、等级评定、执业资格评定、行业调查统计等职能向行业协会转移，或通过购买服务的方式，支持行业协会的发展。四是推进行业协会民间化。行业协会的人、财、物必须与国家机关分开，现职国家机关工作人员一律不准在协会兼职，要求行业协会建立一支专业化、职业化的管理队伍，工作人员实行全员聘任制，面向社会公开招聘。

广东省实施的这些行业协会改革举措，推动了广东省行业协会改革的进程，引发了广东省行业协会改革的浪潮，一批适应市场经济需要、真正代表企业利益的行业协会脱颖而出。

二、事件经过

广东省食品行业协会成立于1996年，登记管理机关为广东省民政厅，改革前的业务主管单位是广东省经贸委。食品协会的基本宗旨是，弘扬广东食文化、促进广东食品产业发展、实施行业自律、促进公平竞争、维护会员合法权益、加强国际交流与合作。

食品行业协会的改革，是按照广东省关于行业协会改革的进程和要求进行的。在全新的政策环境下，广东省食品行业协会进行了自我改革。

第一，在与政府部门的关系上，积极争取政府支持。2006年6月1日起，随着《广东省行业协会条例》的执行，食品协会不再有业务主管单位。为了争取支持，食品协会又主动找到广东省经贸委，作为业务指导单位，凭借着专业的人员队伍和丰富的行业管理经验，食品协会以有偿服务的方式，同省经贸委开展合作。自2006年至2008年，受省经贸委的委托开展了食品行业经济运行监测分析、修订《广东省工业产业结构调整实施方案》（食品部分）、起草《广东生猪生产供应情况调研》等工作。

第二，在内部治理上，加强自身建设，积极进行民间化改革。一是建立和完善各项规章制度。2008 年 2 月 1 日，食品协会根据《广东省行业协会章程示范文本》的要求，召开了会员代表大会，将各项内部管理以制度的形式固定下来，审议通过了 10 项内部管理制度。这些制度的确立，使食品协会在进行民主管理和办事时有章可循，保证了工作的稳定性和规范性。二是严格会员的入会条件。食品协会以突出会员的代表性为目标，将会员入会的申请条件限定为行业内的经济组织，不再吸收个人会员，也不再包括本行业有关的部门、科研、检测、院校等单位和个人，以推动协会真正代表行业经济组织。三是进行负责人身份的民间化。在 2007 年 4 月 9 日的换届大会上，选举了新任会长，并要求新会长专职，原会长被聘为名誉会长。对公务员身份的理事，聘为顾问，在人事上实现了协会与政府的真正脱钩。四是科学设置内部运行机构。为保证决策的科学性，增强办事机构的执行力，在协会内部增设了监事会，明确了监事的职责，加强了对协会活动合法性的监督。增设了若干名常务副会长，加强了负责人对协会办事机构的监督和指导。改革了秘书长的选任方式，推行秘书长专职化和聘任制。

第三，在业务活动上，注重提高服务水平，进一步发挥行业协会的职能。没有业务主管单位后，食品协会在积极履行职能中求发展，通过提高为政府、会员、社会服务的能力和水平，扩大影响力和活动空间。一是加强对食品行业的自律管理。2006 年，食品协会结合全省食品行业的实际，制定了《广东省食品行业自律管理若干规定》、《广东省食品行业自律管理评价办法》、《广东省食品行业协会自律管理奖惩办法》等制度，规范行业协会及会员的从业行为。比如，2007 年上半年，部分方便面企业企图串通涨价，食品协会及时了解原因，对照国家政策，认为与人们生活关系密切的食品不宜跟涨，否则会影响社会稳定，立即向会员企业发出了“以稳定社会大局为重，不哄抬物价，不串通涨价”的号召，加强自

广东省食品行业自律管理信用等级评价结果公布大会

律，自觉维护物价稳定。二是提高为会员和行业的服务水平。比如，针对广东传统特色食品“凉茶”遭遇退市危机的情况，食品协会及时提出对“凉茶”进行食品文化遗产认定的对策。经过努力，2006 年 5 月“凉茶”被认定为国家级非物质文化遗产，保护了“凉茶”的生产链条，促成了“凉茶”产业的高速发展。2006 年以来，食品协会开始着力于制定产品的地方标准。2007 年，由食品协会牵头制定的《广式腊味制品》、《豆制品通用技术规范》地方标准被批准实施，使各地质监、工商等部门对豆制品的质量监管有了依据，减少了 100 多家生产企业分别制定企业标准的工作量。2006 年至 2008 年，食品协会完成了“食品产业安全预警服务平台”的建设，通过广泛收集和发布政策、市场、技术等方面信息，为企业提供生产信息和建议。2008 年 3 月，“食品产业安全预警服务平台”启动了三聚氰胺损害奶制品产业的预警，使广东 90% 乳制品企业没有因三聚氰胺受到直接经济损失。

三、案例评析

广东省食品协会的成功转型和发展，展示了行业协会这种社会组织在现代市场经济中的重要作用，是广东省行业协会改革成绩的一个缩影。广东经验对推进全国行业协会的改革和发展，很有借鉴意义。

（一）必须高度重视行业协会在经济社会发展中的重要作用

广东的经验表明，通过行业协会来规范市场秩序，是发展市场经济的有效途径。在成熟的市场经济中，企业自我管理、行业中观调节、政府宏观调控，三位一体、共同作用是更好地利用市场规律的重要保证和科学实施宏观调控的内在要求。我们要在不断完善市场经济体制的过程中，积极推进由市场监管为主向行业自律为主转变，着力发挥行业协会对市场经济的积极助推作用。

（二）突破双重管理模式、创新登记管理体制，为行业协会的发展注入了活力

广东的大胆探索，解除了协会对业务主管单位的依附关系，有效避免了行业协会成为“二政府”，为还原行业协会的民间角色提供了机制保障，使行业协会真正成为了会员办会、自主发展的行业组织。

（三）政府依法转移职能，是提高行业管理能力和推进行业协会发展的重要推动力量

广东的改革说明，根据行业管理的性质，政府通过依法转移职能和有偿购买服务，加强与行业协会的合作，是提高行业管理能力和推进行业协会发展的重要推动力量。

（四）完善自身组织建设，是行业协会创新发展的内部保障

行业协会自身的组织建设，包括以章程为核心的民主管理制度、办事机构运行制度、人事管理制度、财务管理制度等方面的内容。行业协会要创新发展，必须进行自身建设，理顺各机构间管理与被管理的关系，既要保证决策民主，又要保证工作效率。广东食品协会通过完善会员代表大会、理事会制度，设置监事会，切断与

广东省食品行业协会启动“凉茶文化传播全球行”活动

政府部门的人事关系，使协会实现了法人独立性，为积极发挥作用提供了制度保障。

思考题

1. 目前制约我国行业协会等社会组织发展的因素有哪些？

2. 行业协会应从哪些方面加强自身建设，从而发挥更加积极的社会作用？

3. 从广东省食品行业协会的成功转型看，加快行业协会发展的改革思路是什么？

案例 2　现代中医研究所的官司

民办非企业单位是非营利性社会组织，也是社会主义市场经济的主体之一。民办非企业单位通过服务社会的各种活动，参与经济社会生活，从而获得自身生存和发展的必要资金。因此，民办非企业单位不可避免地要与公民个人和各类市场组织开展经济往来。但是，如果不能按照法律法规的要求依法开展活动，违反国家关于社会组织非营利性的有关规定，就会受到应有的惩处，付出不必要的损失。

一、案例背景

现代中医研究所（化名），系于 2004 年 6 月在某市民政局登记成立的民办非企业单位，开办资金 1 万元，其宗旨为“积极开展现代中医药研究，努力发掘祖国医学宝藏，研究解决疑难杂症的有效处方，为人民健康作出贡献”，其业务范围是“通过临床进一步验证有关处方的有效性”。

前进制药公司（化名），成立于 2003 年 6 月，经营范围为生产保健饮料、中西药制剂等。

二、事件经过

2004 年 6 月，现代中医研究所（乙方）与前进制药有限公司（甲方）签订了一份《联合开发新药“烫伤灵”协议书》，约定双方联合开发“烫伤灵”。协议约定，甲方注入资金，从申报文件至取得生产许可证，该产品的原料购进、生产费用、销售费用均由甲方负担；乙方以技术股投入，并保证该产品质量疗效的绝对可靠性，若因技术问题，乙方应承担甲方由此而产生的经济损失；所得利润甲方占 75%，乙方占 25%；乙方派代表常驻甲方所在地，具体配合甲方开展各项工作，甲方付给乙方代表每月工资 1500 元；此协议自签字之日起至不生产该药时为止，双方代表子女均有权继承各自的股份。

2004年7月，双方又签订一份《补充协议》，约定甲方掌握处方后，甲乙双方均不允许转移到其他单位生产，若转让，须经双方一致同意；甲乙双方都应防止在各种场合，与各类人物的交往中有意或无意流露给第三方；一旦发生以上两种情况，违约方应付给守约方500万元；乙方应保证此方的有效性（有消炎抗菌、恢复原来皮肤不必植皮、开放性治疗的作用），若无此作用，乙方必须赔偿甲方申报过程所需的费用及其他费用；任何一方均不得自行毁约，擅自毁约方应赔偿对方500万元。

协议执行至2005年3月，因所涉内容无法继续，双方协商同意解除上述协议。甲方已经拟出解除协议文本，但乙方因故未予盖章。乙方还为此上诉该市中级人民法院，要求甲方赔偿500万元违约金。

市中级人民法院认为，本案中双方签订的《联合开发新药“烫伤灵”协议书》，为技术合作开发合同。且该协议系双方当事人真实意思表示，内容不违反法律法规的强制性规定，应为有效。合作开发合同的当事人均应依约履行。庭审情况表明，甲方已依约履行了协议约定的义务，但乙方提供“烫伤灵”疗效能否达到其所承诺的效果则无法提供相关证据。据此，市中级人民法院认定原告（乙方）并未依合同履行相关义务，无法完成合同约定的“保证该产品质量疗效的绝对可靠性”条款；本案合同无法履行的责任在于乙方（原告），不在被告，驳回乙方诉讼请求。一审受理费35010元由原告负担。

一审判决后，乙方不服，上诉到该省高级人民法院。该省高级人民法院经审理认为，国务院于1998年10月25日颁布的《民办非企业单位登记管理暂行条例》第四条第二款规定：民办非企业单位不得从事营利性经营活动。本案中，上诉人现代中医研究所系民政部门批准设立的民办非企业单位（个体），其业务范围为通过临床进一步验证有关处方的有效性。但从其与被上诉人前进制药公司在2004年6月及7月签订的《联合开发新药“烫伤灵”协议书》及《补充协议》的内容可以看出，上诉人现代中医研究所不但超出其业务范围从事经营活动，而且其从事的经营活动营利目的明显。故最终判定诉讼双方签订的协议书及补充协议没有法律效力，驳回乙方诉讼请求。一审受理费 35010 元由原告负担。

三、几点启示

（一）民办非企业单位必须坚守非营利性质

非营利性，是民办非企业单位的本质属性，所有民办非企业单位都必须按照这一本质规定依法开展活动。本案中，原告（上诉人）现代中医研究所之所以败诉，最重要的原因是因为该研究所没有坚守其非营利性。应该说，原告与制药公司签订合同，约定共同开发"烫伤灵"，并约定分红的比例，是可以的。作为非营利性的机构，民办非企业单位可以通过自己的服务活动取得收入，但应当将其取得的利润用于该单位章程规定的宗旨或业务范围内，也就是说，通过服务活动取得的收入，只要不用于分配，不能算作从事营利性活动。但是，原告与被告签订的合同中有"双方代表子女可以继承股份"的条款，恰恰说明原告从事服务活动的目的，不是为了开展非营利性活动，而是为了分配，因此，其开展的是营利性活动，违反了《民办非企业单位登记管理暂行条例》的规定。一审法院从双方履行合同的角度认定违约方为现代中医研究所，而省高级人民法院则从双方签订的合同违反《民办非企业单位登记管理暂行条例》"民办非企业单位不得从事营利性经营活动"的强制性规定角度，认定为合同无效而予以驳回，是恰当的。

补充阅读

《民办非企业单位登记管理暂行条例》（摘录）

第二条　本条例所称民办非企业单位，是指企业事业单位、社会团体和其他社会力量以及公民个人利用非国有资产举办的，从事非营利性社会服务活动的社会组织。

第四条（第二款）　民办非企业单位不得从事营利性经营活动。

（二）必须加大对民办非企业单位（社会组织）有关法律法规的宣传力度

目前，社会各界对有关民办非企业单位（社会组织）法律法规的认知不够，很多人明白作为民办非企业单位包括民办学校、民办医院、民办福利院等，却不明白什么是民办非企业单位。本案中一审法院，尽管判决结果正确，却适用法律不当，也与没有很好地理解《民办非企业单位登记管理暂行条例》有关。因此，应当利用广播、电视、报刊等新闻媒体，广泛宣传社会组织的有关法律法规和有关政策规定，让有关部门和社会各界了解社会组织的概念、特点、地位和作用，为社会组织的发展创造一个良好的社会环境。

（三）必须加强对民办非企业单位的登记管理

登记管理机关在依法核准民办非企业单位成立登记时，要注意申请报告、章程等申请文件，要严格按照有关法律法规的要求进行审查。如发现章程中有"投资"、"股份"、"分红"之类字眼，要特别注意其是否符合有关法律法规的规定。在审查过程中，还要与其业务主管单位密切配合，认真核定民办非企业单位的业务范围，防止将有关营利性的经营活动列入，避免出现漏洞。

思考题

1. 如何看待社会组织的非营利性？
2. 如何认识社会组织的地位和作用？
3. 我国社会组织的管理体制和管理方针是什么？

案例 3　乱评比乱收费　违规开展活动

一、案例背景

中国保健食品协会成立于 1985 年 9 月 25 日，英文名称为 Health Food Association of China（HFAC），是经民政部注册的全国性社会团体法人，业务主管部门是国家中医药管理局。1999 年 3 月，中国保健食品协会作为首批国家一级协会，获得民政部重新正式认证登记。2003 年 10 月 30 日，中国保健食品协会因对企业乱评比、乱收费以及擅自增设分支机构等问题被查处，民政部注销了中国保健食品协会的注册登记。

二、事件经过

（一）乱评比、乱收费

2003 年 6 月份，国内很多保健食品企业接到了一份《全国保健食品行业统计信息发布暨表彰大会的通知》。发通知的是中国保健食品协会，通知的主要内容是说它们将通过媒体公布全国保健食品上一年度（2002 年）总销售百强企业和保健食品优秀产品。一家生产螺旋藻的企业也接到了这个通知。按照中国保健食品协会的通知内容，这家生产规模非常小的企业不仅进入百强，而且还被列为十强外向型企业。

某一保健品企业的负责人说："保健品协会的统计信息并不是从我们企业得出的，我们搞不清楚他们是从哪里得来的统计信息，我们自己也觉得有点惊讶，怎么突然间就被评为十强、百强了？！"

2003 年 7 月 8 日，中国保健食品协会还公布了它们评选的中国保健食品行业百强企业的结果。但到了最后颁奖的时候，百强企业里只来了 1/3。有些获了奖的保健品企业，对行业协会的评选不屑一顾。可以看出，这个协会在行业里是得不到企业信任的。

行业评比引起了众多厂家的怀疑，国家中医药管理局暗中进行了调查并发现，保健食品协会搞的所谓行业评比，不过是一场巧立名目、向企业收取几千到几万金额不等费用的骗局。企业所得奖项越多，需交纳的费用也就越多。中国保健食品协会称："这个费用包括统计成本费用、会议的资料费用以及会议的费用，还有宣传的一些费用都在这里面。"

2003 年 7 月 4 日，国家中医药管理局发出通知，要求中国保健食品协会立即停止召开发布会及其一切相关活动，退还向企业收取的费用。但该协会对主管部门的决定置若罔闻，继续以发布企业的统计调查结果为名，先后设置"优秀企业家"、"销售第一"、"销量第一"、"50 强企业"等各种名目的奖项向企业索取费用。每个奖项标价 2000 元至 1.2 万元不等。

补充阅读

《社会团体登记管理条例》（摘录）

第四条 社会团体必须遵守宪法、法律、法规和国家政策，不得反对宪法确定的基本原则，不得危害国家的统一、安全和民族的团结，不得损害国家利益、社会公共利益以及其他组织和公民的合法权益，不得违背社会道德风尚。

社会团体不得从事营利性经营活动。

中国保健食品协会的违规行为并不是偶然的，早在 2001 年 8 月 18 日，中国保健食品协会就举行了第一次"全国保健食品行业统计信息发布暨表彰大会"，国家中医药管理局曾以口头警告的方式通知该协会不得再举办类似活动；但在 2002 年 8 月 18 日，第二次"全国保健食品行业统计信息发布暨表彰大会"在同一地点再次举行。对此，国家中医药管理局纪检部门 2002 年 11 月出具了一份报告，对中国保健食品协会明确提出了批评和整改意见，然而该报告并没有得到其重视。

（二）违反社团管理有关规定擅自增设分支机构

经核查，中国保健食品协会未经民政部门审批，先后与一些企业合作，分别在广州、黑龙江、云南等地增设了分支机构，进行非法活动。

补充阅读

《社会团体登记管理条例》(摘录)

第十九条 社会团体成立后拟设立分支机构、代表机构的，应当经业务主管单位审查同意，向登记管理机关提交有关分支机构、代表机构的名称、业务范围、场所和主要负责人等情况的文件，申请登记。

社会团体的分支机构、代表机构是社会团体的组成部分，不具有法人资格，应当按照其所属于的社会团体的章程所规定的宗旨和业务范围，在该社会团体授权的范围内开展活动、发展会员。社会团体的分支机构不得再设立分支机构。

社会团体不得设立地域性的分支机构。

鉴于该协会存在的上述违法违规行为，2003 年 10 月 30 日，民政部注销了中国保健食品协会的注册登记。

三、案例评析

中国保健食品协会违规违纪的主要问题为：一是违反规定对企业进行“乱排序、乱评比、乱收费”，且屡禁不止；二是违反社团登记管理有关规定擅自增设分支机构。

一方面，本案例充分反映了部分行业协会的功利倾向，这也是行业协会最容易出现腐败问题的环节。该协会没有向会员提供相应的服务，不注重提升协会在行业中的权威性和影响力，反而巧立名目，以评比、开会等各种名义向企业收费，不仅增加了企业负担，而且在保健食品行业造成混乱，引发了一些企业之间的纠纷和争端，严重干扰了正常的市场秩序。

另一方面，本案例也反映了行业协会管理体制中存在的问题，主管部门多次提出的整改意见，保健食品协会都当成了耳边风，对于这样的结果，主管部门也缺乏有效的管理手段。我们应该深入思考以下问题：业务主管单位对行业协会进行管理的责任和能力是否对称？政府有关部门应当怎样积极有效地承担管理责任，促使行业协会、行业利益和社会利益得到共同的提升？目前在治理行业协会“三乱”的问题上，亟须相关的政策和制度保障。

思考题

1. 社会组织应当如何合法合规地开展活动？
2. 如何看待我国社会组织管理体制中存在的问题？
3. 如何规范社会组织健康、有序发展？

第二章
社会福利管理案例

PART 2

概　述

在我国当前阶段，社会福利专指由民政部门主管的，以“扶老、助残、救孤、济困”为宗旨，为保障老年人、残疾人和孤残儿童等特殊群体的基本生活权益而提供的福利服务。社会福利事业，事关民生，事关特殊群体的合法权益，是一项为民造福的公益事业。

一、社会福利的概念

社会福利是一个内涵丰富、外延宽泛的概念，无论国外还是国内迄今都没有一个统一的定义。从语义上看，“福利”是一种健康、幸福、舒适的生活状态，“社会福利”则是一种社会性的生活状况。结合各国在社会福利领域中的实践，通常认为，社会福利是国家和社会旨在增进和改善社会成员生活质量的一种社会制度。从广义上看，社会福利是指运用再分配机制改善社会成员的生活质量；从狭义上讲，社会福利是指通过物质和服务保障社会成员的基本生活。

当前，社会福利在我国是一个小范畴概念，它是国家社会保障制度体系的一部分，专指由民政部门主管的，以“扶老、助残、救孤、济困”为宗旨，为保障老年人、残疾人和孤残儿童等特殊群体的基本生活权益而提供的福利服务。老年人社会福利主要是指在政府主导和社会参与下，根据老年人的特殊需要和自身特点，为老年人提供的养护、医疗、康复和娱乐等方面的物质和服务；残疾人社会福利主要是指国家和社会对残疾人在生活、教育、医疗、就业、环境等方面提供的特殊保障；孤残儿童社会福利主要是指政府以兴办福利机构或运用福利项目的形式为孤儿、弃婴、残疾儿童提供养育照料、康复训练和特殊教育等基本生活保障和服务。

与西方国家特别是高福利国家不同，我国目前的社会福利是一种剩余型福利模式，这种类型的社会福利的主要特点：一是在目标对象上主要关注社会困难群体和弱势群体，具有选择性；二是在保障内容上侧重于保障基本生活，具有救助性；三是在制度定位上主要为弥补市场和家庭保障机制的不足，具有补缺性。这些特点集中反映了我国社会福利事业发展的阶段性特征。当前，在各级政府领导下，我国社会福利正在全力推进社会化进程，加快构建适度普惠型社会福利体系。

二、我国社会福利事业的新进展

在各级党委政府的正确领导下，经过多年的探索和实践，特别是近些年的深化改革，我国社会福利事业取得了长足的发展和进步，为满足困难群体的福利服务需求，提高人民群众的生活水平，促进社会和谐稳定，发挥了积极的推动作用。

（一）老年人社会福利

经过多年努力，我国已基本建成以居家养老为基础、社区照料为依托、机构供养为补充的老年人社会福利服务体系。一是居家养老的基础地位不断巩固。基本形成以保障散居“三无”老人为重点，借助专业化养老服务机构和中介组织，提供生活照料、家政服务、康复护理、医疗保健等服务在内的居家养老服务体系。二是强化养老机构的骨干作用。不断加大对养老机构建设的资金投入，新建、改建、扩建了一大批国办社会福利院、老年公寓、养老院和老年护理院；在规划、建设、税费减免、医疗、用地、用水、用电等方面出台优惠扶持政策，鼓励和支持企事业单位、社会团体和个人等社会力量投资兴办养老服务机构。积极探索实施民办公助、公建民营等经营管理模式，进一步调动了社会力量参与老年人社会福利事业的积极性。同时，加强养老机构的规范化建设，先后颁布了《社会福利机构管理暂行办法》、《社会福利机构基本规范》、《老年人建筑设计规范》等规章文件，进一步提升了养老机构的建设和管理服务水平。以管理方式、用人用工、分配制度为重点的国办养老机构改革步伐加快，加速了老年社会福利机构管理体制和运行机制的创新。三是发挥社区的依托作用。通过大力发展社区养老服务设施，培育社区养老服务组织，建立社区养老服务队伍特别是居家养老队伍，加强社区养老服务信息平台建设，充分发挥了社区在养老方面的支持作用。截至 2010 年底，我国共有各类养老机构 3.8 万个，床位 266.2 万张，收养各类人员 210.9 万人。

（二）残疾人社会福利

残疾人是社会中的特殊困难群体，残疾人事业是一项人道和文明的事业。改革开放以来，特别是近些年，我国残疾人社会福利事业得到了前所未有的发展。一是不断完善残疾人保障法律制度。2004 年启动了《中华人民共和国残疾人保障法》的修订工作，对原残疾人保障法中涉及残疾人康复、教育、劳动就业、文化生活、福利和无障碍环境等一些不合时宜的条款进行了修订，同时增加了新的内容。2008 年新的《中华人民共和国残疾人保障法》经十一届全国人大常委会第二次会议审议通过。2007 年 5 月《残疾人就业条例》正式实施，我国残疾人就业工作进入有法可依的发展阶段。二是保障残疾人的基本生活。城市低保工作对存在特殊困难的残疾人按照残疾程度积极推进“分类救助”，保证了残疾人救助水平高于一般社会救助对象。各地对有残疾人的低保家庭实施有区别的救助机制，对于重度残疾人，一般按当地低保标准全额发放低保金；轻度残疾人，在当地低保标准的基础上，上浮 10%—30% 的比例发放低保金。据统计，全国已有 240 万残疾人纳入了城市低保，约 66.7 万残疾人纳入了农村五保供养。三是积极促进残疾人就业。各地采取有力措施，落实福利企业税收优惠政策，加强福利企业资格认定，扶持福利企业生产经营，促进了残疾人集中就业，维护了残疾职工的合法权益。

（三）儿童福利

儿童福利事业主要包括政府和社会为残疾儿童、孤儿和弃婴等处在特殊困境下的儿童提供的福利项目、设施和服务。现阶段采取的措施主要是公民收养、亲属监护、家庭寄养和举办社会福利设施集中养育等形式。在构建社会主义和谐社会的新时期，在各级政府的领导下，我国孤儿救助工作不断加强，儿童福利对象逐步拓展，孤残儿童的基本生活权益和福利服务得到了较好保障。一是儿童福利制度不断完善。2006 年 4 月，民政部会同财政部等 14 部门联合印发了《关于加强孤儿救助工作的意见》，对孤儿的生活、教育、医疗、康复、就业、住房等提出了九方面的优惠政策，全面保障孤儿合法权益，在我国儿童福利事业发展史上具有里程碑意义。2010 年，国务院出台了《国务院办公厅关于加强孤儿保障工作的意见》，对孤儿的基本生活保障、医疗康复保障、教育保障、成年后就业扶持和住房保障与服务作了制度安排，孤儿基本生活保障列入财政预算，孤儿养育已从单一养教型向全面健康发展型提升，标志着我国儿童福利保障体系全面建立。民政部、财政部出台通知决定，自 2010 年 1 月起为全国孤儿发放基本生活费，根据城乡生活水平、儿童成长需要和财力状况，按照保障孤儿的基本生活不低于当地平均生活的原则，合理确定孤儿基本生活最低养育标准。各地也结合实际，积极研究出台地方配套政策和实施办法，推动了孤儿保障工作的深入开展。二是残疾孤儿手术康复工作成效显著。2004 年 5 月，“残疾孤儿手术康复明天计划”正式启动，共安排福利彩票公益金 7 亿元，为全国 1100 多家福利机构内的 3.9 万多名残疾孤儿实施了手术矫治和康复，并在全国确定了 286 家“残疾孤儿手术康复明天计划”定点合作医院，基本形成了残疾孤儿手术救治网络，为残疾孤儿提供了优质的医疗资源。同时，积极探索贫困家庭残疾儿童医疗救助项目，与李嘉诚基金会合作开展“重生行动”，免费为全国贫困家庭中患有唇腭裂及相关畸形的儿童实施手术矫治康复，推动建立集优质医疗、康复指导、预防教育、义工参与于一体的综合医疗救助模式。三是儿童福利设施建设不断加强。启动实施了“儿童福利机构建设蓝天计划”，制定了《“十一五”儿童福利机构建设规划》及指导意见，地级以上大中城市新建、改建和扩建一大批功能完善、设施齐全、环境优美的儿童福利机构。我国儿童福利机构已由单纯养育型向“养育、医疗、特教、康复”及技能培训等多功能转变。四是艾滋病致孤儿童救助安置初见成效。通过政策引导、资金支持、项目合作等方式，艾滋病预防重点省区积极探索建立艾滋病致孤儿童救助长效机制，初步形成了由省、市、县分级负担、有稳定资金渠道的分类救助制度，形成了涵盖省、市、县、乡、村五级的纵向工作体系，较好地保障了艾滋病致孤儿童的各项权益。2008 年“5・12”汶川特大地震发生后，及时制定实施了《关于汶川大地震四川省“三孤”人员救助安置的意见》，采取集中安置与分散安置相结合的办法，通过亲属监护、家庭收养、家庭寄养、类家庭养育、集中供养、学校寄宿和社会助养等多种安置渠道，有效解决了地震灾区孤儿的救助安置问题。

此外，福利彩票发行和慈善捐助也取得了长足发展。我国自 1987 年发行福利彩票以来，在中国福利彩票 20 多年的发展历程中，始终坚持安全运行、健康发展的方针，彩票发行规模不断扩大，筹集的公益金逐年增加，有力促进了社会福利事业的快速发展。截至 2008 年 9 月，全国累计发行福利彩票 3204.6 亿元，筹集福利彩票公益金 1070.4 亿元。据不完全统计，20 多年来，仅民政系统利用福利彩票公益金先后资助兴建、扩建和改建社会福利院、农村敬老院、救助管理站、精神病院、荣军医院、光荣院、流浪未成年人保护中心、孤儿学校和社区老年之家等设施建设项目达 15 万多个，直接受益群众达 1000 多万人。我国社会捐助从 1996 年正式开展以来，经常性社会捐助的空间范围逐步扩大，社会捐助站点已从最初的少数示范城市向全国大中城市加快拓展，逐步形成了以社区为基础的社会捐助网络。社会捐助工作已经成为政府部门、社会团体、企事业单位和人民解放军、武警部队积极响应的社会性公益事业。通过开展全国性的社会捐助活动，大力宣传了扶贫济困的良好社会风尚，传播了慈善文化，提高了公民的慈善意识。据统计，2006年我国社会捐赠总量达100亿元，2007年达到309亿元，2008年全国慈善捐赠款物总额达1070亿元，创造了慈善捐赠的新纪录。

三、我国社会福利事业存在的主要问题

当前，我国社会福利事业发展中仍存在许多矛盾和问题，福利服务供给能力与人民群众日益增长的福利服务需求极不适应。

一是国家对社会福利事业投入少，社会福利服务供给跟不上社会需求的增长。社会福利事业财政投入不足，社会福利事业单位数量较少，且福利设施、设备普遍陈旧落后，服务水平低，福利对象的生活水平难以与经济社会发展保持同步。特别是随着人口老龄化、家庭小型化、农村城市化进程的加快，群众急剧增长的社会福利服务需求与福利供给严重不足的矛盾日益加剧。

二是我国各地经济社会发展的不平衡性决定了城乡之间、东部与西部地区之间社会福利事业发展很不平衡。经济欠发达与发达地区在社会福利机构的资金投入、人员素质和管理水平、服务质量等方面相差甚远。

三是社会力量兴办的福利机构在社会福利服务供给中尚居辅助地位。社会兴办的社会福利机构总量偏少，有些社会办福利机构与政府部门仍然存在行政依附关系，在经营管理上不按市场规律办事；有些则商业化色彩较浓，服务定价超出普通群众的经济承受能力。

四是社会福利工作队伍远不能适应社会福利发展的需要。社会福利机构普遍缺乏专门技术人员、专业社会工作者和高素质管理人员，社会福利工作队伍的整体素质有待提高。

四、我国社会福利事业发展的基本方向

（一）社会福利事业社会化

今后一个时期，社会福利事业发展的目标是由补缺型向适度普惠型发展。当前必须加快推动福利事业社会化，一是倡导和鼓励各种社会力

量参与、支持和兴办福利事业；二是积极支持公办福利机构在服务民政对象的基础上，利用资源，挖掘潜力，向社会开放，为社会老年人和残疾人服务。

（二）养老服务多样化

适应我国人口老龄化快速发展的新形势，大力推进养老服务社会化，逐步建立中国特色的养老福利服务体系。发挥政府在养老事业中的主导作用，加强政策制定、资金投入和工作指导。

（三）儿童养育家庭化

孤残儿童回归家庭、融入社会是最佳选择。孤残儿童养育要向家庭化、亲情化、社区化方向发展。提倡公民收养、亲属监护、家庭寄养、社会助养以及小家庭养育等多种模式，多渠道妥善安置孤残儿童。

案例4　从“死神”手中夺回的孩子

2004年8月29日，是一个普通的周末，但对于哈尔滨市儿童福利院来说，却是一个令人难忘、惊心动魄的日子。13时30分，一辆警车呼啸着载来了一个体重仅1.1公斤、出生仅50天、脊柱裂感染并且从脊柱裂破溃处不断渗出脓黄色脑脊液的婴儿晓航（化名）。面对这种危急情况，总值班室立即请示福利院院长，院长当即决定启动院突发事件紧急预案，在一小时之内将晓航送入医院并成功实施了紧急手术。晓航的生命终于保住了。在哈尔滨市儿童福利院工作人员的精心照料下，晓航如一株受伤的小树苗顽强地成长着。

一、案例背景

在我国，法律规定“对孤儿、无法查明其父母或者其他监护人的以及其他生活无着的未成年人，由民政部门设立的儿童福利机构收留抚养”。儿童福利机构是政府集中收养孤儿、弃婴的重要载体，目前主要包括儿童福利院、社会福利院儿童部、S.O.S儿童村、孤儿学校、残疾儿童康复中心、社区特教班等。我国现有269家专门的儿童福利机构，还有800多个综合福利机构设有儿童部，共收养8.1万名孤儿和弃婴。为孤儿和弃婴提供生活照料、康复、特殊教育、技能培训等福利服务是儿童福利机构的职责。

二、事件经过

2004年8月29日13时30分，哈尔滨市儿童福利院值班医生接到一个体重仅1.1公斤、出生仅50天、脊柱裂感染并且从脊柱裂破溃处不断渗出脓黄色脑脊液的婴儿。医生对其进行了入院检查，发现其生命体征微弱，患有脊膜膨出破裂伴感染。值班医护人员紧急实施吸氧，建立静脉通

孩子们在儿童福利院里快乐成长

道，对创面进行了处理包扎。并及时汇报院总值班，院总值班请示院长，院长指示：立即执行院突发事件紧急预案。福利院医生对孩子进行了必要的处理后紧急联络医院。与此同时，突发事件紧急预案的相关人员也做好了行动准备。13 时 45 分，医护人员将孩子处置完毕，在警车的开道下紧急将患儿送往哈尔滨医科大学附属第一医院。同时，医务科联系儿童外科主任，进行了手术前的一切准备。14 时 10 分，患儿抵达医院儿外科，福利院院长、医务科长、护理人员都已到达医院。儿外科主任检查完孩子后认为：“已经没有救治的必要了。”但院长坚持：“哪怕有一点希望，也要百分百地努力去救治！”院长的真诚感动了儿外科主任，经过儿外科主任协调，特事特办，手术与办理入院同时进行。14 时 30 分，晓航被推进了手术室。经过漫长的等待，儿外科主任告诉大家孩子手术成功，生命保住了。但是，由于孩子体质弱、耐受手术的能力差，还需要渡过危险期。经过医护人员几天的精心诊治护理，福利院工作人员把晓航接回到了他的“新家”——哈尔滨市儿童福利院。

时光荏苒，晓航不仅奇迹般地活了下来，而且经过福利院精心照料和科学康复，已经能够直立行走和上下楼梯了。他像是一株受了伤的小树苗，在爱心的浇灌呵护下，倔犟而令人惊喜地活着、成长着……谁能够想象出，晓航从爬行到会直立行走，福利院的工作人员付出了多少汗水和心血，而晓航自己也要付出怎样坚强的回应？这是生命对生命的支撑，这是情感与情感的互赠。它昭示人们，生命是要尊重和敬畏的，儿童福利事业是崇高和伟大的。

补充阅读

《儿童社会福利机构基本规范》（摘录）

1 总则

1.1 为加强儿童社会福利机构的规范化管理，维护儿童权益，促进儿童社会福利事业的健康发展，制定本规范。

1.2 本规范适用于各类、各种所有制形式为孤、弃、残儿童提供养护、康复、医疗、教育、托管等服务的儿童社会福利服务机构，如儿童福利院、社会福利院、S.0.S 儿童村、孤儿学校、残疾儿童康复中心、社区特教班等。

1.3 儿童社会福利机构的宗旨是：以科学的知识和技能维护儿童基本权益，帮助儿童适应社会，促进儿童自身发展。

三、社会影响

这次突发事件，在福利院院长的领导下，按照突发事件紧急预案，迅速而有效地挽救了一个生命垂危的婴儿。此次事件在社会上引起了广泛的共鸣，儿童福利院、医院以及所有医护人员在处理这件事中所表现出来的博爱、无私得到了社会普遍的认同和赞扬。之所以我们能从“死神”手中把孩子夺回来，其中的经验可以总结为以下几方面：

一是快速反应、及时应对，为突发事件赢得了宝贵的时间。早发现、早报告、早处置是有效处置突发事件的保证。

二是科学严谨的突发事件应急预案是应对突发事件的重要保障。

三是应急联动协调机制是应对突发事件有序高效开展的关键。

四、几点启示

回归家庭符合儿童的最大利益，在积极开展家庭收养的过程中，仍有相当一部分孤儿、弃婴不能回归家庭，他们当中绝大多数身患残疾，可能将一生生活在福利机构，这是当前儿童福利机构发展面对的现实问题，更是儿童福利机构存在的价值所在。儿童福利机构是政府履行对孤儿、弃婴监护权、承担抚养义务的重要载体，发挥着兜底保障的作用，儿童福利机构的责任就是为孤儿、弃婴、残疾儿童提供亲情化养育和科学化康复，维护他们的基本生存权益。为此，必须加强应对突发事件的能力。

（1）加强福利机构的应急管理工作。社会福利机构的重要特点是供养人员集中，建立完善的应急预案才能在突发事件发生时，及时应对，最大限度地预防和降低损失。

（2）福利机构突发事件应急管理工作应坚持以人为本、尊重生命、关爱健康的原则。

（3）提高福利机构工作人员的应急管理能力。福利机构的管理人员必须要有突发事件的应对能力。要加强应急管理培训教育，有针对性地开展应急管理知识和技能的普及提高工作。

思考题

1. 我国儿童福利机构在应对突发事件时应遵循什么基本原则？

2. 儿童福利机构应当如何加强应急管理建设？

3. 福利机构在应急管理方面应当如何强化与其他单位或部门的联动机制？

案例5 精神病患者得到有效救治

蔡某，男，37岁，晋江市东石镇人，于16年前患“精神分裂症”，曾多次住精神病院治疗，但均未根除，病情时有反复。2008年8月11日，患者蔡某在晋江市某精神病院突发疾病，四肢抽搐伴呼吸急促，情况危急，随时有生命危险。精神病院紧急启动快速救治方案，有关人员迅速行动，紧急实施抢救。经过1个多小时的抢救，患者病情趋于平稳并安全地转诊至晋江市医院急诊科治疗。

一、案例背景

精神病人特别是“三无”和特困精神病人，是最需要救助的社会弱势群体。我国目前有重症精神病患者1600万人，受到情绪障碍和行为问题困扰的17岁以下儿童和青少年约3000万人，而妇女、老人、受灾人群所特有的各类精神和行为问题也日益突出。由于精神疾病属于慢性病，发病机理不明，治疗周期较长，因缺乏有效的防治措施，导致相当部分患者治愈率低、病残率高，一些救治不力的患者，还会产生危害他人和社会的行为。为加强对精神病人的关怀、保障其合法权益不受侵害，我国一直高度重视精神疾病患者的防治工作，并通过精神福利机构建设，不断加强对这部分困难人群的收容和治疗。

二、事件经过

2008年8月11日15时30分，护士长报告：患者蔡某午睡后未起床，处于鼾睡不醒状态。主管医生入病房检查，发现患者呼吸较平稳，脉搏搏动尚有力，神经系统病理反射未引出。由于该患者曾多次假装发病，因此，未引起医生的高度关注。15时55分左右，患者突然出现抽搐，双目紧闭、呼吸急促、上下肢屈曲内收、肌肉强直痉挛等突发症状。在护士

福利院休养员在工疗

长及同科医生的协助下，医生为患者保暖并准备注射解痉药物。因其上肢抖动，脉搏不容易触及，听诊呼吸音微弱，抽搐约 3 分钟后逐渐缓解。

15 时 58 分，院长助理火速赶来，同医生、护士及护工共同参与施救，此时患者在呼吸平稳数分钟后突然出现呼吸困难，在场人员立即将患者翻转拍背排痰，并进行胸外按压。之后患者出现自主呼吸减弱，但脉搏尚搏动，大家又立即给患者吸氧。

16 时 08 分，心电医师作床边心电监测。16 时 10 分，为患者注射纳络酮。患者病情一直不稳定，自主呼吸渐消失。16 时 12 分，业务副院长决定紧急拨打 120 急救电话，并组织医护人员全力抢救病人。120 急救车于 16 时 25 分赶到现场，为患者吸氧，分管医生和护工用担架将患者抬上急救车，并陪同到市医院急救中心实施救治。在赶往急救中心的途中，患者一度呼吸微弱，车内医生实施吸氧及胸外按压。约 16 时 40 分，到达急救中心，医院立即实施抢救。经过一个多小时的紧急抢救，病人呼吸脉搏逐渐恢复，意识逐渐清醒，病情得以控制。18 时 20 分左右，精神病院领导到达市医院急救中心看望病人，并在患者输液完毕后，办理了相关手续，将患者接回精神病院继续调养救治。

三、社会影响

此次突发事件发生时，该精神病院主要领导亲临现场指挥，医护人员通力合作，分工有序，抢抓时间，及时有效地挽救了病人的生命。早发现、早报告、早处置是有效处置突发事件的保证。事件发生时，医护人员不分科室及时投入到抢救工作，分头并进，抓住了抢救的有利时机。“统一指挥，协调配合，快速反应”的工作机制，在这次事件处置中发挥了应有的效能。

作为精神病福利机构，面对的是特殊群体，随时都有可能发生意外事件，医护人员所具备的医德医风以及高度的责任心和精湛的诊疗技能为应对突发事件提供了保证，也在社会公众中建立了良好的信誉。

然而，虽然患者得到了成功抢救，但是在整个过程中也暴露出应急工作中的一些薄弱环节。比如缺乏急救药物、医疗设备陈旧以及对相关急救知识的欠缺使抢救工作一度陷入了困境，只能依靠现有条件同时寄希望于病人迅速转院才能得到妥善的救治。这些问题都需要在不断的建设中加以弥补。

四、几点启示

（一）突发事件应急管理工作应坚持预防为主、预防与应急相结合的原则

> 补充阅读
>
> **《中华人民共和国突发事件应对法》（摘录）**
>
> **第五条**　突发事件应对工作实行预防为主、预防与应急相结合的原则。

加强应急管理工作，首先是要以人为本，预防为主。把保障群众的生命、财产安全，最大限度地减少突发事件造成的危害和损失作为应急管理工作的出发点和落脚点，坚持事前预防与应急处置相结合。

（二）医护人员应进一步加强急救知识的学习及操作的训练，提高应对突发事件的能力

此次案件中，主管医生入病房检查，本可以发现患者的异常并采取积极有效的措施，但仅仅由于该患者曾多次假装发病，就没有对其进行高度关注。这是患者病情恶化的重要原因。因此，对于医护人员而言应当时刻保持应对突发事件的警惕性和敏感性，不断加强医疗救护知识，减少事故发生的几率。

补充阅读

《国家突发公共事件总体应急预案》主要内容

（1）总则：包括预案的编制目的、编制依据、分类分级、适用范围、工作原则、应急预案体系。

（2）组织体系：包括领导机构、办事机构、工作机构、地方机构和专家组。

（3）运行机制：包括预测与预警、应急处置、恢复与重建、信息发布。

（4）应急保障：包括人力资源、财力保障、物资保障、基本生活保障、医疗卫生保障、交通运输保障、治安维护、通信保障、公共设施、科技支撑。

（5）监督管理：包括预案演练、宣传和培训、责任与奖惩。

（6）附则：包括预案管理与更新、预案实施时间。

（三）事件发生后，应及时吸取教训，尽快完善应对突发事件的具体操作规程

比如，在本案例中，精神病医疗机构所制定的应急预案不够周密和完善，以致事件发生后参加抢救的工作人员有些慌乱，甚至不知所措。有些衔接工作不协调，造成了人员的浪费。

思考题

1. 精神福利机构突发事件有何特点？

2. 精神福利机构应如何加强应急管理？

案例6　被弃五载又归家

黄福笑（化名），一名被自己亲生母亲遗弃在湖北省黄石市儿童福利院门口的5岁女孩，在福利院生活4年后，又被自己亲生母亲从福利院认领回家。

一、案例背景

我国儿童福利机构是政府为孤儿、弃婴提供福利服务的重要载体。儿童福利机构的功能主要是集中收养孤儿和弃婴并为其提供医疗救治、康复训练、特殊教育和职业培训以及为家庭寄养和收养提供指导服务。尽管儿童福利机构，在保障孤残儿童的基本生存权和发展权，促进在院儿童的身心健康和人格健全方面发挥了重要作用，但是科学研究和大量事例证明，让这些孩子回归家庭符合儿童身心发育的特点，更有利于他们的健康成长。目前，民政部门对孤儿、弃婴、残疾儿童的养护模式进行了有益的探索，形成了家庭收养、家庭寄养、院内小家庭等替代型养护模式，促进了孤残儿童养育亲情化和科学化，使儿童生活质量得到了提高。

二、事件经过

2001年7月16日早晨8点，黄石市儿童福利院的工作人员发现在院门口前有一名被人遗弃的女孩。令人震惊的是，这名5岁孩子双手被人捆绑在水泥柱上。工作人员按照福利机构相关收养手续，把孩子收养在福利院内，取名为黄福笑。黄福笑是院内年龄最大的孩子，学习上用功努力，成绩优异。黄福笑在黄石市儿童福利院生活了两年后，为了让她得到更好的发展，黄石市儿童福利院把她送到了武汉儿童福利院艺术团接受舞蹈培训。

2006年春节过后，黄福笑的亲生母亲纪红（化名）从外地回到黄石，多次联系黄石市儿童福利院相关负责同志，想领回自己的女儿。纪红，原是一名在黄石的普通打工者，和丈夫在黄石市一家大型国有企业打工，他们生有一儿一女。在一次工作事故中，纪红的丈夫不幸触电身亡。家庭的意外变故让这个本来就生活拮据的家庭雪上加霜，抚养子女和偿还家庭债

补充阅读

《中华人民共和国未成年人保护法》（摘录）

第十条 父母或者其他监护人应当创造良好、和睦的家庭环境，依法履行对未成年人的监护职责和抚养义务。

禁止对未成年人实施家庭暴力，禁止虐待、遗弃未成年人，禁止溺婴和其他残害婴儿的行为，不得歧视女性未成年人或者有残疾的未成年人。

第十二条 父母或者其他监护人应当学习家庭教育知识，正确履行监护职责，抚养教育未成年人。

有关国家机关和社会组织应当为未成年人的父母或者其他监护人提供家庭教育指导。

第五十三条 父母或者其他监护人不履行监护职责或者侵害被监护的未成年人的合法权益，经教育不改的，人民法院可以根据有关人员或者有关单位的申请，撤销其监护人的资格，依法另行指定监护人。被撤销监护资格的父母应当依法继续负担抚养费用。

第六十二条 父母或者其他监护人不依法履行监护职责，或者侵害未成年人合法权益的，由其所在单位或者居民委员会、村民委员会予以劝诫、制止；构成违反治安管理行为的，由公安机关依法给予行政处罚。

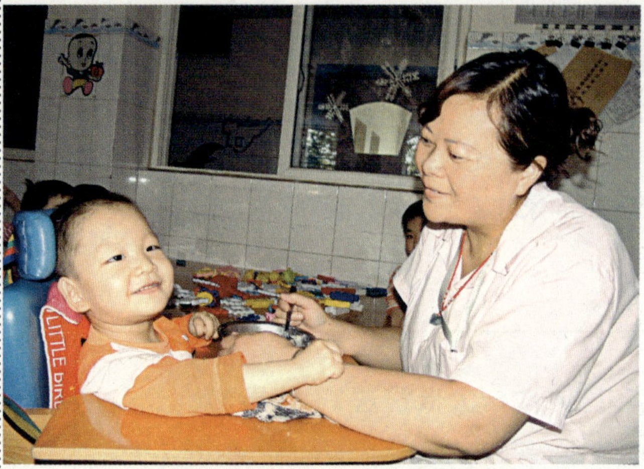

儿童福利院的工作人员精心照料院里的孩子

务的重担全都压在了纪红一个人身上。由于没有固定工作，纪红一人带着两个孩子生活得异常艰难。她平时白天出去打工赚钱，两个孩子锁在家里无人照看，甚至一天下来都没有饭吃。由于生活窘迫，纪红作出了送走孩子的打算，起初准备送给亲戚，可是亲戚同样因为家庭困难无力收养。于是，她决定将孩子送到福利院。纪红打听到，通常男孩子被送到福利院，会被人收养走，如果女孩送到福利院后，多半是不会被领养走的。尤其是自己的女儿已经5岁了，更不会被人领走。纪红设想将来有一天等到生活变好了，再来看望女儿与她重逢。于是，她决定把自己的女儿送到福利院。第一次没有成功，女儿根本不愿意离开母亲，自己跑回了家。隔天清晨，纪红趁没有人的时候，将孩子双手捆到福利院门口的水泥柱上，以防女儿再次跑掉。纪红躲在远处一直看到工作人员将女儿领进福利院才走开。随后，她去了外地打工。

在外地打工的四年里，纪红饱受良心上的折磨和想念骨肉的痛苦。最终，她良心发现，再次来到福利院，将自己的女儿认领走。黄福笑见到事隔四年后认领她的母亲时内心充满了犹豫和矛盾，当初被妈妈遗弃时认为妈妈喜欢的是弟弟，再也不要她了。现在妈妈又来重新接她回家，她心里难免有疑虑。不过，最终她还是愿意和妈妈一起回家。

黄石市儿童福利院工作人员表示，按照法律规定，如果孩子的亲生父母找到了，福利机构的儿童就应该回到父母身边。回归家庭符合儿童的最大利益，福利院的条件再好，也比不上亲生父母给予孩子的爱和家庭的温暖。最后，黄福笑跟着妈妈回家了，到原来的老家一个小县城里继续读书。由于家境不好，纪红仍需去外地打工挣钱，她甚至还不知道是否有能力供女儿上初中、高中以及接受大学教育。目前，黄福笑仍在县城读书。

三、社会影响

在整个事件中，黄福笑虽然被母亲狠心遗弃，但最终能够回到母亲身边，重新得到母爱，小福笑是不幸的，但又是幸运的。黄石市儿童福利院在处理此事上的主要做法：一是切实履行职责，关注儿童全面发展。黄石市儿童福利院切实履行“一切为了孩子，为了孩子的一切”的工作宗旨，关注每个孩子的身心健康成长、全面发展。黄福笑在武汉儿童福利院艺术团表现出较好的舞蹈天分，并多次登台演出，这为她今后的全面发展奠定了一定的基础。二是加强宣传、呼吁全社会关注。黄石市福利院联合黄石电视台将黄福笑“回家”这个典型实例制成新闻报道，在黄石“新闻直通车”栏目播出，引起了社会的广泛关注，同时加强了社会公众对预防遗弃儿童的认识。

四、几点启示

（一）培育群众的法律观念

刑法、婚姻法和收养法对遗弃罪有明确规定：“对于年老、年幼、患病或者其他没有独立生活能力的人，负有扶养义务而拒绝扶养，情节恶劣的，处五年以下有期徒刑、拘役或者管制。”“遗弃婴儿的，由公安部门处以罚款；构成犯罪的，依法追究刑事责任。”但由于执行困难，实际因遗弃儿童受到法律惩处的人为

补充阅读

《中华人民共和国刑法》（摘录）

第二百六十一条 对于年老、年幼、患病或者其他没有独立生活能力的人，负有扶养义务而拒绝扶养，情节恶劣的，处五年以下有期徒刑、拘役或者管制。

数不多。很多人并不知道遗弃儿童是犯罪行为，只是会谴责或者同情“走投无路”的遗弃儿童者。可以说社会对遗弃儿童罪行的严重性认识不足，客观上纵容了遗弃儿童行为。因此，要进一步加强普法工作，让人民群众真正认识到遗弃儿童是犯罪行为，要受到法律的制裁。

（二）加强对家庭的扶持和保障

通过进一步完善社会保障制度，为家庭提供更多的保障和支持，增强家庭抗风险、抗贫困的能力，从源头上防止“因病致贫”、“因贫致弃”现象发生。

（三）健全儿童保护体制

发达国家儿童保护的起点是“强制出生登记制度”、“强制报告制度”等。儿童受到虐待或是家庭陷入贫困，儿童保护机构能立即派出专业人员介入，必要时会暂时剥夺父母的监护权，实现“国家监护”，同时为儿童寻找具备一定资质的寄养家庭或机构。我国儿童保护和监督体系相对缺失，未成年人保护法规尚过于原则，儿童保护体制还需进一步健全。

思考题

1.儿童福利机构应当承担何种社会责任？

2.在我国儿童福利领域，对于儿童权益的保障尚需在哪些方面加以完善？

3.如何保障回归家庭儿童的基本权益？

案例7 养老院怎么成了“集中营”

养老院是为老年人养老服务的社会福利事业组织，又称敬老院。近年来，由于民办养老院的不断发展及条件的不断改善，越来越多的老人选择自费入住民办养老院，以获得更好的照顾及生活乐趣。民办社会福利养老院（所）成为一项新兴的社会福利机构，符合社会发展的需要。但由于正处在培育发展阶段，还存在诸多问题。

一、案例背景

根据《社会福利机构管理暂行办法》规定，国家、社会组织和公民个人申办老年福利机构，申办人须具备以下条件：

（1）有固定的服务场所，必备的生活设施及室外活动场地；

（2）符合国家消防安全和卫生防疫标准，符合《老年人建筑设计规范》和《方便残疾人使用的城市道路和建筑物设计规范》；

（3）有与其服务内容和规模相适应的开办经费；

（4）完善的章程，机构的名称应符合登记机关的规定和要求；

（5）有与开展服务相适应的管理和服务人员，医务人员应当符合卫生行政部门规定的资格条件，护理人员、工作人员应当符合有关部门规定的健康标准。

一些养老院，不经过注册就违法经营，有关部门监管又不是十分得力，造成了负面的社会影响。

二、事件经过

（一）老警察实名举报

陈永波（化名）手拄拐杖狠狠敲打着楼板，眼泪夺眶而出：“这辈子，没这么憋屈过。”陈永波曾是长春市公安局一名民警，当了几十年警察。

几年前，陈永波突发脑血栓，落下了半身不遂的毛病，住进了滨河小区内的老年护理院。

陈永波家就在滨河小区，又曾在附近当过民警，很了解当地的情况。近5年里，他先后住过滨河小区里六七家民办养老院。陈永波说，仅滨河小区西区至少就有8家养老院，有起了名字的，有名字但没挂牌的，甚至还有没名字的。“我是名警察，实在看不下去了，我要实名举报，让大家知道这些养老院的问题！”陈永波非常气愤地说，“到这里，老人不是养老而是受罪。”

陈永波总结这些养老院的共性问题有几个：一是不安全，都在居民楼内，没有防火通道；二是住的差，一套出租房里挤几十张简陋的单人床；三是吃得不好，刷锅水泡馒头喂不能自理的老年人；四是卫生不合格，没有消毒柜，环境脏；最严重的是存在着虐待老人的现象。

（二）记者暗访披露真相

1. 老人左手被绑不能擦口水

在某养老院内，令人吃惊的一幕呈现在记者面前：

养老院最东侧的房间仅10平方米左右。两位70多岁的老人坐在床上，向客厅里看。记者劝他们出去走走，老人摸着脖子，小声说：“啪啪（音）打。”

房间最里面，有一张乱糟糟的单人床，棉被上压着一条绿色的棉裤，一位满头白发的老汉一动不动地躺着。他的身子都在被子底下，露在外面的头看起来瘦瘦的。他的眼睛瞪得很大，口水流到下巴上。无论记者问什么，他都不回答。

一条粉红色的布条牢牢拴在铁床头上，这个布条与老人周围的环境十分不协调。仔细一看，记者才发现，布条的另一端绑着老人的左手手腕！

这个布条宽有六七厘米，长约三四十厘米。拧成了绳后，非常结实。老人被绑的左手只能向上扬着，不能自己擦拭流出的口水。

“拴老人是家属同意的。”女老板李某说。李老汉80多岁了，患有脑血栓，右侧半身不遂，将他手拴住的原因是老人好像有肾病，尿频，一天要尿八九次。“现在他刚来住三个月左右，还没掌握他的排尿规律，所以只好将塑料袋套上他的下体接尿。但他手不老实，尿完了就会用手去扯塑料袋，弄得到处都是。没有办法，我才将老人还能活动的左手拴住。”另外，老人还好动，只要把手放开，他就把床上的褥子、垫子都拽下来撕碎，扔得到处都是。“冬天怕老人挨冻，还得用被子把他的腿、脚都紧紧裹住，防止他蹬被。”

李某说，她和老人的儿子沟通了，老人的家属对此知情，允许她这样做。“我这儿已经不错了，他来的时候，身上全是褥疮，现在好多了。”

记者分别走访了老人的两个儿子。大儿子打着麻将接受采访。“父亲在那儿比在家好。我们都没办法照顾他。我没有家，我们虽然开了店，但这个店是我媳妇的，我跟我这个媳妇没登记。老二在对面也开食杂店，就一室，一家三口都住不下。老三家是一室半，孩子还得学习，也住不下。老人这样，我看比在家好。我上午还买油炸糕去看他。我们要像你们一样一个月挣个几千块钱就好了，你看不行，把他接你家去？”

李家二儿子开的食杂店内也摆着一桌麻将，二儿媳妇坐在床上吸烟。听记者说老人在养老院的情况，她穿上鞋，说要去和爱人商量商量。她向老大的店走去，说爱人正在大哥的店里打麻将。李老汉的二儿媳妇进店后很快出来，二儿子并没跟出来。她表示要去养老院看看公公：“绑手这事我知道。要是打老人，我决不能让。”

后来，李老汉的二儿媳妇说，三个儿子都没能力照顾老人，“公公今年81岁，得脑血栓好几年了，两年前婆婆去世，公公才住养老院。我大哥、大嫂虽然没登记，但都有病，我家和老三家都下岗了，都没能力照顾老人。公公自己有1000多块

补充阅读

《社会福利机构管理暂行办法》（摘录）

第三条 社会福利机构应当遵守国家法律、法规和政策，坚持社会福利性质，保障服务对象的合法权益。

钱养老金，正好够养老院的钱，还能剩几个。”

2. 俩护理员照顾39位老人

某社区后侧，刷在墙上的“天一护理院”几个字已经有些模糊。

天一护理院在小区102栋104室，没挂牌匾。刚进楼道，记者闻到一股刺鼻的腥臭味。房间有100多平方米，4个房间，所有的窗子外面都安着铁栅栏。最里面不到10平方米的房间里，挤了3张单人床，大厅里也摆着床位。老人们都在屋里的床上躺着、坐着，屋里很静。一个房间的门在外面用布绳挂着，打不开，里面的老人说，是怕他们走出来。

记者问：“我家老人60多岁，哮喘，能走。怎么收费？”自称为护工的这样回答：“这属于半自理的。收费一个月650块。这包括洗涮、吃。一天三顿饭，早上豆沙包、馒头、面条；中午米饭、两个菜；晚上粥、馒头。一周一顿包子、一顿饺子、一顿鸡、一顿鱼。”

护理院的老板说，这个护理院是她和姐姐一起开的，楼上楼下两层，已经10年了。在小区这一片儿，她的护理院吃得最好了。陈永波却说：“天一护理院做的水煮面条连个油腥都没有，每周一次的鸡骨架炖土豆就是最好吃的了。”

天一护理院没有悬挂任何执照。老板说，她们手续都全。她拿出一个卫生许可证，说这个证非常难办，别人家都没有。她还介绍，住在护理院的都是有说道的，多是有病的或是没有家的。

而在滨河小区另外一家养老院健松护理院，就一个护理员——女老板。

3. 社区所有护理院执照都不全

养老院所在社区的书记和负责老年人事务的主任说，所有老人护理院都没挂牌子是因为要求重新换牌子，各家都正在做。

据这位主任介绍，现在社区掌握的仍在营业的护理院有4家，有的有营业执照，有的没有。各家防火都不合格，更没防疫设施，各种执照很难办下来。各护理院都达不到5平方米放置一张床位的标准。

对于养老院的管理，社区负责人很无奈。凡是防火、防疫设施不合格的，都给下了通知书，要求停业。但是社区没有执法权，它们不停业，社区也没办法。“不能都整黄了，否则这些老人没处安排。”

一则有关黑心养老院的消息在《东亚经贸新闻》登出，引出轩然大波！

三、社会影响

（一）引发了社会的广泛关注

2009年4月8日《中国青年报》发表了题为《人人都会老，谁敢去养老“集中营”》的文章。文章说，现在一部分民办养老机构，已经完全变成了赚钱的项目，把社会福利转变成企业经营，这种养老院的性质、服务内容及质量恐怕就很难把握了。

2009年4月9日新华网发表了《这种养老院不是养老是坑老》的文章。文章说，养老市场巨大，昧心钱却赚不得——谁要赚不义之财，就让谁出局。这个“门槛”，不能有丝毫缩水。人间重晚情，老人的境况如何，是衡量一个社会文明程度的尺度，是建设和谐社会的内在要求，从这个角度来看，规范社会养老市场，又何止只是一个商业问题？

2009年4月8日人民网的文章则向相关监管制度发出疑问，《“集中营”似的老年护理院是怎样练成的？》文章说，养老需要民营养老机构的融入和补充，但政府管理部门必须尽快制定出一套严格的管理制度，养老机构的管理关系到整个社会，是切切实实的民生大事。

2009年4月13日中央电视台的《今日观察》播出了一个长30分钟的专题，讨论的主题就是大家关注的黑心养老院虐待老人的事情。对“养老院在市场化之后，如何才能够得到有效的监管”、“面对着我们中国日益增大的老龄社会的压力，我

补充阅读

《社会福利机构管理暂行办法》（摘录）

第十八条 社会福利机构中不具备上岗资格的护理人员、特教人员应当接受岗前培训，经考核合格后持证上岗。

们的养老问题如何才能得到有效的解决”等问题，展开了评论。

（二）引起了各级相关部门、领导的重视

《东亚经贸新闻》的报道登出后，长春市委办公厅立即给予批示，表示将认真调查报道中反映的问题，坚决避免类似现象的发生。长春市纪委领导批示：“要认真调查《东亚经贸新闻》报道的问题，坚决避免此类现象的发生。”当日，长春市委办公厅将批示转给市民政局、南关区委、区政府。长春市市长、常务副市长亲自给民政局长打电话，要求民政局马上调查，并就有些情况拿出意见。

长春市南关区和长春市民政局相关工作人员到滨河小区走访了多家“黑”养老院，并要求滨河小区所有“黑”养老院3日内停业。民政局一位副局长说：“局长向报道记者提出特殊表扬。长期困扰民政系统的一种问题被你们捅破了。有好的意见反馈过来，大家共同研究。”

据民政局的调查，长春有不少像这样的无照违法经营“黑”养老院，这些“黑”养老院的经费不足、办院条件不达标、护理员的素质比较低，却以低价吸引了很多老人入住。据调查发现，这些“黑”养老院每月的收费为500多元，比正规养老院普遍便宜200多元。按照相关规定，滨河小区所有养老院都不符合民办养老机构的标准，属于无照经营，被全部关闭。

四、分析与启示

（一）满足老年人对养老服务的需求意义重大

目前，我国正面临着人口老龄化的严峻挑战。截至2008年年底，我国60岁以上老年人口已达到1.5989亿，约占全国总人口的12%。人口老龄化呈现新的特点：一是老年人口增速加快。1999年我国进入老龄化社会以来，老年人口年均增加311万人，今后将以年均800万人的规模递增。二是高龄老年人和失能老年人大幅增加。我国80岁以上的高龄老人已达到1805万，并开始以年均100万以上的速度增长，城市老年人失能和半失能的达到14.6%，农村已超过20%。三是空巢化趋势日益突出。城市老

年空巢家庭已达到49.7%，农村空巢和类空巢家庭已达到48.9%。

人口老龄化是经济和社会发展中面临的重大挑战，它对社会保障、劳动力结构、产业结构、消费结构、文化体育教育事业、社会服务、社会稳定等方面都带来了全局性、战略性的重大影响。第一，养老服务体系建设是保障民生的需要。加强以改善民生为重点的社会建设，要求我们把保障和改善民生，摆在工作的突出位置，大力加以推动。人口老龄化的快速发展，使得社会的养老需求急剧增长，养老服务的满足程度已成为广大群众最关心、最直接、最现实的利益问题，成为衡量保障和改善民生成效的重要指标。这就要求我们必须立足国情，加快发展养老服务事业，尽快加强养老服务体系建设。第二，养老服务体系建设是推动经济发展的需要。在现代化的进程中，随着人们的生活节奏不断加快，社会流动日趋频繁，城市独居老人和农村留守老人日益增多。但同时，随着“四二一”家庭结构的出现，家庭规模逐步缩小，家庭养老功能日趋弱化，养老压力增大。许多劳动力将大量精力和时间花在了照料老人上，严重制约了社会生产力的发展和经济效率的提高。为了使大量劳动力从烦琐的家庭事务中解脱出来，必然要求提供形式多样、内容广泛的社会化服务，协助甚至替代家庭的养老功能，而这只有通过加快发展养老服务事业、加强养老服务体系建设才能解决。第三，养老服务体系建设是促进社会稳定和谐的需要。建立健全社会保障体系，关系改革、发展、稳定的全局，意义重大。作为社会保障体系的重要组成部分，养老服务事业的主要作用在于解决老年人的基本生活和基本服务问题。加强养老服务体系建设，对于保障老年人平等享受社会生活，维护社会和谐稳定，对于实施可持续发展战略和建立健全社会保障体系，都具有重要意义。

（二）要鼓励社会力量兴办老年服务机构

鼓励和引导社会力量参与养老服务事业，是解决养老问题的有效途径，也是应对人口老龄化挑战的必由之路。国家历来十分重视对社会力量兴办养老机构进行政策扶植和资金支持。2000年《国务院办公厅转发民政部等部门关于加快实现社会福利社会化的意见的通知》和2005年民政部下发的《关于支持社会力量兴办社会福利机构的意见》，在规划、建设、税费减免、用地、用水、用电等方面出台了一系列扶持保护政策，鼓励和支持企事业单位、社会团体和个人等社会力量投资兴办福利性、非营利性养老机构。在中央政策的指引下，一些地方也纷纷立足实际，出台了许多新的优惠政策，使得民办养老机构蓬勃发展，成为我国养老机构的一支重要力量。

（三）政府应该扮演好监管者的角色

要根据政府宏观管理、有关部门配合、社会力量兴办、社会福利机构自主经营的管理体制的要求，充分发挥职能作用，依法做好指导、协调、扶持和管理工作，促进社会办福利机构健康发展。随着老龄化趋势的日益突出，国家在制度建设层面上的探索，也一直在进行。2005 年 5 月 11 日，民政部下发《关于进一步加强农村敬老院管理工作的紧急通知》。民政部还加快了养老机构管理条例制定的进程，把城市与农村、公办与民办、营利性与非营利性等各类各种所有制养老机构，纳入调整规范的范围，完善养老机构的管理体制，明确养老机构的准入资质，规范经营服务行为。

地方政府在监管中角色重要。一方面要坚持社会化的发展方向，将社会办福利机构纳入当地社会福利机构发展规划，引导社会力量多渠道、多形式参与社会福利事业，并严格按照社会福利机构发展规划和设置标准依法审批社会福利机构，使各种所有制的社会福利机构平等竞争，共同发展。另一方面要根据《社会福利机构管理暂行办法》和《社会福利机构基本规范》的要求，加强对社会办福利机构的管理；要指导社会办福利机构建立健全以岗位责任制为核心的规章制度，开展从业人员的岗前培训和定期业务培训，不断提高管理水平和服务质量，增强自我发展的能力。特别是要主动发现和培育典型，对于管理规范、服务优质、社会效益和经济效益良好的社会办福利机构给予表彰，大力宣传和推广他们的先进经验；同时，也要对社会办福利机构进行定期检查，受理服务对象和社会公众的投诉，对未达标的单位，要限期整改，对违反国家有关法律、法规以及有关规定的，视情予以处罚。

补充阅读

《社会福利机构管理暂行办法》（摘录）

第二十七条 社会福利机构有下列情形之一的，由民政部门根据情况给予警告、罚款，直至建议登记管理机关取缔或者撤销登记，并按管理权限对直接责任人给予批评教育、行政处分，构成犯罪的依法追究刑事责任。

（一）违反国家关于老年人、残疾人和孤儿权益保护的法律法规，侵害服务对象合法权益的；

（二）未取得《社会福利机构设置批准证书》擅自执业的；

（三）年检不合格，限期整改后仍不合格的；

（四）进行非法集资的；

（五）未办理变更手续，其活动超出许可范围的；

（六）其他违法行为。

思考题

1.“黑心”养老院事件发生的原因有哪些？

2. 民办养老机构在养老服务体系中的重要意义何在？

3. 政府对社会力量兴办的老年服务机构应怎样加强监管？

第三章 社会事务管理案例

PART 3

概　述

社会事务工作是政府社会行政管理和公共服务职能的重要组成部分，代表了社会管理和公共服务水平，也是社会文明程度的重要标志。自 1978 年第五届全国人民代表大会第一次会议决定设立民政部以来，社会事务管理工作就是民政部的重要职能之一。经过 30 多年的社会事务管理工作实践，特别是围绕政府中心工作，在服务大局、关注民生、维护社会稳定、构建社会和谐等方面都发挥了重要作用。2008 年，根据国务院机构改革方案的规定，民政部调整了内设机构，设立了社会事务司，明确了社会事务管理工作的主要职责是：拟订婚姻、儿童收养和殡葬管理政策，推进婚俗和殡葬改革；指导涉外和涉港澳台居民、华侨、边民婚姻管理；承办政府间儿童收养政策协调事宜；协调省际生活无着人员救助工作；指导各地民政部门做好婚姻、殡葬、收养、救助服务机构的管理工作等。多年以来，经过各地民政部门的扎实工作，婚姻管理实现了由政府干预婚姻向公民婚姻自主的转变。殡葬管理的深化，推动了殡葬改革，促进了人与自然的和谐相处。强制性的收容遣送改变为关爱性的救助管理，建立了以“自愿受助、无偿救助”为原则的新型社会救助制度。儿童收养工作坚持“一切为了孩子”的工作宗旨，努力促进孤残儿童回归家庭、获得妥善安置。

一、救助管理

2003年6月，国务院颁布了《城市生活无着的流浪乞讨人员救助管理办法》，规定将强制性的收容遣送管理改为关爱性的救助管理，建立了以“自愿受助、无偿救助”为原则的新型社会救助制度。这是我国社会救助制度的重大改革，也是民主法制建设的一件大事，在国际国内都产生了很大的反响。2003年7月，民政部颁布了《城市生活无着的流浪乞讨人员救助管理办法实施细则》，对进一步做好流浪乞讨人员的救助工作，逐步实现由强制性收容遣送向关爱性救助管理制度的转变起到了重要作用。2006年民政部等三部门联合下发的《关于进一步做好城市流浪乞讨人员中危重病人、精神病人救治工作的指导意见》，着力解决流浪乞讨病人医疗救治问题，切实保障了流浪乞讨病人的生命权益。2009年，民政部、公安部、财政部、住房和城乡建设部、卫生部五部门联合下发《关于进一步加强城市街头流浪乞讨人员救助管理和流浪未成年人解救保护工作的通知》，明确了部门任务分工协作机制，有效解决了流浪未成年人救助保护难等问题。由于法规政策不断完善，工作机制逐步健全，服务网络日臻完善，工作方式不断创新，内部管理日益规范，服务功能广泛拓展，基础设施逐步改善，救助管理工作取得了长足进展。

（一）完善救助管理政策

完善救助管理政策是推动新型救助制度完善和发展的前提。救助管理办法实施以来，民政部先后会同有关部门就特殊困难救助对象跨省返乡、流浪乞讨人员中危重病人和精神病人救治、流浪未成年人救助保护、救助管理规范化标准化等问题下发了文件，明确了部门分工，健全了工作机制，完善了保障措施，明确了工作要求，规范了服务管理，为做好救助工作提供了政策保障。

（二）健全工作机制

健全工作机制是做好救助管理工作的保证。救助管理办法实施以来，民政部门积极争取各级党政领导重视和有关部门的大力支持、配合，建立了“政府领导、民政主管、部门协同、社会参与”的工作机制。北京、天津、辽宁、上海、江苏、福建等省市成立了由政府主管领导任组长、相关部门参加的救助管理工作领导协调小组，统筹救助管理工作的开展。

（三）完善救助服务网络体系

完善救助服务网络体系是做好救助管理工作的基础。目前，全国共有救助管理机构 1422 个，其中跨省救助管理站 176 个。救助危重病人、精神病人的定点医院 1133 家。各地普遍建立了由固定救助点和流动救助车构筑的救助服务网络，为及时发现和帮助困难群众创造了条件。北京、上海、郑州、成都、大连、盘锦、南京等 14 个城市通过设立街头救助点、小区联络员、街头服务小分队，发动志愿者、小区群众共同参与，将救助服务网络覆盖城区，及时救助流落街头的困难群众，特别是危重病人、精神病人和无法求助的特殊困难群众，保障他们的生存权益，形成全社会共同关怀、帮助困难群众的浓厚氛围。

（四）创新工作方式

创新工作方式是做好救助管理工作的关键。各地在救助管理实践中不断探索，采取主动救助、积极救助、分类救助等方式，不断创新，不断进步。北京市创新了网格化管理新模式，配有专职监督管理人员，负责日常巡查，及时发现、救助遭遇临时困难的流浪乞讨人员。上海市通过政府购买服务，利用社会组织开展街头流浪乞讨人员的劝导、救助工作，在站内引入社工运用个案工作、小组工作等专业方法对受助人员实施干预，起到良好效果。郑州市流浪儿童救助保护中心积极探索“类家庭”、“家庭寄养”等家庭教育保护模式，综合运用社会工作、心理辅导、技能培训、文化教育等专业化的工作方法，帮助未成年人早日回归家庭、回归社会，形成具有国际影响力的“郑州模式”。

（五）加强管理机构内部管理

加强救助管理机构内部管理是救助管理工作健康发展的保障。救助管理制度实施后，各地救助管理站按照《救助管理机构基本规范》和《流浪未成年人救助保护机构基本规范》要求，在改善环境设施、强化内部管理、改进救助服务等方面取得积极进展。南京市救助管理站、北京市朝阳区救助管理站等单位十分重视规范化管理，率先通过 ISO9001：2000 国际质量管理体系认证。

（六）拓展服务功能

拓展服务功能是发挥救助管理功能的必然要求。各地救助管理站本着“以人为本”的原则，拓展救助管理工作的内涵和外延，为受助人员提供更多的服务，取得了很好的社会效果。大连、深圳、成都等城市救助管理站为受助人员提供就业指导；南京、盘锦等城市救助管理站帮助遭受不法侵害的受助人员维权；上海、大连、徐州等 50 多个城市救助管理站为遭受家庭暴力侵害人员提供临时庇护；2008 年的雨雪冰冻灾害和地震发生后，各地救助管理站紧急启动应急预案，积极参与雨雪冰冻灾害、地震等突发自然灾害救助工作，除为大量受灾群众提供食宿等生活救助外，还积极做好群众的精神抚慰工作。转运外省救治的地震伤员治愈后，又积极配合做好出院返川工作。这些工作既拓展了救助管理站的职能，又为政府排忧解难，解决了遭遇突发困境群众的实际困难，为促进社会和谐稳定发挥了重要作用。

实践表明，以“自愿受助、无偿救助”为原则的救助管理制度顺民意、得民心，充分体现了中央政府“以人为本”的执政理念，有效保障了大量遭遇临时生存危机的困难群众的基本生存权益，为改善民生、完善社会管理、维护社会稳定、构建社会主义和谐社会发挥了重要作用。

二、殡葬管理

新中国成立以来，特别是 1956 年在毛泽东等老一辈无产阶级革命家倡导遗体火化以来，伴随着殡葬改革，中国的殡葬事业从建立殡葬法律制度，到构筑我国殡葬管理服务体系，在引导人们接受火葬、破除殡葬陋俗方面取得了显著成绩；殡葬行业也由点到面，由小到大，逐步发展成为一个新兴的特殊服务行业，取得了举世瞩目的成就。

（一）实行火葬、改革土葬

我国的殡葬改革是围绕着推行火葬展开的，50多年来，已逐步由党内发展到全社会，由首都推向全国。北京、天津、上海、辽宁、吉林、黑龙江、山东、江苏、广东等省市连续多年火化率接近100%，许多大中城市火化率在80%—90%以上。随着社会的发展与进步，实行火葬的地区越来越多，分布越来越广，出现了先进地区更先进，后进地区赶先进的良好发展势头，实行火葬正在成为群众的一种自觉行动。近年来，火化率基本保持在50%左右，每年可为国家节约木材200多万立方米，节约土地3万余亩，节约丧葬费用数百亿元。

在推行火葬的同时，土葬改革工作也得到各级领导的重视。为了改变占用耕地、到处乱埋滥葬的现象，我国农村大部分地区普遍为村民兴建了公益性墓地，基本实现了遗体埋葬公墓化。一些地区因地制宜推行了平地深埋、不留坟头的生态葬法，改变了千百年来乱埋乱葬的旧的土葬形式。为治理乱埋滥葬现象，各地还积极开展平坟还田活动，节约了大量的土地资源，保护了自然环境。

（二）殡葬习俗改革

殡葬习俗改革主要指葬礼和葬法改革。半个世纪以来，各级民政部门在依法加强殡葬管理的同时，注重殡葬礼仪改革，以破千年旧俗、树文明新风为主题，提倡文明节俭办丧事。特别是老一辈无产阶级革命家带头丧事从简、不留骨灰的榜样作用，带动了越来越多的群众自觉进行殡葬习俗改革。以往重殓厚葬和愚昧迷信的陈规陋习，逐渐被文明的殡葬礼仪所替代，寄托哀思的方式越来越趋于文明，涌现出多种多样的文明祭祀形式。“家庭追思会”的祭祀形式多年来被中央及各级新闻媒体广为宣传。目前，在大中城市和部分农村地区，花圈、花篮、黑纱、白花取代了纸扎用品和披麻戴孝，遗体告别、开追悼会等这些在城市被普遍采用的丧葬形式正在广大农村地区推广。

骨灰处理是殡葬改革的重要组成部分。近年来，全国各地因地制宜，创新和发展了多种多样的不占或少占土地的骨灰处理方式。除骨灰撒海外，采用树葬、草坪葬、鲜花葬、壁葬、吹灰葬、深埋不留标记等生态葬法的越来越多。北京、天津、上海、辽宁、河北、江苏、广东等省市，每年举行多次骨灰撒海、骨灰植树活动。近年来，浙江等省启动了以整治“青山白化”及推行生态葬为主的绿色殡葬，取得了显著成效。此外，骨灰集中存放等少占土地的方式正在广大农村大力推广。

（三）殡葬服务

毛泽东等老一辈无产阶级革命家签名倡导火葬两年后，北京八宝山、东郊两个火葬场相继建成并投入使用，此后，全国各地陆续建立了火葬设施。到目前为止，全国共有殡葬事业单位 3754 个。其中，殡仪馆 1692 个；经营性公墓 1209 个，殡葬管理单位 853 个。近 10 年来，各地殡仪馆大力进行更新改造，积极研制和引进现代化设备设施，不断推进科技进步，减少环境污染，提高设备设施档次，增加服务项目，出现了一大批环境公园化、设施现代化、管理规范化、服务优质化的殡仪馆。近年来，新建、改扩建的殡仪馆引入了大批现代化的高新技术设备，提高了殡仪馆的科技含量和科技水平，为广大群众提供了多种服务条件。火化机、殡仪车、防腐、整容、冷藏设备的科研与生产，已形成专业化、系列化的生产规模。

（四）殡葬职工队伍建设

半个世纪以来，殡葬事业从无到有，从小到大，已经发展成为一个特殊的服务行业，形成了多层次的服务体系，基本满足了不同层次的丧葬消费需求。殡葬职工队伍不断壮大，大学生、研究生比例不断增加。职工素质和社会地位逐步提高，全国殡葬行业职工总数已经接近 8 万余人。2005 年，殡葬行业职业技能鉴定工作正式启动，殡葬行业职工将要持职业资格证书上岗。这一系列政策和标准的实施，对改变殡葬行业人才结构，提高殡葬职工的文化素质和整体水平发挥了巨大作用。同时，各级民政部门还积极开展岗位培训和职业道德教育，有效地提高了殡葬职工的文化素质和服务水平，他们中间涌现出了一大批劳动模范和先进工作者。据统计，全国有 1/3 的殡葬事业单位被县级以上人民政府授予精神文明建设先进单位，有的殡仪馆成为省级精神文明建设先进单位。

（五）殡葬法制建设

从1956年到1984年，殡葬改革的主要工作是大力宣传毛泽东等老一辈无产阶级革命家倡导火葬和贯彻落实中共中央办公厅转发民政部党组《关于共产党员应简办丧事、带头实行火葬的报告》的通知。1985年国务院颁布了《关于殡葬管理的暂行规定》，这是新中国成立后第一个殡葬管理法规。1997年7月，国务院《殡葬管理条例》的颁布实施，标志着我国殡葬管理工作的法制化进程取得突破性进展。随后，全国有29个省、自治区、直辖市陆续出台了地方性殡葬管理条例或殡葬管理办法。根据形势的发展和殡葬管理的需要，2005年，民政部又对《殡葬管理条例》进行了修订，并报国务院法制办审核。在短短几年的时间里，上下配套的法规政策相继出台，形成了从中央到地方配套的殡葬管理法规体系，使殡葬管理走上了有法可依的法制化轨道。

当前，全党正在贯彻落实党中央提出的科学发展观、构建和谐社会和建设社会主义新农村的战略部署，努力建设节约型社会和创新型国家，这对我国的殡葬改革和殡葬事业的发展提出了更高的要求，同时也为进一步推进殡葬改革和殡葬事业的发展提供了历史性机遇。殡葬管理工作继续坚持“实行火葬，改革土葬，节约殡葬用地、革除丧葬陋俗，提倡文明节俭办丧事”的改革方针，积极地、有步骤地推进殡葬改革；坚持依法行政，进一步加强殡葬法制建设；坚持葬法改革与葬礼改革并重，进一步深化殡葬改革；坚持骨灰和遗体处理多样化，推动绿色殡葬；坚持行业自律，提高殡葬服务机构的队伍素质和服务水平，为构建社会主义和谐社会，促进国家经济社会可持续发展和社会文明进步作出贡献。

三、婚姻管理

婚姻管理是一项重要的专项社会事务管理工作，也是民政部门的传统业务领域。《国务院办公厅关于印发民政部主要职责内设机构和人员编制规定的通知》将婚姻管理的职能表述为：拟订婚姻管理政策；推进婚俗改革；指导涉外和涉港澳台居民、华侨、边民婚姻管理；承担全国婚姻登记信息管理工作；指导婚姻服务机构管理。

（一）婚姻管理法律法规

自新中国成立以来，我国先后于1950年、1980年颁布过两部婚姻法，其中，1950年婚姻法是新中国成立后颁布实施的第一部法律。2001年，针对婚姻家庭领域出现的新情况、新问题，全国人大常委会又对1980年婚姻法进行了修正。2003年颁布的《婚姻登记条例》是与2001年婚姻法相配套的行政法规，对我国的婚姻登记制度作出了许多重大变革，其中包括取消了结、离婚由单位或村（居）民委员会出具证明的做法，对婚检未作强制性要求等。2006年民政部与国家档案局联合发布了《婚姻登记档案管理办法》，这是我国就婚姻登记档案管理工作出台的第一部行政规章，该办法的出台有效规范了婚姻登记档案的管理。

（二）婚姻登记制度

婚姻登记是婚姻登记机关依法确立或终止当事人之间婚姻关系的具体行政行为，属于行政确认。婚姻登记机关是具有依法履行婚姻登记行政职能的机关。按照《婚姻登记条例》规定，内地居民办理婚姻登记的机关是县级人民政府民政部门或者乡（镇）人民政府，省、自治区、直辖市人民政府可以按照便民原则确定办理婚姻登记的具体机关；办理涉外、涉港澳台、华侨婚姻登记的机关是省级人民政府民政部门或省级人民政府民政部门确定的机关。

我国实行严格的结婚登记制度，男女双方只有到婚姻登记机关依法办理结婚登记手续，其婚姻关系才能得到法律的保护。2003年《婚姻登记条例》简化了办理结婚登记的手续，受到了社会各界的广泛关注和广大群众的热烈拥护。《婚姻登记条例》出台后，全国结婚量逐年稳步上升，从2002年的786万对增加到2008年的1098.3万对，登记量增加了312.3万对，结婚登记率从2002年的12.2‰增加到了2008年的16.54‰。

在我国，离婚有两种法律途径：一是登记离婚，二是诉讼离婚。登记离婚是自愿离婚的夫妻，在对子女抚养、财产及债务处理等事项协商一致的情况下，双方在婚姻登记机关解除婚姻关系的法律形式。诉讼离婚是男女一方要求离婚，向人民法院提出离婚请求，由人民法院调解或判决而解除婚姻关系的法律形式。近几年，全国离婚率有所上升，离婚登记量从2002年的57.3万对上升到2008年的160.9万对，登记量增加了103.6万对。目前，一些有条件的婚姻登记机关开始设立婚姻家庭健康咨询室，引进社会工作人才，为有需要的婚姻当事人提供心理疏导、法律咨询和离婚劝和服务，为构建和谐家庭发挥作用。

婚姻登记工作面向社会全体公众，群众关注度高，社会影响力大，对树立政府和民政部门的良好形象起着重要作用。多年来，各级婚姻管理部门和婚姻登记机关严格执行婚姻管理法律法规，切实履行婚姻登记工作职责，全心全意服务于广大婚姻当事人，婚姻登记工作在法制化、规范化、信息化、人性化等各个方面均取得了突破性进展，为推动责任政府、法治政府和服务型政府建设作出了贡献，受到社会各界特别是广大婚姻当事人的好评。

四、收养管理

我国收养工作是伴随改革开放的不断深入逐渐发展起来的。在党和政府的关心下，我国收养工作坚持“一切为了孩子”的工作宗旨和依法办事、平等自愿的工作原则，有效维护了被收养儿童的合法权益，促进了我国儿童福利事业的发展。

（一）收养管理法律法规

收养涉及收养当事人的人身关系，特别是未成年人的抚养、教育、财产继承等重要民事权利。1991年全国人大常委会通过了《中华人民共和国收养法》，1998年对其进行了修订。为进一步规范收养行为，经国务院批准，1999年5月25日，民政部发布了《外国人在中华人民共和国收养子女登记办法》、《中国公民收养子女登记办法》，同时，民政部出台了《华侨以及居住在港澳台地区的中国公民办理收养登记的管辖以及所需出具证明材料的规定》等相关规定，使这项工作得以在较为完善的法律体系下健康持续开展。

（二）收养登记制度

我国收养登记制度自1992年4月1日起开始建立（《中华人民共和国收养法》施行之日），凡收养查找不到生父母的弃婴和儿童以及社会福利机构抚养的孤儿的，应当向民政部门登记。另外，对于1992年4月1日之前已建立的事实收养关系，当事人可以到司法部门申请办理事实收养公证。1998年修正的《中华人民共和国收养法》规定，收养查找不到生父母的弃婴和儿童以及社会福利机构抚养的孤儿、亲属间的收养、非亲属间的收养以及继子女收养都应当向县级以上人民政府民政部门登记，收养关系自登记之日起成立。

根据有关规定，中国公民在中国境内收养子女的，办理收养登记的机关是县级人民政府民政部门；华侨以及居住在港澳台地区的中国公民在内地收养子女的，办理收养登记的机关是被收养人常住户口所在地的直辖市、设区的市、自治州人民政府民政部门或者地区（盟）行政公署民政部门；外国人来华收养子女，办理收养登记的机关是被收养人常住户口所在地的省、自治区、直辖市人民政府民政部门。

多年来，各级民政部门把对孤残儿童权益的保护落实在工作的方方面面，细化收养各个环节的工作程序、标准和要求，完善规章制度，明确工作职责，规范工作程序，强化监督机制，培养工作队伍，收养工作步入了持续、稳步、健康的运行轨道。

（三）涉外收养工作

我国的涉外收养工作起步于20世纪70年代末80年代初，主要是为了满足一些对华友好的外籍人士在华收养的愿望，数量和范围都极为有限。进入90年代，社会福利机构孤残儿童数量不断增长，申请到中国收养子女的外国家庭也不断增加，涉外收养工作逐渐发展起来。目前，我国已与17个国家建立了收养合作关系，全国共有300多所社会福利机构开展了涉外收养工作。为推动涉外收养工作与国际接轨，我国政府积极参与制定有关跨国收养方面的国际公约，2005年经批准加入了《跨国收养方面保护儿童及合作公约》（简称《海牙公约》），为在国际公约框架下办理跨国收养、最大限度地维护我国被收养儿童权益提供了可靠的保障。

案例 8　重病流浪者为何死于救助管理站门口

患病的流浪者被警察送到救助管理站，但救助管理站以“流浪乞讨的危重病人，先到医院治疗再送到救助管理站”的规定为由拒收。流浪者被遗弃在救助管理站门口。“110”不来，“120”来了也不救。次日，流浪者死了。救助管理站、“110”、“120”，到底谁的责任？

一、案例背景

湖南省长沙市芙蓉区救助管理站是依照公务员管理的财政全额拨款的事业单位，其主要服务对象是其辖区内因自身无力解决食宿，无亲友投靠，又不享受城市最低生活保障，正在流浪乞讨度日的人员。按照《城市生活无着的流浪乞讨人员救助管理办法》及其实施细则的相关规定，救助管理站对受助人员应提供五项基本救助：一是提供符合食品卫生要求的食物；二是提供符合基本条件的住处；三是对站内突发急病的，及时送医院救治；四是帮助与其亲属或所在单位联系；五是对没有交通费返回其住所地或者所在单位的，提供乘车凭证。

二、事件起因与经过

2006 年 5 月 27 日 18 时 37 分，长沙市 110 报警中心接到群众报警称：在湘雅附二医院放射科走道上，一名重症患者已经躺在地上一天没有人处理。接警后，110 报警中心迅速通知人民路派出所（不属公安管理，为湘雅附二医院内部派出所）到现场处理，派出所接警后，当晚值班工作人员组织附二医院护院队员 5 人，同时联系浏阳永安医院 120 急救车（派出所自己没车，正好浏阳永安医院的急救车送病人到附二医院）于 22 时 45 分将病人送到长沙市芙蓉区救助管理站要求救助。

正当民警要把流浪者抬下车时，长沙市芙蓉区救助管理站当晚值班工作人员告诉他们："根据经验，这个流浪者是个危重病人，按照要求，应该先送到就近的医院进行救治，然后再来救助站接受救助。"芙蓉区救助管理站工作人员的话让民警们大出所料。民警表示："救助站就是救助流浪乞讨人员的，我们送去的这个流浪病人为什么不能接受救助呢？"对于民警们的疑问，芙蓉区救助管理站工作人员解释说，根据《长沙市人民政府办公厅关于进一步做好城市生活无着的流浪乞讨人员救助管理工作的通知》的要求，流浪乞讨中的危重病人，应该实行先救治后救助的原则，先到医院治疗后，再送到救助管理站。人民路派出所民警认为，救助管理站并无确切的证据判断流浪者属危重病人，应该接收并对其进行救助。一方说是危重病人暂不予救助，一方说无证据证明流浪者属危重病人，救助管理站应该给予救助。派出所和救助管理站在该不该救助这名流浪者的问题上产生了分歧。

当晚 11 时左右，在分歧无法得到解决的情况下，人民路派出所民警

补充阅读

《城市生活无着的流浪乞讨人员救助管理办法》(摘录)

第五条 公安机关和其他有关行政机关的工作人员在执行职务时发现流浪乞讨人员的，应当告知其向救助站求助；对其中的残疾人、未成年人、老年人和行动不便的其他人员，还应当引导、护送到救助站。

第七条 救助站应当根据受助人员的需要提供下列救助：

（一）提供符合食品卫生要求的食物；

（二）提供符合基本条件的住处；

（三）对在站内突发急病的，及时送医院救治；

（四）帮助与其亲属或者所在单位联系；

（五）对没有交通费返回其住所地或者所在单位的，提供乘车凭证。

● 救助管理站前的标语牌

在没有办理交接手续的情况下，将病人从车上抬下来，放在救助管理站大门边即自行离去。23时15分，救助管理站工作人员将这一情况向公安110进行了反映，110指挥中心又通知了人民路派出所出警，并通知了120急救中心。人民路派出所接警后没有出警，120到现场检查流浪者后，先是打电话要求公安110派警察一起将其送往医院治疗，但公安110没有派人过来。随后120医生又要求救助管理站工作人员陪同一起送该流浪人员到医院救治，救助管理站工作人员认为其一人值班，不同意陪同前往，120急救中心将情况反馈至110指挥中心，110指挥中心又通知人民路派出所协助处理。人民路派出所以人手不够为由没有派人前往，120医生与救助管理站工作人员也一直没有达成一致意见。5月28日零时25分，120医生称另有任务遂开车离开芙蓉区救助管理站。第二天凌晨6时30分，该流浪人员被发现死在救助管理站门口，经民警认定属无外力致死。

三、事故责任分析

此事件发生后，报纸、电视、网络等新闻媒体相继报道、转载，在社会各界引起了较为强烈的反响。网民普遍认为重病流浪者死于救助管理站门口，无论从哪个角度讲，救助站、“110”、“120”等救助、扶伤机构都负有责任。

事后，长沙市人民政府通过调查、分析，认为事件的发生，具有以下几方面的原因：一是管理体制不顺，人民路派出所属湘雅附二医院的内部派出所，其工作人员不属于正规的警察，也不属于公安局管理，但是其内部的出警又必须由他们去完成，110指挥中心指挥起来不顺畅。二是个别工作人员责任心、事业心不强，为群众服务意识差，本位主义思想严重，遇事相互推诿。此外，在救助工作中，各部门之间各自为政，缺乏有效的沟通协调机制，也是造成上述悲剧发生的重要原因。

四、教训与启示

《城市生活无着的流浪乞讨人员救助管理办法》实施之初，工作中遇到了许多新的困难和问题，比如，救助对象甄别难、流浪乞讨病人救治难、救助效果不明显等，特别是流浪乞讨病人的救治，成为救助管理工作的难点。

（一）高度重视流浪乞讨病人的救治工作，切实维护弱势群体合法权益

救治城市流浪乞讨人员中的危重病人、精神病人（以下简称流浪乞讨病人）是救助管理中的的一个难点。为做好流浪乞讨病人的救治工作，2006年1月，民政部联合公安部、财政部、劳动与社会保障部、建设部、卫生部下发《关于进一步做好城市流浪乞讨人员中危重病人、精神病人救治工作的指导意见》，规范了救治对象，进一步明确了各有关部门工作职责。流浪乞讨病人救治问题事关人民群众基本生存权利的保障，各地要认真研究上述意见精神，根据本地实际情况，切实解决好流浪乞讨病人救治问题。

（二）各地要进一步明确部门工作职责，完善管理体制，加强协调配合，做好流浪乞讨病人救治工作

根据《关于进一步做好城市流浪乞讨人员中危重病人、精神病人救治工作的指导意见》的规定：民政、公安和城建城管监察等部门的工作人员在执行职务时，有责任将流浪乞讨病人直接送当地定点医院进行救治。民政部门要负责甄别和确认病人身份。各地政府要确定流浪乞讨病人医疗救治定点医院，卫生部门指导定点医院对流浪乞讨病人病情的诊断、甄别和救治。病人病情稳定或治愈后，可根据甄别的身份等具体情况，由民政部门所属的救助管理站接回，或通过其他方式帮助病人离院。

补充阅读

《关于进一步做好城市流浪乞讨人员中危重病人、精神病人救治工作的指导意见》（摘录）

一、规范救治对象，加强救治管理。建立和完善流浪乞讨病人救治制度，要从我国社会主义初级阶段这一基本国情出发，既要保障需要紧急救治的流浪乞讨病人能够得到及时救治，又要充分考虑国家和社会的承受能力，将救治对象限定在必须抢救的有生命危险的流浪乞讨危重病人和危及他人生命安全或严重影响社会秩序和形象的精神病人范围内。在救治管理工作中，要体现以人为本的精神，坚持先救治后结算的原则，保护救治对象的合法权益。

尽管《长沙市人民政府办公厅关于进一步做好城市生活无着的流浪乞讨人员救助管理工作的通知》第七条也规定：对流浪乞讨中的危重病人、传染病人、精神病人实行先救治后救助的原则，由市及区、县（市）各级卫生部门负责确定救治定点医院，由120急救中心就近送定点医院进行抢救治疗，待病人病情稳定后，由医院负责通知所属地救助管理站及时认定病人的属类，确属城市生活无着的流浪乞讨人员，要采取相应的救助措施予以救助；公安部门在护送流浪乞讨人员到各区、县（市）救助管理站时应办理交接手续。

各地要进一步完善管理体制，健全工作机制，切实督促公安、卫生、城建等有关部门切实履行在流浪乞讨病人救治工作中的职责，明确操作细节，克服部门本位主义，加强部门之间的协调配合，切实做好流浪乞讨病人的救治工作。

（三）民政部门及救助管理站要做好牵头协调工作，灵活运用政策，做好流浪乞讨病人的救治工作

案例中，芙蓉区救助管理站当晚值班工作人员一直强调，他这样的做法符合救助规定：对流浪乞讨中的危重病人、传染病人、精神病人实行先救治后救助的原则，由 110 报警指挥中心通知 120 急救中心就近送定点医院进行抢救治疗，待病人病情稳定后，由医院负责通知救助管理站进行救助处理。但该工作人员过于拘泥政策规定，而忽视了实际状况，当病人被放在芙蓉区救助管理站门口，公安人员、120 医生都走后，既没有对病人采取相应的救助措施，也没有及时向上级领导和机关汇报，争取积极解决问题，而是放任自流。

民政部门及救助管理站是流浪乞讨病人救治工作的主管职能部门，要发挥职能作用，既要积极争取政府的支持，也要积极协调有关部门，加强协作配合，共同做好流浪乞讨病人救治工作。同时也应该加强对工作人员的培训教育，灵活掌握和运用政策，提高应急处置能力。

思考题

1. 为什么政府对流浪乞讨病人负有不可推卸的救助责任？
2. 目前在这类救助工作中，存在哪些薄弱环节？

案例 9　拆迁补偿金引发的一场离婚闹剧

近年来，由于城镇化进程的加快，拆迁现象在全国各地愈演愈烈。由拆迁引起的种种问题也开始层出不穷，拆迁户甚至不惜通过离婚分户等方式获得更多的拆迁补偿金。这些由于拆迁等问题引起的离婚现象已经屡见不鲜，我们既需要对既有政策制定过程进行科学论证，也需要对婚姻的神圣性以及离婚的严肃性进行深刻的反思。

一、案例背景

● 某民政局婚姻登记处

近年来，拆迁户在拆迁过程中以离婚分户方式多获取补偿金的现象，在其他地方也曾发生。江苏省某区米沟村属于拆迁范围，该区拆迁办 2008 年 7 月就对拆迁工作发布了动员令。按照相关规定，拆迁实行产权分户、产权置换政策，如果拆迁户在规定的时间按照拆迁协议拆迁，每户可以得到 1.5 万元补偿和 3000 元奖金，加起来就是 1.8 万元。根据此规定，只要拆迁户出具了合法的离婚分户证明，拆迁部门就应该按规定支付各户的拆迁补偿金。于是，不少村民为了多获取 1.8 万元的补偿金，开始扎堆办起了离婚手续。

二、起因与经过

2009 年 2 月下旬的一天，江苏省某区婚姻登记机关为冒雨前来的东郊米沟村一对夫妻办理了离婚手续。奇怪的是，两位村民拿到离婚证后很开

补充阅读

《城市房屋拆迁管理条例》（摘录）

第十三条 拆迁人与被拆迁人应当依照本条例的规定，就补偿方式和补偿金额、安置用房面积和安置地点、搬迁期限、搬迁过渡方式和过渡期限等事项，订立拆迁补偿安置协议。

第二十五条 实行房屋产权调换的，拆迁人与被拆迁人应当依照本条例第二十四条的规定，计算被拆迁房屋的补偿金额和所调换房屋的价格，结清产权调换的差价。

心，有说有笑地离开了。更奇怪的是，随后几天，从米沟村来办理离婚登记的村民越来越多，一天就超过了10多对，其中有结婚不久的新婚夫妇；有不会写字，由子女陪同来填写材料的老夫老妻；甚至还有一对结婚快60年的老夫妇，老汉已经80岁，老太太也已经76岁，也“赶时髦”来婚姻登记机关办离婚手续。这些村民的离婚理由一律为“夫妻感情不和，婚姻已破裂”，离婚协议书中对财产处理、子女抚养等问题很少提及或一笔带过，但对房产分户问题说得都很详细、明确。

婚姻登记员凭直觉意识到这些村民离婚一定另有隐情，于是主动与米沟村村委会取得联系，当地拆迁办负责人听说了村民扎堆办离婚的情况后，立即派人到米沟村做村民工作，规劝村民不要利用离婚方式多获取补偿金。但是，在利益面前，村民们却是现实的。3月初，记者闻讯赶到了米沟村。村头聚集了不少村民，男女老少都有，有的村民正在等公交车，准备去民政局办理离婚手续。据知情者透露，该村共有300多户人家，到那时已经有近百对夫妻离婚或正在准备离婚，而且大有蔓延之势。村民们还在记者面前交流起了办离婚的经验，一位办完离婚的村民说：去了民政局，不管工作人员怎么劝说，咬紧牙关，非离不可，民政局的人就得给办。

一位村民还给记者算了一笔账，村里有一户人家四代人住在一幢房子里，原来祖孙三代夫妻3个户头，如果祖孙三代夫妻都办了离婚手续，就变成了6个户头，只要在规定期限内拆迁，这户人家就可以多分得5.4万元的补偿款。对于设法多拿补偿款的做法，村民们也有理由。一位村民称，他们的房子拆迁后，置换同等面积的安置房或经济适用房，以100平方米计算，还要另外再拿几万元钱。村子拆迁后，他们的土地也没有了，经济来源是个问题，所以趁这个机会，能多得一点就多得一点。

针对此种情况，民政局赶紧增派人员到婚姻登记机关耐心劝说前来离婚的村民，告知村民离婚是一件很严肃的法律行为，一旦办理了离婚手续，夫妻间的权利义务关系就结束了。婚姻登记员甚至列举了多起夫妻离婚假戏真做的例子，如有的夫妻为了多分房子等原因来办理离婚手续，结果一方办完手续后真动了离婚念头，另找如意的人结了婚，好端端的家庭就此破裂。村民们听了却憨厚地笑笑说：不会的，我们吃喝住都还在一起，只是领个证而已，领到补偿款我们就会复婚的。

对于劝说后仍坚持要求离婚的村民，婚姻登记机关的工作人员只能依法办理离婚手续。因为我国婚姻法和婚姻登记条例都明确规定，夫妻双方自愿离婚且对子女抚养、财产、债务处理等问题达成一致处理意见的，婚姻登记机关应当当场予以登记，发给离婚证。村民们证件材料齐全，自愿离婚的意愿表达得很清楚，符合法律关于办理离婚登记的条件，婚姻登记机关如果不给村民办理离婚手续，反而属于行政不作为。

村民们离婚之事愈演愈烈，当地拆迁部门和村委会都派人到婚姻登记机关蹲守，规劝村民返回，但效果并不理想。2009年3月中旬，当地拆迁部门在征求当地政府和相关部门意见后，发布了一个紧急补充通知，通知针对村民以离婚方式多获拆迁补偿款一事明确规定，凡在2009年2月1日之后办理离婚手续的村民不得凭离婚证多领取分户拆迁补偿金。

2009年3月底，许多村民又在忙着复婚，米沟村又恢复了往日的平静。

补充阅读

《婚姻登记条例》(摘录)

第十三条 婚姻登记机关应当对离婚登记当事人出具的证件、证明材料进行审查并询问相关情况。对当事人确属自愿离婚，并已对子女抚养、财产、债务等问题达成一致处理意见的，应当当场予以登记，发给离婚证。

第十四条 离婚的男女双方自愿恢复夫妻关系的，应当到婚姻登记机关办理复婚登记。复婚登记适用本条例结婚登记的规定。

三、社会影响

此通知一出，经媒体报道后在社会上引起了不小的反响，很多人都通过网络加入了这场离婚闹剧的讨论。

赞成者认为，村民们通过离婚方式多获取拆迁补偿金的做法属于弄虚作假，这种钻政策空子的行为不仅不应当支持，还应该受到社会的谴责，相关部门紧急出台补充通知有利于维护社会的诚信和公平。反对者认为，村民们钻政策空子说明政策本身的制定不够科学严谨，有空子可钻，政策制定者不应该声讨村民素质低或觉悟低，而应该先检讨自己的工作。也有人认为，通知本身的精神是好的，但这么多村民离婚后通知才出台，这属于亡羊补牢，为时已晚。

还有人认为，上述补充通知不承认村民2009年2月1日之后办理的离婚，这既不合理也不合法，对已经离婚的村民是非常不公平的。另外，也有人质疑民政局婚姻登记机关在已经知道事情原委的情况下还继续为村民办理离婚手续是否符合法律规定。

四、分析与启示

这是一起因拆迁补偿款发放政策引发的扎堆离婚事件。近几年，拆迁户在拆迁过程中以离婚分户方式多获取补偿金的现象，其他地方也发生过。分析这场离婚闹剧，作为政策的制定者和相关工作部门，应当从这一案例中得到哪些启示呢？

（一）如何看待村民钻政策空子的行为

我们认为，发生这样的事情，不能一味谴责村民的素质低或觉悟低，决策者应当更多地考虑政策本身隐藏的漏洞或失误。村民通过离婚方式多获取拆迁补偿款，这恰恰说明拆迁按户补偿政策本身不够完善或存在弊端，正是政策本身存在问题，才会导致村民们扎堆离婚。另外，需要强调的是，村民钻政策空子的行为并不违法，在符合法律规定的前提下村民有权利行使离婚的权利，村民通过合法的离婚方式追求利益的最大化，这从法律层面来说是无可非议的。

（二）出现此类现象的原因

目前，为分房、办低保等原因办理离婚手续的现象已经屡见不鲜，东北甚至出现过因取暖费实行按户补偿，不少低保、贫困家庭以离婚方式多获取取暖费的事情。另据报道，某油田企业裁员，规定双职工夫妇应自行协商一方下岗，此消息一出，该企业中几乎所有双职工夫妇都到婚姻登记机关办理了协议离婚。2006 年，湖南某县对上岗教师实行重新考核，择优录用，当地教育部门考虑到离婚教师面临着经济和精神上的双重压力，在出台的政策中规定，离婚后自己抚养孩子的教师可以不参加考核，直接录用。没想到这项政策的出台竟引发了一场“离婚潮”，一批担心会下岗的老师纷纷办理了离婚手续，最后教育部门只得宣布废止这项政策。分析上述案例不难发现，引发离婚现象的原因在于政府或单位出台的福利政策、优惠政策或其他与当事人利益密切相关的政策往往以“户”为单位或与“户”直接挂钩，这就容易引发政策对象通过分户，即离婚方式多享受福利、优惠政策或避开对自己不利的政策。

（三）婚姻登记机关在知道事情原委的情况下是否应该继续为村民办理离婚手续

在这场离婚闹剧的争论中，有人认为，既然婚姻登记机关已经知道村民离婚的原因，就不应再继续为村民办理离婚手续。我们认为，在这场风波中，婚姻登记机关的应对和解决方式是正确的。首先，婚姻登记机关在发现异常情况，即米沟村村民离婚现象不正常时，主动与村委会取得联系，了解情况，回馈信息，使相关部门能够尽快采取措施。其次，婚姻登记机关了解了村民离婚原因后，对村民进行了必要的规劝，让村民意识到离婚的法律后果，尽到了告知义务。最后，在村民坚持要求离婚的情况下，婚姻登记机关严格执行法律规定，依法为村民办理离婚手续，体现了政府部门依法行政的理念。

思考题

1. 补充通知不承认 2009 年 2 月 1 日以后的离婚，这一做法是否合法？

2. 政府部门今后应该如何避免类似事件的发生？

案例 10　私自收养：两难境地何去何从

私自收养的现象在我国民间大量存在着。一方面它较好地弥补了目前我国儿童福利事业发展的相对不足，让更多的儿童回归到家庭的怀抱中去，给孩子健康快乐的成长环境。另一方面，从法律的层面来看，这些私自收养行为大多不符合现有法律法规的规定，直接影响了被收养儿童的合法权益。因此，必须进一步从政策法规层面，规范和解决私自收养行为。

一、案例背景

我国 1998 年修正的《中华人民共和国收养法》第六条规定：“收养人应当同时具备下列条件：（一）无子女；（二）有抚养教育被收养人的能

民政部
公安部
司法部　文件
卫生部
人口计生委

民发〔2008〕132 号

关于解决国内公民私自收养子女
有关问题的通知

各省、自治区、直辖市民政厅（局）、公安厅（局）、司法厅（局）、卫生厅（局）、人口计生委，新疆生产建设兵团民政局、公安局、司法局、人口计生委：

《中华人民共和国收养法》（以下简称《收养法》）实施以来，国内公民依法收养意识不断增强，通过办理收养登记，有效地保障了收养关系当事人的合法权益。但目前依然存在国内公民

各级政府和有关部门应以科学发展观为统领，本着“以人为本、儿童至上、区别对待、依法办理”的原则，积极稳妥地解决已经形成的私自收养问题。各省、自治区、直辖市相关部门应根据通知精神，结合本地实际情况，制订相关实施意见。对已确立的收养关系的户口迁移，应按当地公安部门的现行规定执行。

附件：1.捡拾弃婴（儿童）情况证明
2.子女情况证明
3.捡拾弃婴（儿童）报案证明

二〇〇八年九月五日

—7—

● 民政部等五部委联合发布通知，规范解决国内公民私自收养子女的问题

力；（三）未患有在医学上认为不应当收养子女的疾病；（四）年满三十周岁。”收养法第十五条规定：“收养应当向县级以上人民政府民政部门登记。收养关系自登记之日起成立。”事实上，民间私自收养行为还十分普遍，本案例中当事人的收养经历就是典型的私自收养行为。

二、事情经过

李翠兰（化名）是重庆某县忠武村人，1974 年出生。1996 年，她与当地村民何某拜堂成了亲，并于 1997 年生了一个儿子。1999 年，李翠兰因与何某感情破裂，两人到当地民政部门办理了协议离婚，儿子归何某抚养。随后，李翠兰离开何家，到市里某工地打工，后又到某菜市场卖蔬菜。因为何家人对她心存芥蒂，李翠兰每年见不了儿子几面，儿子与她越来越生疏，这让李翠兰心痛不已。

2000 年的一天，一起打工的老乡王秀梅（化名）在公共厕所旁捡到一名女弃婴，将其抱到了李翠兰的出租屋内。李翠兰回忆：“当时她的脐带还没剪断，脸色发紫，已经奄奄一息。”李翠兰的母爱被唤起了，赶紧到旁边的店铺买来衣服、奶粉，并决定收养这个可怜的弃婴。李翠兰为孩子取名为李慧（化名），从此，母女两人相依为命。

“9 年了，真的很不容易。怕她受委屈，我都没敢再嫁人。白天抱着她卖菜，晚上回家边哄她边做家务。我身体一直不好，经常要花钱看病，现在也不能卖蔬菜了。我们已经没有经济来源了，孩子现在上学的钱都是靠东借西凑的。好在孩子懂事听话，很小就知道帮我干活，苦的时候想想她也就不苦了。”李翠兰哽咽着说。

可是，与生活上的困难相比，最让李翠兰头疼的却是李慧的身份问题：“孩子已经 9 岁了，我们还没办理收养登记。2008 年去咨询时，政府部门说我不符合收养条件，是非法收养。孩子至今还是黑户，上不了户口。”李翠兰一脸忧郁地说：“和孩子一起生活了这么多年，才知道自己是非法收养，现在也不知道以后该怎么办了，而且，我也真的没有经济能力再供慧慧读书了。”

据当地相关部门介绍，因为李翠兰的收养不符合法律规定，需要先缴纳1.5万元的社会抚养费，之后才能落户。但是，这笔费用对于经济困难的李翠兰来说简直就是天文数字，所以孩子落户的事情就一直拖延下来。

李翠兰已经育有一子，虽然夫妻俩已经离婚，儿子抚养权归男方所有，但她与儿子仍存在法律上的母子权利义务关系。也就是说，李翠兰并不符合收养法中关于收养人“无子女”的要求，民政部门也就不能为其办理收养登记。这就意味着，李翠兰9年含辛茹苦的抚养并不能换得法律上对母女关系的认可。

2009年年初，事情发生了一些转机，李翠兰听说有关部门新出台了一个关于解决私自收养子女问题的政策。据了解，2008年12月，针对国内公民未经登记私自收养子女的现象，为保障被抚养的未成年人在落户、入学、继承等方面的合法权益，民政部、公安部、司法部、卫生部和人口计生委五部委联合印发了《关于解决国内公民私自收养子女有关问题的通知》（以下简称五部委通知）。根据该通知精神，私自收养发生后，收养人因经济状况、身体健康等原因不具备抚养能力的，可由收养人将被收养人送交社会福利机构抚养，公安机关应当为查找不到生父母的弃婴和儿童办理社会福利机构集体户口。这就是说，如果李翠兰同意，可以将李慧送到当地社会福利院抚养，李慧的户口就能得到解决，而且孩子今后在生活、入学等方面的权益也能得到保障。

得知这一消息，李翠兰左右为难。为孩子着想，她想狠狠心把孩子送到福利院去，也许通过福利院，李慧还能找到一个更好的家庭，这对孩子的成长和孩子的前途都有好处。可是一想到自己就不能再与李慧一起生活，母女关系也要了结，李翠兰就心如刀绞，不愿再考虑这事。

2009年2月，李翠兰户口所在地的乡政府派人来到李翠兰的家里。经过劝说，李翠兰勉强同意将李慧先送到当地儿童福利院抚养，看看情况再说。在福利院的几天时间里，尽管阿姨们对李慧都很好，但李慧天天以泪洗面，央求阿姨们带她找妈妈，工作人员只得又将李慧带回到李翠兰身

补充阅读

《关于解决国内公民私自收养子女有关问题的通知》（摘录）

一、区分不同情况，妥善解决现存私自收养子女问题

（略）

（二）1999年4月1日，《收养法》修改决定施行后国内公民私自收养子女的，按照下列情况办理：

（略）

2. 收养人具备抚养教育能力，身体健康，年满30周岁，先有子女，后又私自收养非社会福利机构抚养的查找不到生父母的弃婴和儿童，或者先私自收养非社会福利机构抚养的查找不到生父母的弃婴和儿童，后又生育子女的，由收养人提出申请，到弃婴和儿童发现地的县（市）人民政府民政部门领取并填写《捡拾弃婴（儿童）情况证明》，发现地公安部门出具《捡拾弃婴（儿童）报案证明》。弃婴和儿童发现地的县（市）人民政府民政部门应公告查找其生父母，并由发现地的社会福利机构办理入院登记手续，登记集体户口。对于查找不到生父母的弃婴、儿童，按照收养社会福利机构抚养的弃婴和儿童予以办理收养手续。由收养人常住户口所在地的村（居）民委员会确认，乡（镇）人民政府、街道办事处负责审核并出具收养前当事人《子女情况证明》。在公告期内或收养后有检举收养人政策外生育的，由人口计生部门予以调查处理。确属政策外生育的，由人口计生部门按有关规定处理。

捡拾地没有社会福利机构的，可到由上一级人民政府民政部门指定的机构办理。

边。母女俩见面抱头痛哭，在场的人也都看得泪眼婆娑。

目前，李翠兰还在抚养着李慧，但她的内心一直备受煎熬。想到李慧跟着自己，在法律上无法确立收养关系，自己又没有经济来源，孩子最基本的生活和教育都得不到保障，就觉得于心不忍。可是在感情上，她却无论如何也割舍不下这份亲情。李翠兰在这样的两难境地中痛苦地徘徊着，不知何去何从。

三、分析与启示

李翠兰的事情很让人同情。9 年前，因为爱，李翠兰收留了被遗弃的李慧。9 年的抚养，换来的竟是一连串的打击，非法收养、缴纳社会抚养费，甚至还可能母女分离，这是当初李翠兰万万没有想到的。从这个案件中，我们又该得到哪些启示呢？

（一）如何看待李翠兰的收养行为

李翠兰 9 年来含辛茹苦抚养弃婴，这本身是一件很让人同情和敬佩的事情。但是，法律是无情的，仅有爱心也是不够的，李翠兰的爱心给自己埋下的却是一枚苦果。现在的社会毕竟是法制社会，每个人的行为都应该受到法律的约束，每个人的行为不仅要合情、合理，更要合法。我国 1992 年就确立了收养登记制度，明确了收养人的条件，并规定收养人在符合收养条件的情况下收养弃婴应当要到民政部门登记。如果当初李翠兰懂得一些法律知识，或及时到有关部门了解政策，知道自己不符合收养条件，及时对孩子的抚养作出适当的处理，也许就不会陷入今天的两难境地。

（二）如果李翠兰一直不送交李慧，有关部门是否可以强行要求其送交

尽管李翠兰不符合收养条件，但是，如果她不愿意将李慧送交福利机构，任何部门都不得采取强制措施要求其送交。我国收养法及有关法规从未赋予任何部门强行收回私自收养的弃婴、孤儿的权利，这是为了切实保护私自收养人和被收养人的利益，尊重双方经过多年共同生活建立起来的感情和生活事实。在我国，像李翠兰这样的收养案例并不少见，他们的出发点是好的，而且，对于像我国这样儿童福利事业才刚刚起步的发展中国家来说，他们抚养行为的积极意义也是不可否认的。因此，在 2008 年下发的五部委通知中也明确规定，对于不符合规定的国内公民私自收养，由当事人常住户口所在地的乡（镇）人民政府、街道办事处，“动员”其将

弃婴或儿童送交社会福利机构抚养。

（三）为减少此类情况的发生，政府有关部门应当采取哪些措施或加强哪些工作

第一，各级政府部门要切实加大收养法律法规的宣传力度。我国收养法已经施行20多年了，但收养登记制度并未深入人心，民间私自收养行为还十分普遍，这既不利于规范收养行为，也不利于保障收养人和被收养人的权益，还容易造成像李翠兰这样若干年后进退两难情况的发生。各级政府部门要通过各种方式多宣传收养法律、法规和政策的精神，告知当事人非法收养的后果，从源头上减少这类情况发生的可能。

第二，要充分发挥乡（镇）人民政府、街道办事处、村（居）民委员会等基层政府和组织的作用，早预防，早发现，早动员，早杜绝。这些基层政府和组织与社会公众的距离更近，关系更密切，也更容易了解情况。要充分发挥他们的作用，一旦发现私自收养行为，对于符合收养条件的，应当告知其及时办理收养登记；对于不符合收养条件的，要尽早告知后果，避免类似情况发生。

第三，针对诸如李翠兰这样的当事人目前所面临的困境，有关部门也不能不管不问，要本着“以人为本、儿童至上、区别对待、依法办理”的原则解决遗留的现实问题。可以继续动员当事人将孩子送到福利机构抚养。但如果当事人坚持自己抚养的，也要尊重当事人的意见，并尽可能帮助当事人解决生活中的实际困难，如帮助其申领低保，联系就业，解决孩子入户和入学等现实问题。

思考题

1. 为什么会发生这样的弃养现象？

2. 为减少私自收养现象的发生，政府有关部门及其基层组织应当采取哪些措施或加强哪些工作？

第四章

社区建设案例

PART 4

概　述

党的十七大将以民生为重点的社会建设放在现代化建设格局的重要位置，而社会建设的落脚点之一正是社区建设。社区是指聚居在一定地域范围内的人民所组成的社会生活共同体，包括人口、地域、组织结构和文化四个要素。在我国，可以将社区分为城市社区和农村社区两大类。

一、城市社区建设

城市社区建设是指在党和政府的领导下，依靠社区力量，利用社区资源，强化社区功能，解决社区问题，促进社区政治、经济、文化、环境协调和健康发展，不断提高社区成员生活水平和生活质量的过程。

（一）城市社区建设的基本原则和主要内容

城市社区建设的基本原则是：以人为本、服务居民，资源共享、共驻共建，责权统一、管理有序，扩大民主、居民自治，因地制宜、循序渐进。

城市社区建设的主要内容是：拓展社区服务，发展社区卫生，繁荣社区文化，美化社区环境，加强社区治安。

城市社区建设是现代文明城市建设的基础工程，是加强城市管理，解决工业化和城市化过程中出现诸多社会问题的有效途径。通过社区建设，可以提高居民的文明素质和城市化管理水平，改善社区环境，帮助社会困难群体排忧解难，解决失业者再就业问题，加强城市人口管理，缓解贫富差距扩大造成的社会冲突，弥补市场经济带来的问题，维护社会稳定。实践证明：社区建设是城乡工作的永恒主题；是政治、经济、社会协调发展的必然要求；是提高人民群众生活水平和质量的内在需要。

（二）我国城市社区建设的发展现状

1. 初步构筑了新型的社区组织管理体系

一是探索社区党建新的组织形式，不断扩大党在城市工作的覆盖面。各地在社区整合及培育过程中，做到同步调整设置社区党组织，加强了在新经济组织和新社会组织中建立党组织的步伐；加强了对社区离退休党员、流动人口中的党员、下岗失业人员中的党员的管理和服务，把党建工作延伸到社区的每个角落。二是积极推进社区居民自治组织建设，完善居民自治制度。目前，全国社区居民委员会和居民代表大会、协商议事会议制度已普遍建立，社区民主选举的制度化、规范化程度进一步提高。三是培育和发展了一批社区社会组织。目前，全国大部分社区建立了志愿者组织、残疾人组织和老年人组织，所有社区都有一个以上的社区社会组织。

2. 初步形成了社区建设新的工作运行机制

一是城市基层政府本着工作重心下移、权随责走、费随事转的原则，增强了指导意识、服务意识和责任意识，积极推动政府行政功能和社区自治功能的协调互动，并取得了成效。二是进一步强化了社区党组织在社区工作中的领导核心地位。建立健全街道党建工作联席会、社区党建联席会、社区党建联谊会等党建协调制度，为党组织在社区工作中发挥作用创造了条件。三是初步理顺了社区内部各类组织的关系，社区自治组织与其他社区社会组织、物业管理服务机构、业主委员会和驻区单位等普遍建立了指导、协商、互补、监督机制。一个按照条块结合、资源共享、优势互补、共驻共建、组织动员社区内各方面力量共同推进社区建设的新格局基本形成。

3. 初步构筑起以社会互助为基础的社区服务体系

一是社区公共服务的覆盖面逐步扩大。截至2009年一季度，全国城镇社区服务设施已达14.1万个，社区服务中心10016个。二是社区基础服务设施建设得到加强。许多地方在推进社区建设工作中，把社区设施建设列入当地经济和社会发展计划，纳入财政预算，与城市建设同步规划、同步改造、同步建设，并广泛开发社会资源，多渠道解决社区建设资金问题。三是社区服务的方式和方法不断完善。全国许多地方在街道层面开展"一站式"服务，为居民提供便捷优质的办事服务。北京、天津、上海、江苏、山东、浙江、福建、广东等省（市）通过推进项目管理和政府购买服务等社区服务新形式，改进政府及政府相关部门向社区居民提供社区服务的方式，不断提高社区服务水平和质量。目前，全国60%的城区已建有社区管理服务信息网络，大大提高了社区服务效率和质量。

4. 初步建立了一支具有中国特色的社区工作者队伍

各地紧紧围绕社区干部队伍素质的提高，注重选人机制、用人机制、育人机制和留人机制建设，一支以社区党组织、居民委员会干部为骨干，专职工作者和社区志愿者为补充的社区干部队伍初步建立。我国现有社区志愿者组织已达27万多个、人数2000多万人。

5. 初步形成了建设和谐社区的良好氛围

经过多年的努力，城乡社区日益成为城市基层管理的平台、服务居民的平台和开展社会工作的平台。重视社区、研究社区、引导社区建设健康发展，逐步成为党和政府制定经济社会政策的优先领域。认同社区、关心社区、积极参与社区建设的热情正在居民群众中高涨。协同力量、资源共享、共驻共建逐渐成为驻区单位的共识。

二、农村社区建设

农村社区建设，是在党和政府的领导下，动员社会各方面力量，整合农村社区资源，完善乡村治理机制，强化农村社区功能，解决农村社区问题，改善农村社区服务，合力建设管理有序、服务完善、文明祥和的农村社会生活共同体的过程。当前我国农村社区建设尚处于起步阶段。全国60多万个建制村中，开展农村社区建设的比例还比较低。

我国提出推进农村社区建设的思路，经历了一个循序渐进、不断深化的过程。2003年10月，党的十六届三中全会通过的《中共中央关于完善社会主义市场经济体制若干问题的决定》提出了“农村社区服务”、农村“社区保障”、“城乡社区自我管理、自我服务”的要求。2006年10月，党的十六届六中全会通过的《中共中央关于构建社会主义和谐社会若干重大问题的决定》首次完整地提出了“农村社区建设”的概念，并要求把城乡社区建设成为“管理有序、服务完善、文明祥和的社会生活共同体”。之后，党的十七大报告、党的十七届三中全会通过的《中共中央关于推进农村改革发展若干重大问题的决定》、2008年中央1号文件和温家宝总理在十一届全国人大二次会议上所作的政府工作报告中对此都加以重申和强调。

农村社区建设的实践经历了两个主要阶段：一是2001年至2006年的地方自发实验阶段。比较典型的有：江西开展了村落社区建设；湖北秭归县杨林桥镇撤组建社，建立社区内自治、社区间联合自治、以村为单位整体自治的三层自治架构；江苏太仓市启动15个农村新型社区建设试点村工作等。二是从2007年到现在的全国性农村社区建设实验阶段。党的十六届六中全会提出“积极推进农村社区建设”的任务后，为使农村社区建设积极稳妥地开展起来，民政部于2007年确定了304个“全国农村社区建设实验县（市、区）”，分布在除港澳台之外的全国31个省级行政区和新疆生产建设兵团，占全国县级行政区划总数的10.6%。为了深化实验活动，民政部在2009年启动了“农村社区建设实验全覆盖”创建活动。两年多来，各实验县（市、区）从实际出发，在城郊结合型、集镇中心型、传统村庄型、经济发达型、经济欠发达型、文化特色型、生态特色型等不同类型村庄开展了社区建设实验工作。主要做法包括：

（一）探索农村社区设置形式

按照地域相近、规模适度、群众自愿、便于管理服务、优化资源配置的原则，各地探索制定农村社区布局和建设规划，形成了“一村一社区”、

"多村一社区"、"一村多社区"等多种社区设置形式。"一村一社区"，是以行政村为单位设置社区，由村党组织和村委会负责领导社区建设工作，在中心村建立社区综合服务中心，有的还在村民小组或自然村建立了服务站或代办点。采用这一形式的约占实验单位的 80% 左右，以江苏、浙江的实验单位为代表。"多村一社区"，是把两个或两个以上的行政村规划为一个社区，在社区层面成立协调议事机构，在村民居住比较集中的地方建立社区综合服务中心，服务中心只是服务机构，与行政村没有隶属关系，也不干预村里工作。这种形式以山东的实验单位为代表。"一村多社区"，是以村民小组或自然村为单位设置社区，不改变与行政村之间的关系，主要依靠社区内的志愿者组织开展活动。这种形式以江西的实验单位为代表，大多数分布在山区或村民居住分散的地方。

（二）推进农村社区公共服务设施建设

绝大多数实验单位都根据农民群众的需要，在村民居住比较集中的地方兴建公共服务设施或维修利用原有设施，办起了集管理、服务、教育、活动等功能于一体的社区综合服务中心（亦称社区邻里中心、村级公共服务中心、村民服务中心），内设"一站式"服务大厅、卫生室、计生室、警务室、民事调解室、民政服务室、劳动保障室、农家书屋、村信息广播室、社区居民活动室等。社区综合服务中心的服务半径一般在 2—3 公里，步行一般不超过 20 分钟。许多地方还积极引导各种市场主体到农村投资，在社区综合服务中心周围兴建了日用品超市、农资超市、幼儿园、理发室、澡堂、饭馆等商业性服务设施。

（三）培育农村社区服务功能

一是依托农村社区综合服务中心等设施，重点推进医疗卫生、人口计生、社会治安、司法调解、社会救助、社会福利、文教体育等基本公共服务进社区，把政府公共服务送到农民身边。二是以农村党员、社区志愿者协会和专业经济技术协会会员为主体，大力开展农村社区志愿服务和互助服务。三是以日用品超市、农资超市以及一些中介机构等为主体，用市场化方式开展便民利民服务。四是根据农村社区特点，建立健全为生产服务的科技信息、农业技术推广、土地流转、市场营销服务体系，为农村经济发展服务。一些有条件的地方，还开展了农村社区信息化建设。

（四）创新农村社区管理体制

不少地方探索建立了社区管理委员会，有的将原村民委员会改名为“社区村民委员会”，许多地方积极培育服务性、公益性、互助性社会组织，吸引更多的驻社区单位和居民参与社区活动。各地普遍依托社区平台，把管理重心下移，寓管理于服务之中，初步形成了政府组织、村民群众与驻社区单位及外来人口共同参与社区管理的多元治理机制，形成了具有鲜明特点的农村社区利益协调、诉求表达、矛盾化解等机制。

（五）改善农村社区人居环境

各实验单位大都从看得见、摸得着、见效快的问题入手，对社区人居环境进行整治，有的启动了通路、通水、通电、通电话、通闭路电视、通网络“六通”工程；有的启动了硬化、绿化、净化、美化“四化”工程；有的启动了改厨、改厕、改圈“三改”工程；有的启动了清柴堆、清粪堆、清垃圾堆、清污泥、清路障“五清”工程；有的启动了建新农居点、建庭院经济、建沼气、建垃圾和污水处理利用设施“四建”工程等，逐步解决了“脏、乱、差”问题，提高了居民群众生活质量。许多地方依据镇、乡、村庄规划，科学布局宅基地、农用地和工业建设用地，充分发挥农村社区的生态优势，促进人与自然和谐相处。许多农村社区制定了卫生公约，建立农民卫生保洁组织，维护农村道路，清扫生活垃圾。

（六）加强农村基层党的建设

开展农村社区建设实验工作的地方，都把加强和改进农村基层党的建设作为实验工作的重要内容和重要保障。一是优化组织设置。在加强以党组织为核心的村级组织配套建设的同时，积极在社区、协会、专业合作社里建立党组织，不断扩大党在农村基层工作的覆盖面。二是创新服务载体。各地普遍在社区综合服务中心设置了党员活动室、远程教育室，为党组织和党员开展活动、提高能力提供场所。通过开展党员设岗定责、党员依岗承诺、党员奉献日等活动，为普通党员参与社区建设、服务农民群众提供了平台。三是拓宽干部选拔渠道。各地注重从农村致富能手、退伍军人、外出务工返乡农民中选拔村干部，支持“一村一名大学生”计划，积极为高校毕业生到村组织任职创造条件。还有不少地方引导专业社会工作者开展社区养老、心理咨询等工作，有效提高了服务质量和水平。

（七）探索农村社区建设共建机制

在投入上，一些地方把农村社区建设经费纳入财政预算、纳入专项规划，形成比较稳定的资金来源。在整合各类涉农资金项目上，一些地方在县级层面进行了有益尝试，统筹农村社区建设与新农村建设，由县级社区建设领导小组整合使用涉农资金，避免了重复建设，提高了资金的利用率。许多地方还开展了结对帮扶活动，在人力、物力、财力上给农村社区以有力支持。有的地方还进行了农村社区综合服务中心日常管理维护模式的探索。

（八）建立推进农村社区建设的领导机制

黑龙江、云南、浙江、陕西等地在省、地、县、乡不同层面建立了党政领导挂帅、民政部门牵头、相关部门参与的城乡社区建设领导小组。许多地方把社区建设工作职责落实到党委和政府有关职能部门，实行责任制，列入工作考核内容和党委政府督查范围。在实验活动中，民政、公安、建设、农业以及其他涉农部门积极协商配合，形成了合力推进农村社区建设的工作机制。

案例 11　业主委员会难产之后

居民委员会是法定的城市基层群众性自治组织，在城市管理、服务群众、治安防范等社区建设工作中一直发挥着极其重要的作用。业主委员会是伴随着房地产业发展、小区物业管理公司的出现而产生的维护业主权利的群众自治组织。依据国务院颁布的《物业管理条例》，在物业管理区域内，业主大会、业主委员会应当积极配合相关居民委员会依法履行自治管理职责，支持居民委员会开展工作，并接受其指导和监督。

一、案例背景

业主委员会是住宅商品化以后的产物。它是在物业管理区域内代表全体业主（即物业的所有权人）对物业实施自治管理的组织，其成员由业主大会或业主代表大会选举产生；业主管理委员会有权选聘或解聘物业管理公司，并负责物业维修基金的筹集、使用与管理。正是业主管理委员会具有这么大的权力，所以在其产生上有严格的规定。《上海市人民政府关于完善社区服务促进社区建设实施意见》文件中明确指出，“在街道办事处、镇（乡）政府和房屋行政管理部门的指导下，由居委会组织协调业主委员会的组建和换届改选等工作，并对其日常运作予以指导和监督”。国务院颁布的《物业管理条例》也对业主委员会、物业公司的权利与义务作出了明确的规定，这都是居民委员会处理与业主委员会关系的重要法律依据。

二、案件经过

2002 年 12 月，现代星州城小区建成完工。截至目前，共有居民 1120 户。根据广大业主请求，在街道职能部门和房地办的指导下，居民

补充阅读

《物业管理条例》（摘录）

第十条 同一个物业管理区域内的业主，应当在物业所在地的区、县人民政府房地产行政主管部门或者街道办事处、乡镇人民政府的指导下成立业主大会，并选举产生业主委员会。但是，只有一个业主的，或者业主人数较少且经全体业主一致同意，决定不成立业主大会的，由业主共同履行业主大会、业主委员会职责。

第十一条 下列事项由业主共同决定：

（一）制定和修改业主大会议事规则；

（二）制定和修改管理规约；

（三）选举业主委员会或者更换业主委员会成员；

（四）选聘和解聘物业服务企业；

（五）筹集和使用专项维修资金；

（六）改建、重建建筑物及其附属设施；

（七）有关共有和共同管理权利的其他重大事项。

委员会在学习了有关文件的基础上，分别组织了多次业主会议，由业主推荐组成筹委会，筹备建立业主委员会。筹委会成员由 7 人组成，其中居民委员会主任也被推荐在内。在居民区党总支指导下，先后召开 20 余次业主代表会议。从学习相关政策开始，到推荐楼组业主代表、业主公约和议事规则的讨论等，筹委会都按程序将公告张贴在小区显眼的地方。这些工作得到大多数业主们的支持和认可。但是也有个别业主对筹委会工作提出异议，要求重新选举成立筹委会。他们还认为筹委会成立不合法，理由是没有通过 1120 户人家进行推选，强调业主委员会不能有资金支配权。

事情发生以后，许多业主跑到居民委员会反映情况，居民委员会将这些情况汇总告诉筹委会，请筹委会成员将业主意见归类，安排接待日，接受居民的投诉，解答居民的疑问。

经历了两年多的协调和沟通，首届业主委员会在全体业主（1120户）的投票选举后终于成立了。共有9人高票当选为业主委员会，其中6名为中共党员，2名群众（高级工程师），1名民主党派（律师）。业主公约与议事规则分别以795票、803票获得通过。新一届业主委员会在党总支指导下，在区职能部门帮助下，工作很有起色，得到大多数业主的支持。

在整个业主委员会筹备过程中，大家总结归纳出以下几点体会：

（1）筹委会成员必须团结，要有一定的掌控能力。

（2）居民区党组织、居民委员会一定要严把人选关，在操作中要多发挥党员、楼组的骨干作用。

（3）程序必须合法。

（4）对持反对意见者要进行分析，掌握动态，因人因事而异。

三、问题分析

本案例反映了业主委员会产生过程的合法性问题。一个新的社区成立业主委员会是一件十分重要和严肃的事情。它包括提出申请、成立筹备小组、筹备小组开展筹备工作、召开大会选举委员、申请登记业主委员会、核准批复等环节，而每个环节既有程序要求，也有时间要求，对此在《物业管理条例》中都有详细规定。社区管理者应把该条例作为开展选举的依据。本案例中之所以引起了矛盾，就在于一些人认为

“我是社区人，关心社区事”

筹委会成立不合法，理由是没有通过 1120 户人家进行推行，并煽动业主发泄不满。其实，如果每个业主都能认真学习相关文件，领会其中要义，就可以明辨是非，了解业主委员会产生的程序和业主委员会所具有的权利与义务，顺利选举产生业主委员会。

四、几点启发

（一）居民委员会作为业主委员会成立的指导者，完全有责任让全体业主明白自己所具有的权利与义务

当矛盾产生后，居民委员会一方面应该会同筹委会一起作出回应，向所有业主陈述业主委员会产生的程序和业主委员会的权利与义务，并注明这些都是根据国家的法律法规作出的解释。另一方面，针对个别业主的不满和责难，居民委员会要及时了解这些人的真实想法和动机，把沟通解释工作做在前面，特别是要做好不满业主的思想工作。

（二）居民委员会要认真做好业主委员会的选举指导工作，切实把好业主委员会人选关，重点把握三个环节

首先，抓业主代表的推荐，从源头开始掌握主动权。居民委员会在筹备成立业主委员会时就主动提前介入，摸清情况，认真分析业主情况，物色好业主代表。其次，抓业主委员会中的党员比例，保证党的组织优势。将优秀的党员业主选入筹备组，让他们在筹备业主委员会的过程中展现才华，取得群众认可，保证有一定比例的党员被选入业主委员会。第三，抓业主委员会主任的选举。通过业主代表和业主委员会成员，依法按程序选举能让群众满意的业主担任业主委员会主任。总之，通过层层筛选和把关，将那些素质好、热情高，并能团结带领群众的人选举出来。另外，在实际工作中，为了确保业主委员会产生过程得到业主的信任和支持，居民委员会成员最好不要担任业主委员会或筹委会中的职务。

（三）社区应建立三方协调机制

确立“物业提供服务管理、业主委员会开展自治管理、居民委员会进

行协调管理”的理念，通过定期、不定期召开三方协调会议，协调解决社区管理中出现的问题，有效提高管理效率和协调水平。三方争取做到“事先多沟通，遇事多协商，难事共解决”。

思考题

1. 居民委员会在业主委员会选举工作中如何发挥作用？
2. 在社区管理中怎样有效地发挥居民中的党员作用？

案例12　一次成功的社区听证会

随着社会主义市场经济的发展，特别是受到国有企业改革的影响，很多的下岗人员由“单位人”转化为“社会人”。在这种情况下，如果基层社区组织不能有效应对管理，会给社区带来很多隐患，一些经济、家庭矛盾会转变成社会矛盾，因此，妥善处理好此类问题，拓宽就业渠道，丰富社区文化活动，是建设和谐社区的重要内容。

一、案例背景

重庆市江北区观音桥街道建北社区成立于2000年6月，由3个居民委员会合并而成，属地缘型社区，面积0.52平方公里，辖区内共有企事业单位186家，居民6493户，人口21879人，享受低保户数147户280人。该社区下岗失业人员较多，社区不少下岗失业人员希望社区修建经营场所解决他们的就业问题。同时因建北社区是老居民区，社区内居民服务设施不配套，需要社区为居民提供更方便的服务。

二、修建就业一条街的创意

社区居民委员会根据2003年出台的《重庆市市容管理条例》，研究得出一条创意：在得到相关部门同意后，可在背街小巷修建门面房供经营活动使用。社区经过考察，发现建新北路65号重庆外贸大楼对面有一块空地适合修建临时建筑，可组织下岗失业人员从事饮食、副食店等便民服务项目。如建成，一是可对游摊散点进行规范管理，二是可解决一部分下岗失业人员的就业问题，三是可方便居民的生活。

（一）不同的声音

社区居民委员会想修建再就业一条街的消息传出后，绝大部分居民没有意见，但有少数居民认为此处修建再就业一条街，会影响居民出行，担心产生环境污染，影响居民正常休息。

（二）召开听证会

建还是不建，社区居民委员会贴出公告，决定召开听证会听取居民意见。听证会于2005年6月12日召开，邀请了街道城管科、居民代表及个体经营户共35人参加。会上，居民委员会阐述了修建再就业一条街的原因、好处及建成后如何规范管理等相关情况。到会代表听取居民委员会通报后纷纷发表意见，表示支持社区扶持失业人员就业的做法，并提出了注意环境卫生、不扰民等建议。如，居民代表喻某说：该处原来就有一些不规范经营饮食的摊贩，不注意环境卫生，乱堆杂物，乱倒垃圾污水，使污水横流，污染了环境，同时也对居民出行造成安全隐患。如果修建再就业一条街，不注意规范管理，经营户同样乱堆乱倒，和以前的游摊散户没有区别，还不如不建。居民代表周某说：以前的流散摊贩乱倒污物，特别是油污，使路面很湿滑，对居民尤其是老年人出行造成很大的安全隐患，曾经也发生过老年人在该路段摔倒的事情。所以修建再就业一条街我们并不反对，但要注意解决这些安全问题，让居民满意。享受低保的残疾失业人员敖某、陈某表示：我们都是低保人员，失业后一直想再就业不吃低保，但身体有残疾、年龄偏大又没文化，参加一些单位应聘工作，他们都不要，想做点小本经营，不给国家添负担，可是租赁外面的门面我们家庭困难没有资金又有风险，对我们来说完全是想都不敢想的。如果社区修建再就业一条街，离家近，做了生意还可以照顾家庭，一举两得，正合了我们残疾人的心意。享受低保的失业人员李某说：吃低保不是我的本意，但我没钱

芦东社区举行公共绿地建设听证会

没技术该怎么办？现在社区要修再就业一条街，可以说是公益性质的，我们投入的钱很少，风险不大，对我们来说压力要小很多，也帮助我们走出低保实现再就业，是一件大好事。如果修好了我们一定按规定合法经营，不违规不扰民不污染环境，让居民满意。

（三）皆大欢喜

社区居民委员会主任听取了大家的意见后表示：一定尊重代表们的意见，规范经营，在满足群众需要的同时，注意环境卫生，让群众满意。经过现场听证，参会代表进行了无记名投票，35 人参加投票，33 人投了赞成票，绝大多数的代表同意修建再就业一条街。

三、社会效果

经过江北区市政委和观音桥街道城管科同意，社区自筹资金 5 万元，一个月内修建了 15 个货亭，解决了 40 人就业。建成后，为低保户、特困失业人员等解决了就业岗位，主要经营居民需要的早餐、饮食、副食等项目，让从业人员放弃低保金享受，自食其力，为国家减轻了负担。如曾经享受低保的残疾人敖某、特困失业人员李某，在再就业一条街成功经营饮食生意，不但主动放弃了低保金享受，还帮助了其他居民走上了致富之路。特别是李某经营的“俊华串串香”生意兴隆，顾客经常是排队就餐，不仅使他自己的家庭脱贫致富，还解决了 10 名下岗失业人员的就业问题，其中还有来自地震灾区的失业人员。李某成了小有名气的“再就业明星”。

社区居民民主协商社区事务

3 年来，通过规范管理，协调工商、税务、劳动、城管部门对个体经营户的支持，再就业一条街环境干净、整洁，经营户也自觉维护环境卫生，没有对居民的生活造成不良影响，同时还为居民提供了便民利民服务，满足了居民的生活需要，得到居民的认可。社区居民委员会在此基础上，大力发展社区服务业，目前共建立了105个社区服务网点，解决了200多居民就业。

四、经验与启示

（1）民主协商是解决社区矛盾的重要手段。居民是社区的主人，社区管理者应当充分地尊重居民的决策权。要建立合理有效的沟通协商机制，在作出社区重要决策前，通过召开听证会的方式，充分听取社区居民的意见和建议。

（2）发展社区服务业是解决居民群众生活所需，帮助困难群众脱贫致富的好事，要把好事办好，应广泛听取居民群众意见，取得他们的理解和支持。在发展社区服务的同时，社区还要加强管理，争取有关部门的支持，积极为个体经营户排忧解难，促进社区服务业健康发展。

（3）创造条件积极开发社区公益性岗位、挖掘社区就业潜力、创造充分就业社区是政治建设、经济建设、文化建设、社会建设和生态文明建设的需要，是构建和谐社会的基础工作。社区是人之居所，社区稳定了、发展了、和谐了，全社会的稳定、发展与和谐才能得以实现。

思考题

1. 如何创造条件开发社区就业岗位，打好和谐社会建设的基础？

2. 如何更好地发挥社区居民在社区服务中的主体作用？

案例13　一种独特的社区自治形式："和谐楼院建设"

青岛市市北区为加强社区建设，在社区逐步推行了和谐楼院建设，建立起以楼院为单元的社区组织动员新机制，构建起"社区居民委员会—居民小组—楼院协管会—楼栋单元小组"的"网格化管理、梯次式自治"的社区自治管理新模式，为和谐社区建设增添了活力，促进了发展。

一、案例背景

青岛市市北区延安路街道延安二路社区82号楼院，是建于20世纪90年代初的典型老旧楼院，居住着108户居民。因无物业管理，2005年前，楼院内一度乱搭乱建严重，杂草丛生无人管理，公用设施无人维护、残缺不全，院内雨天一脚泥晴天一脚土。楼道内各户的杂物乱堆乱放，有时为一席之地邻里反目，随着杂物堆放越来越多，居民每天上下楼梯都要侧身而行。楼院墙面乱贴乱画，非法小广告遍布楼内，楼道感应灯坏了也无人修理，女孩子晚上下班，都需要父母接送。而且邻里之间往来甚少，都是关起门来各过各的日子，甚至有的居民搬来两三年连对门的情况都不知道，邻里之间也经常为一件小事大动干戈。因楼院管理混乱，居民怨声载道，街道、社区多次组织力量集中整治，但整治后不久，很快又出现了反弹。

在2005年初，延安二路社区的"两委"干部召集楼院居民小组长和党员开会，研究楼院建设的长效管理办法。会上，大家讨论热烈，老党员姜朋喜提议，由全体党员带领大家建设"和谐楼院"。他的提议得到大家的积极响应。社区老党员们和社区"两委"干部立即行动起来，利用三个晚上时间入户发放《和谐楼院建设倡议书》，在征求居民意见的基础上，制定了82号楼院"党员作用发挥好、卫生整洁环境好、家庭和睦邻里好、文化活动效果好、群防群治稳定好"的"五好"和谐楼院标准，在楼院内制作了《文明楼院楼道卫生管理规定》、《邻里文明公约》等标牌，号召楼

社区党员志愿者做好事

院居民共同爱护、建设自己的楼院。随后，他们报请延安路街道办事处和延安二路社区居委会批准，成立了由姜朋喜等7名老党员老干部和居民小组长组成的82号楼院居民协商管理委员会和楼院党支部，承担组织居民自主管理楼院的事务。这是青岛市第一家楼院居民自主管理组织。

自主管理楼院的工作，并不是一帆风顺的。开始，组织自主管理的只有7名平均年龄62.5岁的退休老人，楼院内的卫生扫除、绿化亮化、维修单元楼道的公用设施等工作，处于无经费、无工具、无技术的“三无”尴尬境地，可以说困难重重。更为重要的是，有的居民对他们的行为不理解不支持，还有来自子女们的反对和阻挠。面对困难，姜朋喜和社区“两委”干部们咬紧牙关，迎难而上。他们认准一个理：只要对居民有利的，就要坚持下去。

他们苦口婆心地劝说在楼道内堆放杂物的居民清理乱堆乱放，自己筹资将楼道粉刷一新，每人认领了一块绿地植绿护绿。靠着这种奉献精神，困难一个一个被克服，楼院环境不断改善。开始不理解的居民被感动了，持反对态度的子女也支持了，居民们也纷纷加入到和谐楼院建设中来。

和谐楼院建设增进了邻里感情，增强了社区的凝聚力。楼道没有扶手，老人上下楼不安全，居民自己找来材料，花了一个星期的功夫焊接上了；院内一个大花园，修剪、施肥、补栽树苗、除草的活儿，居民全承包了；看到电视上播放的其他小区居民家中被盗的事，“两委”召集大家一说，各家各户把钱凑齐，单元防盗对讲门装上了，整个楼院没发生过一起安全事故；平日里，谁家灯不亮了，电器不转了，窗户关不严，都有邻居自告奋勇地帮助修理；谁家的孩子没有人带了，就会有邻居帮忙照看；谁家外出旅游了，就会有邻居负责守望；下雨天，谁家衣服没有及时地收回，就会有邻居帮助存放；至于打扫楼道这些常规活儿，每家每户都主动地出人出力。楼院的"邻里互助服务台"，张贴着义务为居民提供医疗护理、家电维修、法律援助等志愿者的照片和联系电话，每个楼、每个单元都张贴着负责人和党员的姓名和照片。如今，漫步楼院，处处给人清新怡人的感觉。

二、主要做法

2006年9月，青岛市市北区区委、区政府在认真总结和谐楼院建设实践经验的基础上，制定下发了《关于全面开展和谐楼院、和谐邻里、和谐家庭创建活动的实施意见》，推广延安二路社区开展和谐楼院建设的好经验。

和谐楼院建设是对社区自治管理的新拓展，特色可以归纳为三点：一是自治管理规范化。建立形式完备的楼院自治组织——楼院协管会，并在社区居民委员会的指导下和楼院居民的参与下，制定了一系列的规章制度。二是自治过程民主化。楼院协管会成员由民主推选产生，楼院事务实行民主管理、民主决策。三是自治工作志愿化。楼院协管会成员的工作大多是无偿的，主要依靠楼院协管会成员热心公益事业和无私奉献的志愿服务精神。为了扎实推进和谐楼院建设，市北区的主要做法如下：

（一）构筑"一个平台"，打牢和谐楼院建设组织基础

一是建立自律性楼院群众组织。发挥楼院服务居民就近、方便的优势和作用，按照便于服务、注重实效、富有特色的原则，以居民小组和相对独立的楼院为单位，引导楼院居民通过民主选举成立由5—7名成员组成的楼院协管会，在各楼栋单元设立由党员和楼长组成的管理小组，建立社区居民委员会、居民小组、楼院协管会、楼栋单元小组的四级组织网络，畅通社区联系群众、服务群众的渠道。成立的楼院协管会在社区居民委员

为街坊邻居过生日

会备案，在社区党组织的领导下、居民委员会的指导下，着力在深化居民自治、规范居民行为、共建和谐社区上下功夫，具体负责居民日常事务的联络、服务，引领和带动居民参与和谐社区建设；本着楼院居民自己的事情自己议、自己管、自己办的原则，对涉及楼院建设和居民切身利益等重要事项，组织召开民主议事会、听证会，经民主协商解决；协助社区居民委员会做好楼院环境卫生、治安保卫、计划生育、民事调解等工作。

二是建立网格化楼院管理体系。强化社区层面在楼院建设中的作用，推行社区工作者楼院包片责任制，按照社区党建、社区服务、社区卫生、社区文化、社区环境等专业分工做好对口管理，同时，每位社区工作者按500户左右实行责任包片，在居民楼院中亮身份、作承诺，联系指导楼院协管会工作，全面负责包片区域的服务管理。建立了社区工作者为负责区域社会事务第一责任人的包片责任制度；社区工作者、楼院党支部和协管会成员对居民情况的民情知晓制度；为居民提供优质服务的服务承诺制度；社区工作者工作的月、季工作总结和报告制度；社区每年组织评选和谐示范楼院、和谐示范邻里、和谐示范家庭，楼院居民每半年对包片社区工作者民主评议，对社区自治管理各个层面突出人员进行年度总结表彰的激励奖惩制度五项工作制度，构建起“社区居民委员会—居民小组—楼院协管会—楼栋单元小组”的“网格化管理、梯次式自治”新格局。

（二）实施“三个互动”、“两个工程”，构建和谐楼院建设联动机制

一是楼院与居民互动。引导楼院协管会广泛发动居民，共同商定《和谐楼院协商管理公约》，制定楼栋单元管理、和谐邻里公约等制度，以制

度来规范楼院协管会的工作，用自律来约束居民的言行，为和谐楼院建设提供约束和保障。楼院协管会在工作中充分发挥就近、方便的优势，实行“七上门”服务，即党和政府政策上门宣传、不良行为上门批评、邻里不和上门调解、天灾人祸上门慰问、计生阻力上门劝导、移风易俗上门教育、群众意见上门听取。同时，通过纳凉议事、喝茶议事等形式，广开言路、集思广益、博采众长，及时征求、收集居民对协管会、社区、楼院建设的意见和建议，充分调动居民共建和谐楼院的积极性。

二是楼院与楼院互动。根据楼院的建设年代、功能配套、人文特点，将楼院分为老旧型、中高档型、独立型、封闭型、开放型等不同类型，明确楼院功能定位、建设重点和服务方向，围绕各楼院的特点和居民的实际需求，因地制宜地创建团结楼、和睦楼、温馨楼、诚信楼、敬老楼、党员示范楼等各具特色的和谐楼院。区每年组织十佳和谐标兵楼院、和谐示范楼院、和谐示范邻里、和谐示范家庭的评选表彰活动，街道、社区定期组织开展创建工作观摩活动，互相交流心得、取长补短，促进和谐楼院建设不断上水平。

三是社区与楼院互动。在各社区居委会建立楼院协管会联席会议制度，将楼院协管会会长增补为社区民主议事会成员。社区重要工作实施前，发动楼院协管会成员参与出谋划策，使楼院协管会成为沟通、联系社区居民委员会与楼院居民之间的重要桥梁。同时社区党组织、居民委员会注重加强对楼院协管会成员的教育培训，及时向其宣传、传达相关政策和街道、社区工作要求，让楼院协管会明确工作重点，了解要做什么，怎么做，指导其创造性开展工作。

（三）推进“五项工程”，确保和谐楼院建设见实效

一是党员示范工程。建立楼院党支部和党员联户制度，广泛开展楼院党支部和党员承诺制、党员示范岗和“情系万家”等活动，充分发挥楼院党组织的战斗堡垒作用和党员的先锋模范作用。党员在楼院里自觉做到“六先”，即“社区号召先响应、邻里见面先招呼、公益活动先带头、群众有难先帮助、矛盾纠纷先自律、平安防盗先行动”，使基层党的各项工作

更贴近居民、贴近生活，凝聚了党员、带动了群众，使党员成为和谐楼院创建活动的骨干力量，在和谐楼院建设中体现党的先进性。

二是楼院洁净工程。一方面，政府大力开展老旧楼院整治，近年来，整修楼院1000余个，修缮5600余户危旧陋房，绿化硬化350万余平方米，为586个老楼道安装楼梯扶手，安装防盗门5072个，并在非物业管理小区成立了民生保洁服务队，使居民生活环境得到极大改善。另一方面，发动楼院协管会组织居民积极推进楼院生态绿化工程，教育居民爱绿护绿，自觉保护消防器材设施、供水、供气等公用设施，不乱贴乱画、乱堆乱放、乱搭乱建，不饲养家禽和无证犬；在楼院内规范设置信报箱、奶箱、公益告示栏，安装楼院道感应灯，并通过组建志愿者服务队和落实环境卫生责任制，建立起楼院环境卫生自我管理长效机制。

三是邻里互助工程。通过教育居民在日常生活中“向邻居问一声好、与邻居握一次手、到邻居家串一次门、请邻居到家做一次客、为邻居做一件好事”，广泛开展“邻里一家亲”、“好邻相伴度周末”等各具特色的社区邻里情活动，组织开展“市北区十佳和谐居民”评选、“我爱市北·我爱我家”等主题实践活动，把群众的热情和创造力激发出来。通过将有特长的居民组织起来，设置“邻里互助服务台”、发放“邻里互助连心卡”，广泛开展邻里生活互助对、子女学习互助对、扶贫帮困互助对、孤寡老人帮扶对等“多对一”或“一对一”的爱心对子等形式，将家与家、户与户有效联系起来，3000余名70岁以上空巢老人得到左邻右舍的照顾帮扶，相邻、相知、相亲、相助成为社区的亮丽风景线。

四是楼院文化工程。把提高居民文明素质作为和谐楼院建设的重要基础。积极开展学习型楼院、学习型家庭、学习型居民创建和丰富多彩、内容健康的楼院、家庭文化体育活动，在居民楼院举办“邻里书友会”、“好邻居家庭才艺展示会”等各类比赛，合唱团、锣鼓队、书画小组等楼院文化队伍使居民由“观众”变成了“演员”，社区的生活大家展示、楼院的快乐大家分享。目前，全区各类群众性文化队伍发展到612支，各类社区文化活动年均举办1100余场，极大地丰富了居民文化生活。建设了集教育、艺术、科普为一体的特色楼道710余处，居民进出楼道、停步驻足间都能看一看、读一读，既美化了楼道环境，提升了楼院文化品位，也起到了潜移默化中教育和熏陶居民群众的积极作用。

五是楼院安全工程。推进民警、法官、律师、交通安全、消防“五进社区”活动向居民楼院的延伸，定期组织开展法律法规和治安防范知识的宣传教育，推广落实人防、物防、技防等措施，开展防盗窃、防火灾、防煤气中毒等自救模拟演练，强化居民的安全防范意识，提高居民的自护能力。健全完善了社区、楼院治安防控体系，在居民楼院配备治安巡逻员、安全协管员，组织居民自发成立楼院治安巡逻队，全区社区群防群治力量达到1.5万余人，与社区民警联手深入开展“家园护卫行动”，以固定值勤和流动巡逻等方式加强楼院的看护和管理，筑牢社区安全第一道防线。在2008年的奥帆赛中，楼院群防群治力量为奥帆安保提供了有力保障。

三、社会成效

市北区和谐楼院建设的积极推行，实化了楼院功能，融洽了邻里情感，扩大了居民参与，已成为市北区构建和谐社区、和谐街道、和谐市北的重要内容，赋予和谐社区建设以新的时代内涵，使社区更加充满活力、更具亲和力。

（一）和谐了邻里关系，提升了居民自我服务管理水平

和谐楼院建设中，通过引导居民从关注楼院、门栋单元建设开始，从清理乱贴乱画、清除楼道杂物、治理乱停乱放、绿化美化环境做起，广泛开展和谐楼院、和谐邻里、和谐家庭、和谐居民“争、创、树”活动，发动居民积极开展邻里互助和参与志愿服务，营造了和谐温馨的社区人文环境。在辽源路街道佳木斯路社区，有一座远近闻名的“和睦楼”，住在这里的居民虽然来自四面八方，却相处得如一家人。在这里，一家包饺子，全楼人都能吃到；谁家遇到难事，大家都乐意出来帮忙。青岛电视台《今日60分》栏目进行了专题报道，中央电视台制作为《岛城故事》电视片

题材。像这样的楼院，市北区每个街道、社区都有，居民们用亲情撑起了一片和谐、温馨、友爱的天空。用居民自己的话说，“如今人越处越近，越处越亲，整个社区变得更加亲切、更加和谐，生活也越过越美满”。

（二）扩大了社区参与，调动了居民共建和谐社区热情

通过加强楼院居民自律组织建设，引导居民自我制定和谐楼院协商管理公约，建立楼院、门栋管理制度和和谐邻里公约，使楼院协管会对内有效承担起本楼院区域居民的自律服务管理，对外则拓展至整个社区，不仅增强了社区工作的整体合力，扩大了社区工作的覆盖面，也使社区各项功能得以有效延伸，在完善社区自治组织体系、壮大社区自治队伍的同时，也进一步强化了居民的社区主人翁意识，调动了居民共建和谐社区的热情。宁夏路街道镇江路社区镇江路44号小区楼院，在物业公司管理混乱、服务不到位被辞退后，以退休干部傅玉英为书记、主任的楼院“两委”带领居民实行自助物业管理，把158户的居民大院管理得井井有条。在台东街道威海路步行街社区故乡居楼院的各个楼道内，印有邻里公约、美德古训、政策法规、文明用语和标示语的宣传牌悬挂在醒目位置，这里的居民主动用自家的鲜花和书画装扮楼道，给人一种温馨、祥和的感觉。

（三）创新了工作机制，促进了和谐社区建设深化发展

由于和谐楼院建设所涉及的事项和每一户居民密切相关，所维护的是楼院全体居民的共同利益，激发了居民参与和谐楼院、和谐邻里、和谐家庭创建的热情，也极大地调动了居民参与社区事务管理的积极性和创造力，为和谐社区、和谐城区建设提供了强大的推动力。中央电视台《新闻联播》先后对市北区创新开展的和谐楼院、为民服务代理制、居家养老、民生创业等工作进行了专题报道。

和谐楼院建设开展以来，在促进社区和谐的人际关系、健康的文化生活、稳定的社会治安、洁净的社区环境、有序的服务管理中发挥了积极作用，使楼院“小细胞”成为“大基石”，“小阵地”发挥了“大作为”。

四、几点启示

和谐楼院建设是扩大居民参与、深化居民自治的有益探索，是社区服务管理理念和模式的创新和再造，是和谐社区建设的细化和深化，对新形势下发挥人民群众的主体作用、夯实党的群众基础具有很大的推广意义。

（一）提高社区建设参与率必须立足基层

广泛的社区参与是一个直接决定社区建设与治理民主化程度的本质问题，它是社区建设的深厚基础，也是社区治理长远发展的根本所在。要解决居民参与社区建设积极性不高、参与结构失衡的难题，需要进一步打造公共交往平台，扩展居民公共活动空间，必须立足基层，进楼入户，以人为本，面向群众。

（二）加强社区居民自治必须付诸实践

社区居民的自治是建立在一定区域内的城市居民对公共利益的共同关心以及对公共事务的参与基础上的。实行社区居民自治就是要动员社区居民积极行动起来，依法处理本社区的公共事务，决定自身的共同利益，管理好自己生活的家园。要推进社区居民自治，必须在“实现居民自我管理、自我服务”原则的指导下，把楼院建设作为搭建社区居民自治的有效平台，作为实现居民自治的有益实践。

（三）化解社区矛盾必须创新方式

在通过楼院建设，调整社区居民的利益，化解社区矛盾的过程中，单靠简单的行政命令和手段不能从根本上解决问题，只有创新工作方式、方法，增强居民自愿参与、自我管理的意识，为居民搭建民主参与、自我管理的平台，才能取得事半功倍的效果。

（四）建设和谐社区必须关注长远

为防止楼院建设完成后，粘贴小广告、楼道乱堆乱放杂物现象的发生，在社区楼院建设过程中，必须把目光放远，未雨绸缪，研究制定长效管理机制，充分发挥社区居民自治的力量，建立相应的监督管理机制，保持和巩固社区楼院建设的成果。

（五）政府的行政手段和社区自治必须有效对接

随着社区建设的深入发展，社区建设的行政化倾向开始出现，社区居委会担负的行政事务大大超过了其所承担的自治事务，严重影响了其本位功能的有效发挥和社区居民自治的健康发展。因此，政府引导楼院建设，不能过分干预，否则，容易忽略民意，导致社区建设的行政化。同时，政府治理也不能脱离社区，否则政府的作用在社区建设中容易失灵。因此，需要找到两者之间的最佳结合点，实现有效对接。

思考题

1. 政府的行政行为和社区自治如何有效衔接?

2. 社区自治中如何发挥党员的先锋模范作用，激发居民参与的积极性?

案例 14　依靠捐资兴建农村社区服务中心

江苏省海门市在兴建农村社区服务中心的过程中，坚持“不新增村级负债、不增加农民负担、不动用一事一议资金”，争取社会人士捐资助建，为保障农村社区建设资金来源探索了新途径。

一、案例经过

2007 年 4 月 17 日，市委、市政府印发《关于全面推进农村社区公共服务中心建设的实施意见》，要求全市 246 个行政村都要建造一个面积不少于 400 平方米的社区公共服务中心。面对资金难题，万年镇中圩村想到了村里的在外能人戴志康。戴志康 1981 年考入中国人民大学时，因家庭经济困难，村里为他解决了前往北京就学的路费。后来，他考入中国人民银行总行金融研究所继续深造，1998 年担任由他创建的证大投资集团董事长。热心社会公益事业的戴志康曾捐资为村里修建了路桥和安息堂等公益设施。为给社区服务中心筹资，村党支部书记俞宝珍数次前往上海与戴志康洽谈。当他得知海门市要把城市社区建设理念引向农村时，戴志康说：“要让农村人享受到与城里人一样的生活，城里人有的，我们中圩村也要有！”他决定拿出 260 万元，为村民建造社区公共服务中心。经精心选址和设计，服务中心占地面积 3368 平方米，建筑占地面积 1750 平方米，采用徽派古典型四合院风格，设有行政管理、培

万年镇中圩村社区公共服务中心

训教育、文化活动、体育健身、卫生及便民服务六大中心，同时设有乡村大舞台、农家餐厅、农家旅馆等特色场所，被誉为新加坡式社区。村民可以就近参加技术培训、开展文化体育活动、接受卫生医疗服务等。

一石激起千层浪，戴志康捐赠建设社区服务中心的事引起了海门市委、市政府的高度重视，也引发了南通市委组织部及民政局的高度关注。2008年4月6日，中圩村彩旗飘扬、锣鼓喧天，村民们喜笑颜开，戴志康回到村里举行社区公共服务中心落成典礼，南通市的领导和海门市的领导亲临现场，新闻媒体对戴志康捐赠建社区服务中心的善举进行了全方位多角度报道，产生了广泛良好的社会影响。

海门市委、市政府将中圩村借助能人捐赠建设社区服务中心的做法向全市进行了推广，先后有南通三建九分公司的毛云和、中兴能源公司的仇云龙、海丽化工公司的倪海平及龙祥化工公司的杨连飞等百余名社会能人捐资建设农村社区服务中心。到2008年底，海门市246个村都建立了社区公共服务中心，总投资达8700万元，其中能人捐赠资金占比达1/3以上。仅用了不到两年的时间，全市村村建成了集行政、文化、医疗、休闲、娱乐、健身、餐饮于一体的社区公共服务中心，成为支农惠农、传播先进文化、弘扬文明新风的主阵地。

二、主要做法

为弥补资金不足，争取社会捐赠、整合资源，海门采取了以下做法：

（一）领导重视，激发社会各界关心资助热情

海门市高度重视农村社区服务中心建设，成立了由市委书记亲自抓、市委常委、分管市长具体抓、组织与民政等27个部门配合抓的农村社区服务中心建设领导小组，各乡镇也建立了相应机构，形成了村镇市三级联动的格局。这些都激发了社会能人捐资兴建社区服务中心的热情。比如，南通三建九分公司经理毛云和在市镇两级党政领导会见后，进一步了解了建设社区公共服务中心的目的，把捐赠额由最初的40万元提高到了100万元。

（二）强化舆论导向作用，为争取社会捐赠创造良好社会氛围

海门电台、电视台和《海门日报》三大主流媒体对参与捐赠建设农村社区服务中心的人士进行了全方位多角度的宣传报道。“两台一报”记者对戴志康、毛云和、仇云龙等一批捐赠金额超百万元的能人进行了专访，做到了电台有声、电视有影、报纸有文。通过宣传报道，不仅令捐赠人士感到光荣，也为其他人士树立了榜样，鼓励了一批社会能人加入到捐赠行列。

（三）运用政策优势，引导社会资源融入

一是减免税收。海门市委、市政府充分运用社会捐资兴建公益事业的政策优势，对捐赠的自然人和法人进行税收减免，使公司和其他企业为社区服务中心建设捐赠后享受企业所得税方面的优惠，准许在税前进行扣除。对捐赠用于社区服务中心建设的自然人和个体工商户，同样给予个人所得税方面的优惠，捐赠人可以在缴纳所得税前享受全部或部分扣除优惠。二是疏通捐赠渠道。在组织社会人士捐赠建设农村社区服务中心时，海门市统一由市慈善总会接受自然人、法人或者其他组织进行捐赠。建立专门账户，实行专项管理。慈善总会接受社会捐赠时，签订捐赠协议，将受赠资金登记造册，妥善保管，根据捐赠人的意愿拨付到捐赠人指定的社区服务中心。慈善总会在向捐赠人士颁发《荣誉证书》的同时，向捐赠人出具合法、规范、有效的收据。慈善总会还随时接受捐赠人士查询其捐赠金额的去向、使用和管理情况，接受其提出的资金使用与管理方面的意见建议。三是授予冠名权。海门市通过授予冠名权、建立功德碑等形式给予捐赠人士精神鼓励，使之产生更大的社会效应。

以文化活动凝聚农村社区人气

三、社会成效

经多方筹集资金，海门市246个行政村全部建成了面积超400平方米的社区服务中心，75%的社区服务中心建筑面积超500平方米，中圩、叠石桥、邢柏等村的建筑面积超1700平方米。所有社区服务中心都设置了多功能会议室、党员活动和村民代表议事室、文化健身活动室、图书阅览室，农资超市、民政服务、卫生服务等服务站点。吸引社会捐赠建设农村社区服务中心取得了综合效益。

（一）扩大了社会参与

在吸引社会捐资过程中，党和政府把农村社区建设的理念、目标传达给了方方面面的社会能人，使他们更加深入地了解了党在农村社区建设方面的方针政策，调动了社会能人参与农村社区建设的积极性与主动性，有效扩大了社会参与。另外，通过新闻媒体对社会捐赠的宣传报道，营造了关心、支持农村社区建设的氛围，扩大了社会影响。

（二）促进了社会和谐

在兴建社区服务中心的过程中，海门市涌现出了一大批以社会公益事业为重，慷慨解囊的个体、私营企业老板、企业老总。他们的善举和实实在在的行动，展示了新时期先富阶层的精神风貌，拉近了不同社会阶层之间的距离，提升了社会和谐程度。

（三）争取了社会支持

社会捐赠不仅缓解了农村社区建设的资金难题，也为党和政府开展新农村建设争取到了“智囊团”。这些关心农村发展的人士经常为农村社区建设出谋划策，提出合理化建议供决策参考，使新农村建设和农村社区建设获得了更多的社会支持，扩大了社会影响，进一步夯实了党的执政基础。

四、几点启示

海门市争取社会捐赠兴建社区服务中心，是解决农村社区建设资金短缺问题的一项新尝试，对于吸引社会力量参与农村社区建设具有启示意义。

（一）必须广泛深入地宣传农村社区建设的理念

农村社区建设是一项新的工作，许多人对于开展农村社区建设的意义、好处、怎么做都不太清楚。在这种情况下，很难吸引社会参与。海门市在宣传方面舍得下功夫、想办法，成功地让戴志康等一批有一定资本、热心公益的社会人士认识到，开展农村社区建设，兴办社区服务中心，是利民惠民之举，感到自己的捐赠很有价值、很光荣，从思想上认同开展农村社区建设，因此乐于捐赠、舍得捐赠，这就奠定了吸引社会力量参与的思想基础。

（二）必须加大财政投入力度

由于受城乡二元结构影响，农村居民群众需要的公共产品和公共服务主要依靠集体经济和农民供给，公共财政的投入比较少。开展农村社区建设后，海门市在设施建设等各方面加大了财政投入，较好地发挥了财政资金的引领作用，为吸引社会力量参与和捐赠起了示范作用。

（三）必须给社会力量参与创造条件

随着经济社会的发展，培育了许多热心公益事业的人士，既有百万富翁，也有普通人。在乐于参与和奉献的同时，他们也需要社会的认同和鼓励。海门市之所以在吸引社会资金方面比较成功，一个很主要的原因，就是从物质、感情、心理、舆论、人际网络等各个方面，采取了有力有效的措施，给了捐资者丰厚的回报，对于吸引和激励社会捐资发挥了重要作用。

思考题

1. 结合本地实际，应采取哪些措施吸引社会人士捐资支持农村社区建设？

2. 如何激发普通群众（有公益心但财力一般的人）的慈善捐赠热情？

3. 这种做法有潜在的负面作用吗？应该如何防范？

案例15　农村的“和谐促进会”

浙江省慈溪市针对本地农村外来劳务人员数量大的特点，从2006年4月起，在村级建立了“和谐促进会”，把外来务工人员组织起来，参与社区管理服务，在促进新（外来务工人员）老（本村村民）居民融合和社会和谐稳定方面取得了一定成效。

一、案例背景

改革开放以来，慈溪市民营经济快速发展，吸纳了大量外来务工人员。目前，全市户籍人口约102.1万，登记暂住人口则达到86万。在许多村庄，外来人口数量都大大超过了本村村民数量。外来人口的大量涌入，虽然促进了当地经济社会的发展，但也给社区管理带来了很大的压力。同时，由于新老居民在文化、观念、习俗等方面的差异，生活和生产群体性二元结构的客观存在，导致外来务工人员在现居住地遇到许多困难，与老居民之间也时常出现一些矛盾纠纷。急需一种新的组织形式和机制能分担管理服务的压力，协调各种社会关系，和谐促进会就是在这种背景下产生的。

二、成立经过

1998年，44岁的刘某和妻子带着20出头的儿子和17岁的女儿从河南老家来到慈溪打工，当时家里还欠着亲戚2000多元的债。刚到时，一家人人生地不熟，又缺少劳动技能，赚的钱不够花，还债的事一拖再拖。经济上的压力和在异乡的不适，使性格内向而好强的儿子话越来越少，酒越喝越多，4年前的一天，他突然自杀了。

失去儿子的刘某越来越消沉，一度靠酒精麻醉自己。老乡的安慰、亲人的体贴，都没有使他从丧子之痛中彻底解脱出来。直到2004年7月，他租住的马家路村村委会告诉他：村里要招外来人口管理员，他家庭困难可以适当照顾。当上村里外来人口管理员后，这位有着20多年党龄的老党员与本地村民、租住在村里的外地人都相处得很好，渐渐地从丧子的阴影中走了出来。2006年8月，马家路村和谐促进会成立后，他被选为和谐促进会副会长。

和谐促进会成立后，他凭借自己当外来人口管理员这两年在外来人口中建立的威望，化解了很多本地人和外地人间的矛盾。一个住在马家路村的安徽小伙子被环卫站的车撞伤了，小伙子的家人和老乡围着环卫站讨说法，环卫站的站长求助马家路村和谐促进会，刘某马上与和谐促进会的会长赶到环卫站。“老乡，病该咋看就咋看，莫吵莫闹。”刘某此言一出，小伙子的家人和老乡火气就下去了一大半。几天后，这事就顺利解决了。

“人与人之间感情最重要，平时，我没事了就到村中各处和租住在村里的外地人拉拉家常，混个脸熟，一旦出了事，劝几句，人家也会给我面子的。”刘某解释着自己当“和事老”的奥妙。

在刘某的带动和影响下，村外来人口公寓已经有10多户人家当选为慈溪市“五好文明家庭”，刘某本人也被马家路村评为荣誉村民，和另外14名荣誉村民一起享受当地的农村合作医疗以及卫生费免除的优惠。

慈溪市比较早成立村和谐促进会的是五塘新村和陈家村，效果很好。在总结经验的基础上，2006年10月12日，市里组织召开了全市村级和谐促进会建设工作动员大会，动员和部署全市范围内推广村级和谐促进会。此后，市委、市政府站在构建和谐社会的高度，提出要通过推广成立村级和谐促进会，努力实现群体关系更加融洽、发展环境

和谐促进会组织外来务工人员参与农村社区建设

更加优化、村落文化更加繁荣、防范体系更加灵敏、民主管理更加完善的总体目标。目前，全市 297 个村全部建立了和谐促进会，并均向民政局办理了社团备案登记。

三、社会成效

和谐促进会为促进新老居民融合和社会和谐稳定发挥了积极作用：较好地促进了本地人与外来务工者之间融洽社会关系的建立，增强了相互沟通，增进了互信互爱，加快了外来务工人员融入社区、参与社区的进程；较好地解决了社会治安、环境卫生、公共设施维护管理以及外来务工者子女就学、文娱活动、思想道德教育等问题；较好地解决了外来人口与暂住地基层党组织和村委会的矛盾。具体成效主要体现在以下方面：

（一）帮助外来人员解决了实际困难

和谐促进会的工作重点是帮助外来人员解决就学、就业、就医、劳资、租房等方面遇到的困难。截至目前，各村和谐促进会已为 5000 多名外来人员解决就业、就学、租房等方面遇到的困难；募集资金 500 余万元，出资帮扶困难人员 3000 多名。“有困难找和谐促进会”已成为广大外来人员的共识。

（二）增强了新老居民之间的沟通

和谐促进会一方面与村（社区）组织积极合作，开展村事共商，通过民意恳谈会、议事会等形式组织新老村民共谋共商涉及居民利益的有关事项；另一方面积极组织开展文娱活动，加强当地村民与外来人员的交流，增进了新老村民间的融合。

（三）缓解了各种矛盾纠纷

和谐促进会一般由来自不同地方、时间较长、文化素质高、信用记录好、有一定威望的外来人员担任副会长、理事或片组长。当外地人与本地人发生矛盾纠纷时，由这些人帮助调解纠纷，成功率较高。2008 年慈溪市又探索实践了特聘外来调解员制度，收到了比较好的效果。目前，通过和谐促进会已成功化解各类矛盾纠纷 2000 多起。

（四）形成了平安建设新合力

和谐促进会不仅按片组成立由新老村民共同参与的治安巡逻服务队，配合专职保安队员巡逻、巡防，而且充分发挥外来人员在同乡中人熟、信息灵的特点，及时收集基层不稳定因素，把各类矛盾纠纷妥善有效地解决在始发阶段，力促基层和谐稳定。

四、几点启示

（一）要重视打造和谐社区

构建社会主义和谐社会是一项长期的战略目标。和谐社区是和谐社会的基础。慈溪市抓住社区这一平台，针对外来人口多的实际情况，在村（社区）成立和谐促进会，促进新老居民融合，帮助外来人口融入社区，努力打造和谐社区，是构建和谐社会的有益探索和尝试。

（二）要重视建立理解、沟通和参与机制

在不同的地理环境与文化背景中成长起来的外地人与本地人，有不同的语言、生活习俗和行为方式，难免会有不和谐的地方。关键是找到一种机制，可以促进双方的相互理解、沟通，让双方意识到必须通过对方才能获得自己的利益、实现自己的追求，只有在相互尊重、相互帮助的过程中才能有秩序地、更好地生活。和谐促进会为新老居民提供了交流的平台，通过文艺活动、恳谈会、热线电话等形式，双方的不和谐逐渐减少了，从相识到相知、从沟通到理解、从互助到互学，在良性互动中人与人之间的关系融洽了，从而建立了有效的理解、沟通和参与机制，形成了促进和谐的制度化渠道。

（三）要重视发挥政府的引导和支持作用

和谐促进会是由慈溪市委、政法委、市政府相关部门组织的市镇两级调研组在蹲点、走访、座谈外来务工者约 2835 人次的基础上，针对流动人口不断增多、本地人与外地人的矛盾冲突时有发生的实际情况而推广成立的，目的是不断推进新老慈溪人的融合融洽，切实增强新慈溪人对第二故乡的归属感和认同感，共同参与农村社区建设，形成推进和谐社会建设

的合力。在和谐促进会发展壮大的各个环节、各个阶段，党委、政府和有关部门都发挥了积极的引导和支持作用。只有这样，和谐促进会才能有序发展，和谐社区建设才能健康运行。

（四）要重视发挥社会组织的积极作用

截至2008年年底，慈溪市依法登记的社会组织达到了659家，其中社会团体193家，民办非企业单位466家，会员及从业人员超过30万人，涉及教育、卫生、劳动、文化、体育、科技等各个领域，这些社会组织初步显现出在促进经济发展、建设农村社区中的独特作用。和谐促进会就是其中的代表。这些社会组织的成功运作表明，只要正确地引导社会组织发挥作用，它们就可以成为党委、政府、居民群众的好帮手，在构建和谐社会的过程中发挥积极有益的作用。

思考题

1. 如何处理好和谐促进会与村“两委”的关系？
2. 如何促进农村外来人口参与社区管理？
3. 如何加强对农村外来人口的服务？

案例16 山东省诸城市打造农村社区“两公里服务圈”

2007年以来，山东省诸城市开展了“政府主导、多方参与、科学定位、贴近基层、服务农民”的农村社区化服务，在全市农村两公里范围内设立农村社区及社区服务中心，优化配置现有公共服务资源，近距离为农民服务，使全市70多万农民都迈进了“两公里服务圈”，充分享受社会保障、劳动就业、医疗卫生、社区警务、文化体育等“一揽子”政府公共服务。

一、案例背景

诸城市总面积2183平方公里，建制村1257个。各村庄经济条件千差万别，部分位置偏远，长期以来，有限的政府公共服务资源大多集中在城区和乡镇（街道）驻地，服务半径过大，基本公共服务分配不均衡，农民办事难、就医难等生产生活问题得不到及时有效解决。公共服务在城市比较丰富，在农村却相对缺乏，公共服务供给方面的“城乡二元结构”非常明显。而随着农业税费的取消和农村市场机制的完善，农民对政府管理职能的需求正在变小，对医疗卫生、文化教育、社会治安等公共服务方面的需求与日俱增，希望办事方便、周到快捷，能享有和城里人一样的服务。

高标准建设的农村社区公共服务设施

2007年下半年，诸城市委、市政府在调研的基础上，决定在全市农村搭建以两公里为半径的政府公共服务平台，将70万农民全部纳入“两公里服务圈”，全面开展农村社区化服务，让广大农民群众和城市居民一样，在家门口就能享受到医疗卫生、社区警务、社会保障、计划生育、文化体育等一系列公共服务，改变长期以来政府在农村的公共服务“边缘化”的问题。诸城市首先在6个乡镇（街道）、18个点进行了试点，试点成功以后，迅速在全市铺开，实现了社区化服务对农村的全覆盖。“两公里服务圈”建成以来，已为农民群众解决生产生活难题4.2万多个，诊疗病人51万人次，救助困难群众2.5万人次，调处矛盾纠纷2889起，解答法律咨询1.17万人次。

二、主要做法

（一）优化社区空间布局，合理确定服务半径

按照地域相近、规模适度、有利于整合利用现有公共资源的原则，将几个村庄规划为一个社区，采用“多村一社区”设置形式。在社区内选择一个交通比较便利、班子基础比较好、发展潜力比较大的村庄，作为社区服务中心所在村。服务中心的服务半径一般掌握在2公里，涵盖5个村、1500户左右，村庄密集度高的可适当增加村庄个数。按照这样的规划布局，全市共规划建设了208个农村社区及社区服务中心，覆盖1257个村庄,70万农村人口。

（二）立足服务，健全完善服务组织体系

围绕搞好“两公里服务圈”这个重点，狠抓社区中心村的基础设施和服务中心的组织体系建设，搭建起覆盖全市所有村庄的社区服务平台。

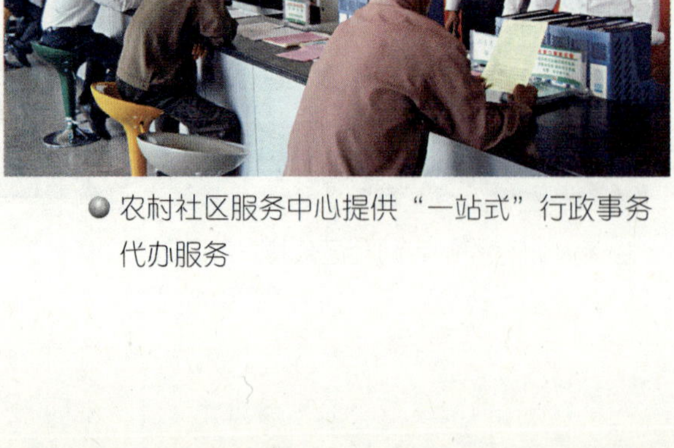

农村社区服务中心提供“一站式”行政事务代办服务

（1）加强服务中心基础建设。对社区服务中心建设，主要采取四种形式，一是利用闲置的学校、厂房及其他闲置的集体房屋等进行改建，这种类型占全市总量的9.6%；二是利用社区中心村“两委”办公场所扩建，这种类型占64.4%；三是经济条件好的可以按一定的标准新建，这种类型占26%；四

是社会赞助建设，这样的有 13 个。（2）配套设置公共设施。全市 208 个农村社区服务中心都设立了社区卫生服务站、警务室、慈善超市、图书阅览室、文体活动室。建有社区文体活动广场 165 处，电子阅览室 13 个，社区幼儿园 93 个，社区敬老院 19 个，配备体育健身器材 208 套。（3）健全各级组织机构。市镇两级分别设立了正科级的社区工作机构。在各个农村社区主要建立健全了农村社区服务中心、农村社区发展协调委员会和农村社区党总支，在每个社区服务中心内设一个办事服务厅和若干个服务站室，并出台了相关文件，明确了各个机构的职责，围绕“两公里服务圈”，科学定位，充分发挥职能作用，为社区服务提供了有力的组织保障。

（三）依托农村社区，开展“一揽子”服务

主要为农民群众搞好三大类服务：（1）基本公共服务。将社会救助、医疗卫生、社区警务、文化体育、劳动保障、人口计生、司法调解、法律咨询基本公共服务项目整合到“两公里服务圈”内，农民在家门口就可以及时便捷地享受一系列公共服务，使政府公共服务惠及广大农民群众，促进了县域内城乡基本公共服务均等化。民政部门在农村社区建立了“市、镇、社区”三级慈善救助网络，使救助工作更加贴近农民群众，更直接、更快捷、更方便。公安部门顺应维护农村社区治安的公共需求，设立了社区警务室，成为农民群众身边的“派出所”，涵盖全市所有村庄，群众安全感普遍增强。卫生部门在每个农村社区服务中心都设立了标准化卫生服务站，农民看病可以就近就医、按新农合的要求即时报销。（2）开展生产性服务。重点是建立健全直接为生产服务的科技信息、生产资料、市场营销服务体系；通过社区这个平台，引导发展农民专业合作组织，提高农民组织化程度。设立社区土地流转服务中心，保证了土地流转的规范化，促进了农业生产的规模化，实现了土地产出效益的最大化。（3）发展市场化的便民服务。按照互利双赢的原则，组织引导有关单位和企业到社区服务中心设立便民超市、农资超市、便民食堂等，既为农民提供了便利，又可获得一部分收入用于社区服务中心运转。

（四）优化整合资源，提高农村社区服务质量

2008 年 5 月，诸城市出台了《中共诸城市委、诸城市人民政府关于

认真落实中央和省委领导指示精神，进一步加强和改进农村社区化服务的意见》，对社区服务中心内部的服务窗口、人员进行整合利用，做到精干高效、节约实用，进一步提高了各类资源的利用效率和服务水平。（1）整合服务窗口。根据业务的关联性和相近性，将办事服务厅内的窗口整合为2—3个服务窗口，实现了各类服务资源的综合高效利用。（2）优化配置人员。对工作相近相连的业务，实行一人兼多职，用2—3人办理服务厅所有事项，最大限度地节约了人力资源。（3）提高办公信息化水平。投资200多万元，建立了市级社区服务信息管理系统和可视化信息公务系统，进一步完善了社区服务功能，提高了社区信息化服务水平。

（五）建立完善长效机制，确保社区长期高效运行

健全完善了四项机制：（1）资金投入机制。坚持以市镇两级财政投入为主，鼓励支持企业资金、私人资本等，以多种形式参与农村社区建设。2008年以来，仅市级财政用于社区服务中心基础设施建设的投入就达4800万元，社会筹款3863万元。（2）人员保障机制。每个社区一般配备7名专职工作人员，以乡镇（街道）机关、医院和站所选派为主，其身份、编制不变。全市社区专职工作人员达到1965人。其中，面向社会招考209名。（3）内部运行机制。结合农村实际和农民办事特点，在社区服务中心作息时间、办事流程、服务标准等方面，建立健全了一系列规章制度，将社区化服务纳入规范化轨道。（4）督查考核机制。市委、市政府督查室和民政部门不间断地进行督查、考核，确保规范运行。出台了《诸城市农村社区综合服务厅工作规范》，新修订了《诸城市农村社区化服务工作考核暂行办法》，将农村社区化服务列入乡镇（街道）重点工作考核内容，重点加强对社区运行质量及群众满意度的考核，调动了各方面的积极性，促进了各项工作的落实。

三、社会成效

（一）政府公共服务资源得到优化配置

打造“两公里服务圈”，实现了对现有政府公共服务资源优化整合，确保了公共服务资源利用效益的最大化。服务半径过大，必然导致服务效

率不高、服务不及时、服务水平低下；服务半径过小，搞“一村一社区”，村村都建公共服务设施，就会导致服务成本过高，现在的公共财力难以为继，服务力量难以跟上，最终会难以长久运行。同时把医疗卫生、社区警务、社会保障、文化体育等政府的基本公共服务职能整合进“两公里服务圈”，为农民提供“一揽子”服务，使政府公共服务资源得到优化配置，群众办事更加快捷方便，打破了公共服务产品供给方面的“城乡二元结构”，从社区入手，推进了城乡基本公共服务均等化的进程，加快了城乡公共服务一体化的步伐。

（二）加快了政府由管理型向服务型的转变

2007 年初，诸城市适应新的形势要求，加大行政区划调整力度，先后将原来的 23 处乡镇（街道）撤并为 13 处，近千名机关干部和工作人员需要安排新的工作岗位。诸城市在乡镇综合改革中，积极与农村社区化服务相结合，将大量的工作人员选派到农村社区服务中心，为农民提供面对面、心贴心的服务，充分利用了这些宝贵的人力资源。推行“两公里服务圈”，将政府公共服务项目延伸到社区服务中心，将机关工作人员下沉到社区，变原来浮在机关抓管理为现在走村入户送服务，在服务中实施管理，在管理中体现服务，建立起了靠近群众、服务群众的新机制，有效实现了管理与服务的有机结合，加快了由管理型政府向服务型政府的转变。

（三）加强了农村基层组织建设

推行“两公里服务圈”，将村庄原来承担的服务职能和一些必要的社会事务管理职能转移到社区服务中心，使村级组织能够腾出更多的精力抓班子自身建设、党员队伍建设和经济发展。一些村庄积极转变工作方式，实行村务公开、民主管理，建立健全各项规章制度，增加了农村工作尤其是热点焦点工作的透明度，提高了村级民主管理水平。推行“两公里服务圈”，着力解决农民群众最关心、最直接、最现实的利益问题，体现了以人为本、服务农民的理念，教育和影响农村干部改进传统的工作方法，自觉寓管理于服务中，改善了农村党群干群关系，增强了基层党组织的凝聚力和战斗力，提升了党和政府的形象，夯实了党的执政基础。

（四）改进了干部工作作风

在推行“两公里服务圈”过程中，社区工作人员牢牢把握为人民服务这个宗旨，通过深入基层面对面地为老百姓服务，拉近了与群众的距离，增进了对群众的感情，有效地改变了原来门难进、脸难看、事难办和推诿扯皮、办事效率低的现象，加快了作风转变。许多社区工作人员由衷地说：“群众办事有时真的很难，非常需要我们的服务。在社区工作，一方面让我们了解了群众需求，另一方面也让群众清楚我们在干什么，干群走得更近了，关系也更融洽了，比蹲在机关充实多了。”

（五）加快了社区其他村庄向社区中心村的融合聚集

推行“两公里服务圈”，除了为农民群众提供基本公共服务，在延伸政府职能、方便群众办事的基础上，还积极引导一些市场化便民服务项目进入社区中心村开展业务，通过设立社区快餐店、日用品超市、农资超市、公交停车点等服务机构和设施，全方位服务农民的饮食、购物、出行及生产等各个方面，为农民生产生活提供了极大便利，全面增强了中心村的吸引力、带动力，吸引周边村的群众开始向社区中心村融合聚集，有助于农民逐步改变以家族为圈、以村庄为界的传统观念和生活形态，在“两公里服务圈”内形成新的社会生活共同体。

四、几点启示

诸城市在推进农村社区建设的过程中，针对实际情况，采用“多村一社区”形式，打造农村社区“两公里服务圈”，具有一定的借鉴意义。

（一）必须重视制定规划

诸城市之所以能够打造“两公里服务圈”，就在于突破了建制村的范围限制，采用了“多村一社区”模式，把全市1257个建制村规划为208个农村社区。而这一突破是建立在科学规划的基础上的。因此，农村社区建设不能盲目搞，一定要规划先行。要在深入调查研究、多方听取意见、科学论证的基础上，制定好建设规划，包括农村社区的设置，社区的分布，社区的规模，社区的功能，社区标识，社区服务中心的面积、格局、建筑风格、投资数额，都要形成规划方案，经有关部门反复论证和广泛征求村民意见后，由社区建设领导机构或党委政府讨论确定，使农村社区建设科学合理，有利于农村的长远发展。

（二）必须坚持服务农民

农村社区建设的主旨是服务农村群众，农村群众的参与度和满意度是农村社区建设的出发点和落脚点。诸城市打造“两公里服务圈”，建服务中心、建服务队伍、开展服务项目，是对服务农民的新机制的有益探索。因此，农村社区建设要始终坚持以人为本、服务农民，建设规划要听取农民意见，社区的功能和布局要满足群众需要，方便群众生活。社区干部的办公面积要尽量小，群众的公共活动场所要尽量大。农民向社区聚集要以农民自愿为前提。

（三）必须有效整合资源

诸城市在打造“两公里服务圈”的过程中，注重整合资金、资源、人力，实现效益最大化。比如，在建社区服务中心时，不盲目地进行新建，而是因地制宜，改建、扩建各种形式一起上，较快地实现了服务中心全覆盖。因此，要注重吸引各部门的项目集中建设在社区，各项服务设置在社区，形成资金、资源合力，共同推进农村社区建设。

思考题

1. 什么样的情况下，适合采用“多村一社区”形式？

2. 在“多村一社区”的情况下，如何处理好社区服务中心所在的中心村与其他村的关系？

3. 在“多村一社区”的情况下，如何处理好社区组织与建制村村“两委”的关系？

4. 在“多村一社区”的情况下，如何促进农村居民群众参与社区事务的管理？

第五章
社会工作案例

PART 5

概述

党的十六届六中全会通过的《中共中央关于构建社会主义和谐社会若干重大问题的决定》明确提出要建设宏大的社会工作人才队伍，对社会工作人才队伍建设的基本目标、主要任务和制度措施提出了原则性意见和要求，把社会工作人才作为构建社会主义和谐社会的重要依靠力量，把社会工作人才队伍建设作为构建社会主义和谐社会的重要举措，纳入了我国人才队伍建设的总体战略规划。2006年7月，人事部、民政部联合发布了《社会工作者职业水平评价暂行规定》和《助理社会工作师、社会工作师职业水平考试实施办法》，首次从国家制度上将社会工作者纳入了专业技术人才范畴，标志着我国社会工作者职业水平评价制度正式建立。2008年10月，人力资源和社会保障部、民政部联合下发《关于民政事业单位岗位设置管理的指导意见》，指出了大多数民政事业单位主要提供社会工作专业服务的发展方向，提出了民政事业单位原则上以社会工作岗位为主体专业技术岗位，标志着民政事业单位将成为我国社会工作人才发挥作用的重要载体和平台。2010年，《国家中长期人才发展规划纲要（2010—2020年）》，第一次明确了社会工作人才在国家人才强国战略布局中的重要地位，第一次将社会工作人才提升到与党政人才、企业经营管理人才、专业技术人才、高技能人才和农村实用人才并列的第六支主体人才队伍，标志着我国社会工作人才队伍建设跨越到新的发展阶段。

一、社会工作的含义

现代意义的社会工作是社会服务的重要组成部分。它是一种体现社会主义核心价值理念，坚持“助人自助”宗旨，遵循专业伦理规范，在社会服务与管理等领域，综合运用专业知识、技能和方法，帮助有需要的个人、家庭、群体、组织和社区，整合社会资源，协调社会关系，预防和解决社会问题，恢复和发展社会功能，促进社会和谐的职业活动。

作为一种职业，社会工作具有很强的专业性，对从业人员的政治素养、道德水准和专业能力都有较高的要求。社会工作人才和社会工作者是基于社会工作进行定义的。社会工作人才是指具有良好的思想道德素质和一定的社会工作专业知识、技能，创造性地进行社会服务、社会管理、社会工作教育和研究等工作，为构建社会主义和谐社会作出积极贡献的人员。社会工作者则是经过社会工作专业教育或培训，取得社会工作职业资格，在特定机构登记注册的社会工作人员。

志愿服务是以利他主义为核心，以自愿、无偿为前提，服务他人、奉献社会的实践活动。志愿服务与社会工作既有本质区别又相互联系。从区别上讲，从事社会工作需要接受系统的专业培训，并且要在社会管理、社会服务机构进行持续、稳定的职业活动；从事志愿服务则只需要接受简单的培训，并且志愿者利用业余时间提供服务，不计回报。从联系上讲，首先，志愿服务和社会工作都是以爱心和奉献精神帮助困难群体、开展公益活动；其次，在实践中，社会工作者是社会服务策划、组织、实施的主体，根据需要招募、培训、组织、指导志愿者，以形成社会工作者引领志愿者的工作机制，使专业力量和群众力量优势互补，形成合力。

社会工作在发达国家和地区已有上百年的历史。从发达国家和地区的发展经验看，社会工作是社会保障体系不可或缺的重要组成部分，是进行社会服务和加强社会管理的重要内容。发达国家和地区的社会工作人才队伍的规模十分庞大，而且普遍受过良好的专业教育，在社会建设、社会管理和社会服务中发挥着重要作用，被誉为“社会工程师”。在我国，现代意义的社会工作是在改革开放的新时期起步的，而且是与民政事业的改革发展紧密相连的。多年来，民政部门在社会工作人才培养、评价制度建设和社会工作实务方面进行了有益探索，为我国社会工作职业化、专业化奠定了基础。

二、社会工作的构成要素

作为一种专业助人活动，社会工作由服务对象、社会工作者、价值观念、助人活动和专业方法等几个基本要素构成。

（一）服务对象

社会工作服务对象也称为案主，是指在社会生活中遇到困难需要帮助的人。服务对象不仅指个人，也可能是家庭、群体或者社区。社会工作主要关注社会中的弱势群体如儿童、老人、残疾人、流浪乞讨人员、受灾群体、就业困难群体等，因而社会工作服务可以划分为儿童社会工作、青少年社会工作、老年社会工作、残疾人社会工作、救助社会工作等。

（二）社会工作者

社会工作者通过协调和动员各种资源，向服务对象提供物质帮助或者心理辅导服务。社会工作者遵循社会工作的价值准则和伦理规范，运用社会工作专业方法从事社会服务。社会工作者主要分为两类：一线的社会工作者和社会行政人员。一线社会工作者具体实施专业社会服务，社会行政人员主要对这些专业服务进行设计、统筹、指导和支持。

（三）社会工作价值观

价值观是社会工作的灵魂。社会工作价值观的核心是利他主义，是帮助有需要的人，并致力于解决社会问题。社会工作尊重每一个人的独特价值和尊严，认为每一个人都有正常生活的权利。社会工作者在服务过程中以平等、合作的态度对待服务对象，尊重他们的人格和选择。社会工作强调助人自助，相信每一个人都有发展的潜力和改变的责任，社会工作的目标是增强服务对象的信心和能力，使服务对象从依赖外界“输血”转变到自身“造血”。

（四）助人活动

助人活动（或称服务）是社会工作者根据服务对象的需要，在社会工作价值观和伦理规范的指引下向服务对象提供帮助的行动，也是社会工作者和服务对象互动、合作的过程。助人活动一般包括六个主要阶段：与服务对象建立彼此信任的关系；收集服务对象资料并界定其问题与需要；制订服务计划；实施服务计划；效果评估与总结；结案。

（五）专业方法

社会工作是科学的助人活动。个案工作、小组工作、社区工作是社会工作的三种重要专业方法。个案工作是社会工作者根据服务对象的个体需要和实际情况，采取一对一的服务方式，通过咨询、协调、辅导、教育等手段协助服务对象解决问题、增强社会功能。小组工作是将有相同需要和共同问题背景的服务对象组成一个小组，通过小群体内的沟通互动、彼此联系、角色规范、集体行动等过程，引导组员互相支持、学习，从而解决组员的问题、促进个人成长。社区工作是社会工作者动员和组织社区居民一起界定社区问题及需要，协调社区内外资源，以集体行动促进问题解决和社区发展的专业方法。社会工作的这些方法及其技巧是社会工作者在长期助人实践中总结提炼而成的，是经过实践检验被证明有效的。

三、社会工作的功能

社会工作在扶危济困、协调社会关系、预防和解决社会问题、促进社会和谐等方面发挥着独特作用。

（一）帮助服务对象解决生存困难

解救危难、保障服务对象的生存权历来都是社会工作的基本使命。由于种种原因，一些人可能会陷于危难之中，基本生存、日常生活出现困难，维持自身或家庭正常生活的能力受到严重削弱。我国目前有城市低保对象2300多万，农村贫困人口2600多万，残疾人口8200多万，重点优抚对象

620多万，孤儿71.2万，每年受灾人口达1亿人次。社会工作在帮助这些困难群体、特殊群体和优抚群体解决生活困难方面负有职业上的责任。社会工作可以通过动员和协调各种资源，帮助这些服务对象获得物质支持；可以通过个案辅导、小组工作以及社区活动，帮助这些服务对象恢复信心，增强能力，获得社会支持，从而能够自立自强、自力更生。

（二）协调社会关系

在考察服务对象的问题和需要的时候，社会工作一般采取“人在环境中”的分析视角。这一视角认为人与社会环境之间是互动的，问题的产生既有个人原因，也有社会原因，是两者之间不适应、不协调而导致的。因此，帮助服务对象解决问题，需要从个人改变和环境改变两个方面着力，促进服务对象与社会环境的相互适应和良性互动。例如，帮助迷恋网络游戏的青少年消除网瘾、促进下岗失业人员再就业、帮助老年人适应退休生活等，都涉及个人与环境之间的调适，一方面，要协助服务对象增强能力和发挥自身长处，有效应对社会环境的压力和挑战；另一方面，通过消除环境中阻碍服务对象社会功能正常发挥的因素，调动环境中各种资源，向服务对象提供更多支持。

（三）预防和解决社会问题

当前，我国经济转轨和社会转型带来了诸如就业困难、贫富悬殊、流浪乞讨、犯罪吸毒、群体性事件以及诚信缺失、道德失范、心理失衡等一系列复杂社会问题。解决好这些问题，仅靠传统的、单一的行政管理方式和工作手段已难以适应，需要有新的思路和新的方法。实践证明，社会工作具备系统化、多样化、个性化解决群体问题和个体问题的专业能力，是预防和解决社会问题、维护社会稳定的重要方式和方法。社会工作者分布在基层一线，贴近基层，面对群众，能够深刻体察社会心态和各种矛盾，通过及时提供经济资助、法律援助、心理疏导、人文关怀等专业服务，增强社会管理与服务的亲和力和实效性，有助于把各种社会问题化解在基层，解决在萌芽阶段，从而使社会工作者成为党和政府解决社会问题、舒缓社会矛盾、增进社会团结、维护社会稳定的重要依靠力量。

（四）促进社会和谐

和谐社会是一个“民主法治、公平正义、诚信友爱、充满活力、安定有序、人与自然和谐相处”的社会。社会工作作为一种专门助人的职业，秉持以人为本、助人自助的理念，以建立一个人们相互关怀、相互支持、共享发展成果的社会作为自己的最高目标，因此，社会工作者是和谐社会的追求者与促进者。社会工作通过专业的服务，并且通过引领社会志愿服务，在社会上倡导服务理念和慈善精神，有利于构建平等互助的和谐人际关系；有利于塑造自尊自信、积极向上的社会心态；有利于推进家庭和谐、社区和谐，从而促进社会和谐。

案例 17　让郑州市流浪儿童开始新生活

流浪儿童是一个特殊的弱势群体，流浪儿童问题是一个世界性问题。1995 年 4 月成立的郑州市救助保护流浪少年儿童中心，在上级民政部门的支持下，通过与国际组织合作，引入专业社会工作理念和方法，创新了我国流浪儿童救助保护工作，形成了流浪儿童救助保护的“郑州模式”。

一、案例背景

王奇（化名），男，1990 年 12 月生，陕西人。5 岁时，父母离异，王奇跟随母亲生活。4 年后，因继父不愿收留，年仅 9 岁的王奇被姨父送到陕西一户人家，并改名换姓在那里生活了两年。养父母待他不好，王奇又被父亲带回家，跟奶奶生活了半年。小学六年级时，王奇跟随父亲到渭南为某小区看门，被父亲遗弃。王奇起初一直在渭南生活，他靠捡瓶子、乞讨为生，希望能在那里找到爸爸，可是一直都没找到。后来，一名自称张三的人告诉他在郑州可以挣钱，还可以住宾馆，就被骗到郑州。到郑州后，张三让他偷自行车，还经常打他。王奇不堪忍受，离开了张三，先后到饭店洗过盘子、到车行洗过汽车。后因其年龄小，被洗车行老板送到派出所，派出所又将其送到郑州市救助保护流浪少年儿童中心（以下简称救助保护中心），中心将王奇安置在“类家庭”生活。“类家庭”是郑州救助保护中心引入社会工作理念和方法创立的一种新型流浪儿童服务模式。“类家庭”建立在救助保护流浪少年儿童中心以外的普通社区，集寄养、看护、疏导、教育于一体，为流浪儿童提供临时性家庭照料。每个类家庭有两名辅导员（就是这个家庭的“爸爸”、“妈妈”）和 5—7 名流浪儿童组成。郑州市救助保护流浪少年儿童中心有专门的社会工作者负责为这些“类家庭”提供专业服务，包括对流浪儿童进入“类家庭”前进行评估，对辅导员和每个“类家庭”提供教育辅导、及时处理“类家庭”中出现的各类问题以及对儿童生活和成长情况的跟踪等。

二、服务过程

王奇刚进入“类家庭”时，整天蜷缩在沙发里，精神委靡困顿，不主动和人交往，也不愿意做家务，时常因为一些小事和别人争执，甚至在看到别的孩子吃感冒药时也要抢。在他看来，不这样做是会吃亏的。根据流浪儿童大多缺乏家庭关爱，长时间颠沛流离、艰难生存的经历，中心的社会工作者和家庭辅导员给他提供了无微不至的生活照顾。慢慢地，王奇消除了刚进来时的心理戒备，开始主动向社会工作者和辅导员讲述自己的家庭和生活经历。社会工作者和辅导员也动员家庭里的其他儿童主动与王奇接触、玩耍，让王奇学会如何同别人交往，并安排到他到学校读书。

几个月后，在救助保护中心社会工作者的安排下，王奇和其他 3 名儿童一起参加了在北京举办的儿童权利多步培训班。王奇第一次住宾馆，第一次登长城，第一次上天安门，第一次被请到主席台上发言，第一次享受热情的掌声，这些第一次的真切体验，让他领悟到了生活的美好，极大地鼓舞了他的生活信心。回到救助保护中心“类家庭”后，王奇开始认同“类家庭”的教育与生活观念，表现出强烈的家庭责任感，开始接受社会工作者和家庭辅导员讲的道理，人也变得勤快了，和其他孩子相处得也更好了，在救助保护中心小学的课堂上，还总能看到他积极发言的身影。

救助中心的社工在为王奇的改变感到欣慰的同时，也开始考虑他将来的生计问题。因为王奇读完初中后，如不能考入高中只能离开中心。如果就此放弃，对王奇今后的人生会产生不良影响。结合救助中心对于年龄偏大的青少年正在开展的技能培训项目，救助中心的社会工作者准备征求王奇的意见后安排他到技校参加学习。可是王奇的理解却出现了偏差，他联想起自己被遗弃的经历，认为这是救助保护中心要放弃他的

救助保护流浪少年儿童中心工作人员回访

举动，在思想上一直不能理解，对去技校住校学习没有太大兴趣。针对他这样的心理，社会工作者耐心地告诉他：学习技术可以让自己获得一种能力，可以自己养活自己，靠自己的双手劳动吃饭，可以使自己今后的生活有很好的发展，甚至可以用这种能力帮助其他有困难的儿童。一个人总要长大，总要独立承担属于自己的全部责任。当他明白这些道理后，就正式到技校学习美容美发了。

原来生活在"类家庭"里时，王奇被温暖包围着，什么都不用考虑，但住校后他要学会独立处理自己的事情。在这个过程中，他也表现出对生活的新奇，有时会觉得同学在背后议论他，有不安全的感觉。他故意把自己打扮得很另类，把头发的颜色染得很鲜艳、而且不停地更换颜色，以引起大家的关注。救助保护中心的社会工作者及时联系学校的老师共同引导他正确看待社会生活，正确控制自己的情绪，正确对待别人的批评，并帮助他健全自己的人格。

职业技术学习结业后，他去理发店参加社会实习，体验了生活的不易，懂得了许多道理。在工作的几个月里，王奇逐渐成为一个具有良好社会生活能力的人，他学会了宽容别人，体谅别人，还帮着几个孩子排演了手语节目《感恩的心》。

如今，王奇已经从一个缺乏生活意识的流浪儿童成长为一个有着强烈生活理想与工作信念的青年。自信洋溢在他的脸上，自立体现在他的生活与工作中。他对救助保护中心充满了感激之情："自从到了救助保护中心，我就觉得到了新的家。这个家充满了快乐和温暖。救助保护中心和这里的叔叔阿姨改变了我，他们让我充满了希望和信心，帮助我改掉了坏习惯，给了我一个重返学校的机会。我可以学习知识，学习技术，为自己的将来打好基础。”

三、社会影响

目前，郑州市救助保护流浪少年儿童中心在流浪儿童保护方面引入社会工作理念和方法，采取全面救助的方式，已经帮助了很多像王奇一样的流浪儿童完成了社会化过程。流浪儿童在救助保护中心社会工作者的科学帮助下，逐步掌握社会生活能力，并且接受知识教育和职业培训，掌握一技之长，进而能够找到一份工作，自力更生，自立自强，成为社会有用之才，从根本上解决了流浪儿童问题。以“家庭模式为代表”的流浪儿童救助“郑州模式”也得到了中央政府和国际组织的认可。2008 年 3 月 9 日，在十一届全国人民代表大会一次会议举行的中外记者招待会上，民政部领导对“郑州模式”进行了重点介绍：“郑州市积极探索‘类家庭’、‘家庭寄养’等家庭教育保护模式，设立来去自由的‘全天候街头儿童救助点’，综合运用社会工作、心理辅导等专业方法，帮助流浪未成年人早日回归家庭、回归社会，形成了具有国际影响力的‘郑州模式’。”联合国儿童基金会原驻华代表伍德琛也认为：“‘郑州模式’具有突破性的意义，它为中国流浪儿童引进了新的干预方法。”

四、经验与启示

（一）引入社会工作，多渠道、多形式、全方位救助流浪儿童

科学发展观强调经济社会的协调可持续发展，强调坚持以人为本，促进人的全面发展和社会的全面进步。郑州市救助保护流浪少年儿童中心关注、尊重和保障流浪儿童的生存、发展权利，引进先进的社会工作理念和方法，采取多渠道、多形式、全方位救助流浪儿童的新模式。这一模式兼顾了社会工作的预防功能、康复功能和发展功能，使得流浪儿童救助保护工作成效显著，接受救助保护的流浪儿童的心理状况和社会生活状况均有明显改善。在预防方面，救助保护中心利用社区工作方法，

开展街头教育、社会宣传，促进流浪儿童了解自身权利以及在街头流浪所面临的危险和风险，同时也促进社会上更多的人提高意识，关心和关爱流浪儿童，为流浪儿童提供支持；通过开展社会工作，主动救助，使流浪未成年人尽早脱离街头生活，在救助保护中心的保护下尽快融入社会，预防和减少问题的发生。在康复方面，救助保护中心社会工作者根据每个流浪儿童的特点，提供了心理咨询、文化知识学习、“类家庭”照顾、家庭寄养等服务，满足其基本的生存、成长需要，使他们免受虐待、剥削和心灵创伤，使他们心智健康、人际交往正常、生活能力提高。在发展方面，救助保护中心帮助那些不愿回家、年龄偏大的流浪儿童接受职业技能培训，帮助那些学龄阶段的流浪儿童接受文化知识的学习，这些措施使他们增加了知识和本领，重新获得自尊和自信，为他们重返社会打下了良好基础。

（二）综合运用社会工作方法，标本兼治救助流浪儿童

流浪儿童问题的发生，既有流浪者个人内在性格、心理的原因，也受家庭、同辈群体、社区乃至社会等环境因素的影响。漂泊的生活既造成流浪儿童心智受损，又造成其社会适应能力减低。因此，对于流浪儿童问题的解决，既需要针对个人进行心理康复、知识教育，增强其抗击逆境的能力；又需要帮助其改善生活环境，在健康的社会环境中进行再社会化，学习和内化社会道德规范，建立正常的社会交往和社会关系。流浪儿童问题的解决，关键是让他们回归正常社会生活，在个人成长和社会环境改善之间建立良性互动关系，这两个方面相辅相成，不可偏废。因此，要有效解决流浪儿童问题，必须综合运用社会工作专业的个案工

“类家庭”中的孩子们与“家长”在一起

作、小组工作、社区工作等方法，这样既起到治标的作用，又起到治本的作用。郑州市救助保护流浪少年儿童中心为每个到中心来的儿童建立个案档案，进行个案评估，开展心理辅导和行为矫治，并最后进行跟踪回访，这些都运用了个案工作的方法和技巧。救助保护中心采取的“类家庭”服务模式和开展的一系列群体活动，都运用了小组工作方法和技巧。而联系职业技能培训机构开展实用技能培训，则是以社区为平台，充分利用社区正式和非正式的各种资源，为流浪儿童提高生活技能、适应社会提供了机会。

思考题

1. 在流浪儿童救助保护领域，相对于传统的服务模式，社会工作具有哪些新理念和新方法？

2. 这种“郑州模式”有推广的价值吗？为什么？

案例18 活跃在灾区安置点上的社会工作服务队

2008年5月12日，我国发生了四川汶川特大地震。面对严重的灾害，我国社会工作界迅速作出反应，上海等地的社会工作服务队积极介入灾后恢复重建，在灾区社会关爱、社会支持、社会组织、社会管理与社会服务体系的恢复重建中扮演了重要角色。

一、案例背景

“5·12”汶川特大地震给都江堰市带来了重大损失，全市有33万余间房屋倒塌，94万余间房屋受损，40余万人无家可归。在全国各地的大力支援下，都江堰市委市政府迅速组织力量，在城区周围设置受灾群众集中安置点，组织17万余名受灾群众入住。由于地震给受灾群众带来了严重心理创伤，加上灾民人际网络断裂，原有社区格局被打破，社区自治组织功能萎缩，为安置点灾民提供服务和管理的难度很大。

上海市民政局鉴于社会工作在灾区恢复重建中的特殊作用，及时向灾区派出了两批专家组进行灾后社会重建评估，之后，又组建了社会工作服务团分赴都江堰市四个灾区安置点社区开展专业服务，历时半年有余。作为第一支进驻都江堰市灾区的专业社会工作队伍，上海华东理工大学社会工作服务队自2008年6月至2009年2月，在“勤俭人家”

居民自我管理弄堂会

这个有1.2万人的最大安置点社区，设立了社会工作服务站，以社区能力建设为理念，积极运用个案社会工作、小组社会工作、社区社会工作等专业方法，开展社会重建意义上的专业社会工作服务，取得了明显成效。

二、服务过程

（一）以专业态度与社区居民建立信任关系

华东理工大学社会工作服务队刚开始进入灾民安置点时，社区居民对他们并不了解，对他们开展工作的持续性和效果也持怀疑态度。有人把他们看做是帮忙做好事的志愿者，有人把他们当成是来灾区进行短期调研的学者，还有人认为他们就是来开展心理咨询的专家。为了与社区居民建立信任关系，社会工作服务队非常强调专业精神和专业态度，在进驻时就制定了比较严格的规章制度，如工作时态度诚恳、面带微笑，做事举止得当，不允许无故离开安置点，不允许对居民作出不负责的承诺，不允许摆出高高在上的“专家”姿态。社会工作者们走这家、串那家，在与居民频繁的接触中，一方面充分了解了居民的需求与面临的问题，另一方面以专业的态度和奉献的精神感染着社区居民，给他们提供了重要的心理支持，让他们感觉始终有人在关心他们，支持他们。

（二）以专业手段帮助社区居民建立信息沟通平台

社会工作服务队在调查中发现，地震破坏了灾民原有的、熟悉的社会关系，来到安置点社区的居民相互之间的关系是很陌生的甚至是防范的，如果不建立有效的信息联系机制、让社区居民尽快熟悉和适应环境，极有可能因为信息不充分、相互不理解而引起不必要的矛盾和冲突。同时，如果政府信息不能及时传达给居民，也会引起居民的不满和对立情绪。基于这一认识，社会工作服务队特别重视社区信息沟通和关系重建。《勤俭快讯》是社会工作服务队与安置点管委会以及社区居民共同创办的社区小报，每周一期，免费发放给全体居民。小报分要闻版、服务版、民生版、综合版四个版面，主要为居民提供近期要闻、政策信息、服务信息以及英雄和先进人物报道，非常受居民欢迎。居民们认为《勤俭快讯》贴近群众生活，鼓舞人、教育人，也很有实用价值。许多居民都自发投稿，积极为社区公共事务建言献策，一位7岁的小朋友还专门写了一首很有教育意义的诗登在小报上，号召大家不要做坏事，要懂得感恩。为了帮助安置点社区群众及时了解有关政策信息和社区活动信息，有效杜绝小道消息泛滥，社会工作服务队在安置点社区醒目之地和社会工作站安装了两个两米宽的信息栏，及时张贴报纸、政策信息、服务信息、活动海报等。此外，社会工作服务队还针对居民对社区资源不了解的情况，印制了“社区资源图”免费发放。社区资源图收集了安置点社区的生活、服务、商业、行政资源等信息，既方便了居民的日常生活，也加深了居民对社会公共服务的认识。为了使更多的社区居民相互认识、相互熟悉，社会工作服务队还组织了“巷巷体育节”、“社区大舞台”等文体活动丰富居民业余生活、加强居民互相交流。“巷巷体育节”包括“棋牌比赛促交流”、“竞技体育迎奥运”、“趣味运动展活力”等一系列主题活动。“社区大舞台”则充分利用社区广场，组织居民集体跳藏俗群体娱乐活动——锅庄舞。文体活动的广泛开展，抚慰了居民的心灵创伤，使社区居民对社区有了归属感和认同感。

（三）以专业理念引导社区居民自助互助

经历了地震大难的群众压力特别大，有的对生活失去了信心，有的整天悲痛欲绝，有的经济陷入了困境。为使服务对象从心理阴影和生活压力中摆脱出来，重新树立信心，社会工作服务队运用个案工作的方法，有针对性地为社区居民提供服务。在北京打工的张某（女）将5岁的孩子托付给老家的父母照管，谁知父母在地震中不幸遇难。对于这种情况，社会工作服务队有针对性地开展个案辅导，帮助服务对象摆脱困难；同时，针对安置点社区一些老人家人不在身边、健康状况较差，生活上存在困难，心里寂寞、缺乏支持安全感等问题，社会工作服务队组织安置点的青少年成立老人照顾志愿者队伍，对老人进行探访，并对有特殊需要的老人提供生活照顾、家庭关系调解、健康咨询、心理辅导等方面的跟踪服务。通过这些服务，使老人感受到了社区的关怀与爱心。

华东理工大学社会工作服务队了解到，在安置点建设初期，灾民们大多对政府都有一种等、靠、要的依赖倾向，在碰到诸如安全、卫生、板房漏水等具体问题而管委会又无力解决的时候，经常产生社区冲突。为此，社会工作者们运用专业社会工作的“能力建设”理念，启发和组织两排紧邻的、门对门板房的居民在弄堂之间座谈，共同协商和研究解决这些问题的办法。通过这种方式，一个巷子的居民彼此间熟悉了，遇到问题共同商议解决，遇到困难大家相互帮助，形成了互敬互爱的和谐邻里关系。此后，这种弄堂会按照四川当地民众习惯，改称“巷巷会”。居民们还纷纷在协商获得共识的基础上，给自己的巷子起了“和谐巷”、“共建巷”等有特色的名字。

（四）以专业培训提升本地社区干部能力

为了让社会工作专业理念和方法在本地扎根，在上海社会工作服务队撤离后工作能够延续，社会工作服务队特别注意通过培训的方式提升安置点社区干部的能力。

为让他们掌握专业社会工作方法，更好地开展基层群众工作，社会工作服务队运用专业社会工作的小组工作方法，前后对60多名社区基层干部进行了一系列培训，使他们掌握了沟通、居民动员、“巷巷会”组织、促进邻里互助等社会工作技能，为他们传输了平等、尊重、助人自助、同理心等社会工作专业理念。通过培训，社区基层干部的服务能力和服务水平得到了很大提高，居民对他们的工作满意度也大幅提升。

为灾区社区骨干开展培训

三、社会影响

一是受到灾区群众的深切认同。华东理工大学社会工作服务介入灾后恢复重建之初，并没有得到灾区群众和管理人员的广泛认同，甚至被混同为一般的志愿者。当社会工作服务队将深情大爱融入社区，运用专业理念和方法帮助灾区群众抚慰心理创伤、重建社会关系、增强自救能力并取得扎实有效的成果后，灾区群众真正理解和接纳了社会工作，并自愿参与到社区管理和活动组织过程中。每批援建社工离开时，灾区群众都依依不舍，热泪相送。

二是受到党和政府的充分肯定。社会工作服务队通过其专业服务为党委、政府与灾区群众之间建立了沟通桥梁，向灾区群众传达了党和政府的关怀，有效维护了社会稳定，受到地震灾区党委、政府的高度重视，并得到各级领导的一致肯定。2008 年 9 月 2 日，温家宝总理到都江堰市考察灾后重建工作时，特地考察了“勤俭人家”的华东理工大学社工服务站，对社会工作在和谐社会建设中的重要作用给予了充分肯定，对社会工作在灾后恢复重建中发挥的积极作用和取得的显著成效给予了高度赞扬。

三是受到社会媒体的广泛关注。社工有组织、有秩序、有针对性地介入灾后恢复重建工作，在中国救灾历史上是首次，它为我国灾后恢复重建提供了宝贵经验，引起全国多家媒体的高度关注。据不完全统计，已有包括中央电视台、光明日报、中国社会报、新华网在内的几十家媒体对此进行了深度报道，引起广泛社会反响。中央电视台的记者全程参与了华东理工大学社工服务队的部分服务项目，并对华东理工大学社工服务队的领队范斌教授进行了采访和专题报道。

四、几点启示

（一）应把社会工作作为灾后恢复重建的制度安排

灾后恢复重建是一项复杂的系统工程，需要包括社会工作在内的方方面面力量的配合。国（境）外社会灾后恢复重建的经验表明，充分发挥社会工作作用的最有效手段是将其作为一项重要制度安排纳入灾后恢复重建体系，如台湾就将“生活重建”观念植入《9·21 震灾重建暂行条例》中，明确规定县（市）应自行或委托其他机关、社会福利机构或团体，在灾区设立生活重建服务中心，为居民提供专业性社会工作服务。从汶川地震恢复重建的实际情况来看，华东理工大学社会工作服务队等社工队伍还只是临时性的外来援助队伍，灾区当地开展社会工作的场所、经费、人员还缺乏稳定性和长期性。要解决这些问题，就必须将社会工作作为一项制度嵌入到当地制度体系与工作机制中，形成机构、编制与投入的制度化。

（二）应把灾民能力建设作为社会工作的根本目标

社会工作是一项以助人自助为宗旨的专业服务，绝不能仅仅需要关注地震灾区群众的问题和困难，更需要关注他们的优势和潜能。华东理工大学社会工作服务队的经验表明，社会工作者应该调动灾区群众积极参与自身问题的解决过程，通过形成自助网络、建立社区组织、开展教育培训、发展自救项目等方式提升和利用他们的优势和潜能，避免出现灾区群众对政府部门及社会工作者的依赖。“巷巷会”等社会工作品牌服务正是践行这一理念，才取得了显著的社会效果。

（三）应把培育本地社工队伍作为援助队伍的核心使命

社会工作介入灾后恢复重建是一项长期任务，外援固然重要，最终还要靠灾区自己。同时，社会工作是一项文化敏感性很强的工作，只有本地社工才能真正与灾区群众在语言风俗、生活习惯、社会心理上共通共融，才能更深入理解灾区群众的需求及表达方式，才能更有针对性地为灾区群众提供服务。这就需要社会工作援助队伍在协调外界资源，为灾区提供直接性社会服务的同时，把工作重点放在本地社会工作队伍的培育上。只有本地社会工作队伍掌握了社会工作的理念、知识、方法，真正“立”起来，社会工作介入才不会随着援助队伍的撤离而昙花一现，社会工作介入灾后恢复重建才具有可持续性。

思考题

1. 为什么灾后恢复重建需要社会工作介入？

2. 将社会工作作为灾区重建中的一项制度安排，需要具备什么样的条件？

案例19　社会工作介入万载县大皇山移民搬迁

江西省万载县立足县情、大胆探索，将社会工作引入移民搬迁过程中，有效化解了移民顾虑，加快了搬迁进度，开创了通过发展农村社会工作推进社会主义新农村建设的思路。

一、案例背景

白水乡位于江西省万载县西北部，该乡老山村有座大皇山，山腰上住着29户村民，他们的祖辈自清朝康熙年间就搬入此地居住。从2005年起，每年夏天的持续暴雨使大皇山严重开裂，如不采取紧急措施使29户村民搬出，极有可能因山体塌方、山洪等自然灾害给他们带来严重的生命和财产损失。面对严峻的形势，2008年6月，万载县、白水乡两级政府迅速制定出紧急预案，组织与动员这29户人家全部撤离了危险地带，让他们暂住在亲戚朋友家里。县委县政府召开紧急会议，决定将这29户村民从危险区迁移出来，由政府给予一定补贴并集中安置。然而，由于对灾情认识不一致、对政府政策落实有疑虑、对搬迁后生产生活有担忧以及不愿意离开祖祖辈辈生活过的地方等原因，一边是政府投入大量人力物力动员搬迁，一边是村民顾虑重重，宁愿寄居亲戚家也不愿搬迁。在这种情况下，2008年7月，万载县政府以推进全县社会工作人才队伍建设为契机，要求县民政局牵头，成立一个由5人构成的社会工作者小组进驻大皇山。

社会工作者深入大皇山农户开展社会工作

二、介入过程

（一）与村民建立关系

为了使搬迁村民信任社会工作者，愿意与社会工作者进行深入的沟通与交流，从而使社会工作服务得以顺利开展，社会工作小组先后四次进入大皇山。从乡政府所在地到大皇山的路是一条山路，坡陡路长，车辆无法通行，社会工作者们每次都要步行一个半小时才能到达。第一次上山时，由于村子所在地刚过危险期，从亲戚朋友家返回的村民比较少，加上村民们不是集中居住在一起，而是分散在三个村民小组中，各村民小组之间的路更加崎岖难走，所以社会工作者们只接触了部分居民，了解了部分情况。为了使掌握的资料更加全面，社会工作者决定二上大皇山。村民们深知上山的艰辛，看到社会工作者们第二次步行而至，很受感动。在对村民进行访谈过程中，社会工作者们充分运用社会工作的专业访谈技巧，向村民们耐心解释自己的身份、角色及此行的目的，认真倾听村民们的诉说，感受村民们的艰辛与无奈并适当给予回应。慢慢地，村民们开始接纳社会工作小组。第三次上山后，社会工作者们与村民们进行了更为频繁的接触，通过在集市上与村民聊天、在村民家里一起吃饭等方式融入他们的生活，村民与社会工作者的距离越来越近，并开始向社会工作者们表达自己的心理动态和现实需求。第四次上山后，社会工作者与村里的孩子们建立了很好的关系。考虑到这些孩子长期生活在山上，玩伴少，文化活动缺乏，对外面的世界也了解不多，社会工作者们运用社会工作专业知识和方法主动与孩子们交流，教他们唱歌、读书、写字、做游戏，并邀请孩子们的父母也加入到互动过程中。逐渐地，村民们对社会工作者的认识发生了本质性变化，感受到社会工作者是真诚来关心他们、帮助他们的。

（二）充当政府与村民之间沟通的桥梁

自社会工作者介入以来，政府也曾多次与村民就搬迁问题进行对话，但由于政府工作人员到村里时间短、谈话缺乏专业技巧、身份上又居高临下，村民们不愿意讲真话，以致双方沟通渠道不疏通，沟通不深入，村民们仍处于一种焦虑、不知所措的状态。社会工作者介入后，通过半个多月与村民的接触，了解到村民们不但关心什么时候搬迁的问题，还特别关心政府的补助政策怎么样、宅基地如何安排，搬迁后如何融入新集体，如何安排搬迁后的生活生产等。社会工作者将村民们的这些想法和需求及时反馈给县乡两级政府，并邀请政府工作人员参加社会工作者组织召开的村民会议，当面听取村民们的反映及对搬迁政策的看法，并针对村民提出的政策问题作出解答，使村民们对政府的政策有更为深入的了解和认识，消除心中的疑虑。同时对于村民们关于建房新址选择、宅基地安排及户口办理等方面的不同意见，社会工作者们及时向政府反映，并积极与政府有关部门协调，使政府结合村民们的需求及具体情况进行了适当调整。

（三）协助村民建立自助组织

在社会工作者的协调和政府部门的努力下，村民们同意搬迁，并陆陆续续在新址上着手修建新房。社会工作者开始把服务地点转移到村民们的建房新址上。社会工作者每家每户走访，询问他们对宅基地的满意情况、现在做的准备以及面临的困难。同时，社会工作者还跟村民们一起劳动，帮助他们搬石头、挑土，与村民们共同体验建房的快乐和艰辛。在与村民们互动过程中，社会工作者发现村民们普遍面临着建房资金、人手、生产生活规划等问题，这些问题单凭一家一户的力量是无法有效解决的，需要建立一个搬迁理事会，充分调动村民互助，共同处理搬迁过程中出现的问题，共同完成搬迁后村民生产生活的规划。为此，社会工作者们决定运用社会工作中的小组工作方法来帮助村民建立搬迁理事会。小组活动一共开展了六次，活动的主题依次是：村民共同讨论搬迁面临的困难；村民共同分析困难产生的原因；社会工作者为村民提供解决困难的办法并与村民进行商讨；村民自行讨论解决困难的办法；在小组讨论中建立移民理事会；以移民理事会名义共商新居住区的未来规划。考虑到村民们白天忙于建房，社会工作者把小组活动都安排在晚上进行。

● 社会工作小组离开时大皇山村民送来锦旗

小组活动的形式也比较灵活，将小组工作的理念和方法与村民聚会聊天的方式结合起来，引导村民参与，让他们意识到所有困难和问题都需要相互协助来解决。在小组推进过程中，村民们越来越意识到需要建立一个稳定的组织，在社会工作者的协助下，村民们以推荐的方式确定了移民理事会的人选，并推举村民林某担任理事会会长。针对林某对自己担任会长信心不足的情况，社会工作者们运用个案工作方法为他做辅导工作，在小组中着重培养他组织协调等方面的能力，让其通过积极投入搬迁事务中得到锻炼。理事会成立以后，社会工作者们在小组活动中逐步从直接组织者角色转变为间接参与者，为理事会独立运作创造条件和空间。在最后一次小组活动中，理事会组织村民们共同商讨了新村未来生产生活规划，包括发挥当地森林、矿山、山地和劳动力资源优势，规划村落水电基础设施建设、建立和谐邻里关系等。经过讨论，村民们决定各户之间互相帮助，有钱出钱、有力出力，共同建设新家园。

在几个月的时间里，社会工作小组圆满完成了县委县政府交给的任务。2008 年底，县乡两级政府隆重地为大皇山移民举行了集体搬迁典礼，29 户村民顺利搬进了新居。

三、几点启示

（一）社会工作在推进社会主义新农村建设中具有极为重要的作用

我国是农业大国，建设社会主义新农村是当前和今后一段时期我国农村改革发展的战略任务。在这一过程中，如何建立政府与群众良好的沟通机制，使群众掌握更多的政策信息，理解和支持政府的工作，从而使新农村建设的政策及规划落到实处，是一个非常重要的问题。实践证明，在农村基层广泛吸纳社会工作人才，充分发挥他们零距离接触群众、第一时间反映人民群众需求的专业优势，有利于创新政府基层工作方式，密切党委政府和人民群众的联系、更好地落实党和政府的政策。在这个搬迁案例中，就是因为引入了社会工作者，才使政府的灾民搬迁政策得到了落实。社会工作者依托其专业性优势，充分发挥了两方面作用。一是发挥了“助推器”作用。社会工作者介入大皇山移民搬迁后，与村民建立密切的信任关系，耐心解释、宣传党和政府的相关政策，搭建政府与群众沟通的平台，实现政府与村民平等对话，较好地弥补了传统工作以行政化手段解决问题的单一性、局限性，较好地消除了村民对政策的误解和对未来的疑虑，推动了搬迁工作的进度与效率。二是发挥了“减振器”作用。社会工作者秉承平等、尊重、民主、助人自助的专业价值理念，及时为移民提供专业服务，与移民共同面对搬迁，建立搬迁理事会，协助带动移民的自助和互助，协助解决移民最关心、最迫切和最现实的问题，有效预防和缓解了移民搬迁过程中出现的矛盾和问题，从而得到移民们的广泛认可和接纳。

（二）万载县委县政府对农村社会工作的重视为社会工作者充分发挥作用提供了平台

2007 年，万载县被纳入民政部社会工作人才队伍建设试点地区。万载县委县政府以此为契机，把推进社会工作及其人才队伍建设作为解决农村社会问题、化解农村社会矛盾、为农民提供社会服务的重要抓手，成立了以县委副书记为组长、由 30 多个部门组成的社会工作人才队伍建设领导小组，制定了一系列社会工作人才培养、评价、使用、激励方面的制度，并做到了“四个”纳入，即将社会工作纳入了国民经济和社会发展“十一五”规划，将社会工作经费纳入了财政预算，将社工人才与岗位开发纳入了人事和劳动用工制度，将社会工作列入了年度经济社会主要工作考核考评范围。同时，县委、县政府对社会工作确保做到要钱给钱、要人给人、要物给物，这些都为社会工作人才进入农村开展社会工作提供了有力的保障，也为社会工作者顺利介入大皇山移民搬迁提供了平台。

思考题

1. 万载经验的本质是什么？它为农村建设提供了什么启示？
2. 这种工作模式有推广的价值吗？为什么？

案例 20　志愿服务惠及中山市千家万户

中山市位于广东省珠江三角洲地区，在改革开放过程中，不仅大胆探索社会主义市场经济体制，而且勇于尝试社会管理体制的改革与创新，成为较早诞生志愿服务的区域。

一、案例背景

1987 年，中山市配合“慈善万人行”公益募捐活动的需要，向社会招募 200 名“义工”（志愿者）参与现场服务，产生了志愿服务的雏形。1996 年正式成立“中山市志愿者协会（义工联）”，文明办、团市委、民政局共同推进志愿事业。2003 年，党政部门召开联席会议推动志愿服务向镇、街发展；2005 年，全面铺开社区、农村志愿服务站的建设；2008 年，建立“中山市志愿服务事业发展指导委员会”，统筹协调各部门、各机构、各社团的志愿活动。目前，中山市已经出现“人人参与志愿行动，人人享受志愿服务”的新景象，12 万名志愿者坚持开展日常性的服务，志愿活动成为干部群众闲谈交流中频繁涉及的话题，志愿服务惠及千家万户，在解决民众的困难与问题、消除社会隐患等方面发挥了重要作用，成为社会文明和繁荣不可或缺的因素。

二、主要做法

（一）“农民志愿队”暖人心

中山市港口镇民主社区（原民主村）有一支活跃在村头巷尾、深入到千家万户的“农民志愿队”，从 1999 年组成至今广泛受到群众欢迎，开展了大大小小数以万计的服务，成为促进社会维护和发展的重要力量。1998 年，民主村“两委”换届，由于原来的村干部曾经伤害群众利益和以权谋私等，留下较多遗留问题，使新选出的班子面临重重困难，难以开展工作。这时，11 名老党员、老农民主动到村委会，表示愿意身体力行支持新班子的工作，唯一要求是希望新班子真正为群众服务，真正带领村民走正道。这些老党员、老农民说到做到，自发商议后就成立了“农民志愿队”。平时，他们走村串户，发现有村民困难就帮助解决，发现有邻居纠纷就帮助劝导，发现有安全隐患就汇报给村委会及时消除。一旦村民家里有喜事、丧事，志愿队员就义务前往帮忙，招呼村民的亲友，料理琐碎事物。一位“农民志愿队”队员说道：“你说你是做好事，帮助人的，大家都不相信你。只有在村民需要的时候，你真是到场了，热心张罗、不辞辛苦，大家才相信你的好意。”

村里有位梁老汉，他与女儿智力水平都不高，家境贫困，二人相依为命。志愿队把他们作为长期联系的对象，前往清理多年积累的垃圾，维修多年失修的危房，帮助耕种丢荒的禾田。一方面，志愿队员把梁老汉的家里收拾得井井有条、干净明亮；另一方面，志愿队员通过与梁老汉及女儿沟通，给予多方指导，提高他们的反应能力、生活自理能力。不久以后，梁老汉生活中常常露出憨厚的笑容，他女儿也有了笑容。

一位志愿者说道：“我们到医院探望某位生病的村民，除了安慰和鼓励他配合治疗，帮助做好护理工作；还关注医院的其他病人，一旦发现有村里其他人住院的话，我们也一定要探望。有一天，就这样连续探望了六七个病人。”她还说：“村民都希望受到关心，得到帮助，如果我们只看这一个病人，不探望那一个病人，他们心里就会难受的。”志愿者探望和帮助每一位民主村病人的做法，很快在村里传开，不仅病人感激，其家人也非常欣慰，认为“农民志愿队”体贴人心、让人温暖。

亲子志愿队在社区服务老人

如今，伴随农村城市

化，民主村转制为民主社区。“农民志愿队”也变成了“居民志愿队”，人数从最初的 11 人发展壮大到如今的 50 多人，从老年志愿者组成的志愿队发展为老年、中年、青年各年龄段人员都参加的志愿队。港口镇推广民主社区的经验，在全镇建立“居民志愿者总队”，各社区建立起 20 多支“居民志愿队”，为社区建设与群众生活提供多种多样的服务。镇委镇政府还拨给专门经费 40 万元用于志愿总队及各分队的管理、培训、激励、服务，促使这支队伍在建设和谐港口、繁荣港口过程中发挥积极作用。

（二）“亲子志愿队”讨人欢

在市志愿者协会的鼓励下，中山市东区雍景园小学 2005 年组建“亲子志愿队”，联合学生、家长、教师，共同开展志愿服务。他们的初衷是解决中小学生德育工作遇到的“两难困境”。一方面，学生的综合素质培养、人格健康成长需要丰富多彩的活动，特别是参与社会、服务社会的活动；另一方面，“应试教育”和“安全至上”的压力，使学校开展校外活动面临困难。这时，学校接受了一些家长志愿者的建议，吸收社会力量共同做好中小学生的人格成长教育。

“亲子志愿队”由学生、家长、教师自愿组建，通过“心灵下午茶”、“亲子工作坊”、“快乐篮球队”等形式，按照不同年级学生的爱好开展服务活动。例如，每个周末“亲子志愿队”都有几位小学生在家长的陪同下，到“慈善爱心店”从事义务服务。他们对前来爱心购物、支持慈善的顾客热情接待，精心介绍商品；他们帮助志愿者店员整理商品，增加吸引力。每当空闲的时候，家长和孩子就做些爱心小工艺品、小礼品，放在店里销售，获得的收入用于帮助困难群体。

2007 年元旦，中山市东区“亲子志愿队”组织到广西百色扶贫助学，不仅鼓励成员踊跃报名，而且联合外资企业员工、市属总队志愿者参加，既帮助了贫困山区的学生，也让亲子志愿者获得体验与教育。在返回的途中，东区水云轩小学亲子志愿者小宁说：“看了山区伙伴的生活后，我觉得自己其实是很幸福的。我要好好珍惜，要孝敬父母。”虽然小宁说得很平静，但在一旁的母亲却不禁热泪夺眶而出，激动地说：“孩子，你长大了！”另一位家长张先生马上说：“是的！活动虽然是短短两三天，但实际效果却比单纯的说教灌输一年的效果要好。报名的时候有人劝我别折腾小孩，辛辛苦苦地跑上千公里到穷乡僻壤受苦。其实，只要他们参加了，就会体会到这是非常快乐和值得的事。”他的一席话引来全车志愿者的热烈掌声。

如今，中山市许多中小学包括幼儿园都开展亲子志愿服务，组建了260多支“亲子志愿队”。他们将学生互助服务、家长沟通服务、邻居友善服务、社区文明服务、山区助学服务、绿色环保服务等作为特色品牌，在服务社会、服务他人的同时获得心灵陶冶、人格培养，促进学生的全面健康成长。

（三）“中山志愿装”惹人爱

中山市志愿服务日趋普遍、家喻户晓，引起干部和群众极大的参与兴趣。现任市委书记在几年前担任市长的时候，其秘书是热心的志愿者，经常向领导介绍志愿服务活动。市长对外国、港澳的志愿服务有所了解，但是担心本地的志愿服务会形式化、不实在。有一天，市长对秘书说：“周末你带我去志愿者服务点看看，但是不要先打招呼，我们随机调研，看看他们是搞形式还是真正在服务。”于是，市长带着秘书考察了志愿者在公园、社区的服务点，亲眼看到志愿者热诚、细心的服务，也看到群众的受益。从此以后，市党政领导不仅高度重视志愿服务，而且亲身参加服务活动，带动了市民的参与热情。

志愿者之间还流传着一段佳话：市委书记、市长、市委副书记利用业余时间参加志愿者协会的服务活动，发现“中山志愿者”服装需要购买，每件收取工本费20元，用于资助困难家庭等服务。市领导不仅认真按规定购买了“中山志愿者”服装，而且还多掏钱预购，“我提前为儿子买一件，让他报名做志愿者”。这样，“市领导为儿女购买志愿者服装”的事便在老百姓中间传开，成为传播志愿文化中的一个美谈。

近年来，随着志愿服务队伍的壮大，志愿服务活动的增多，每天都有身穿橙色志愿者服装的身影，穿梭在社区和农村，开展“文明劝导”服务、“交通引导”服务、探望老人服务、家庭辅导服务、环保宣传服务等。

市民见到橙色服装的志愿者就夸奖，家里人见到他们回来也开心，让志愿者真正感觉以服务为自豪、以服务为骄傲。

三、社会反响

中山市志愿服务事业发展20多年，特别是近5年迅速繁荣兴旺，遍布社区农村，惠及千家万户，成为广大群众非常熟悉的事物。正如市领导所说“志愿者是中山市一块亮丽的招牌”。具体地说，志愿服务的发展为中山市带来众多社会效益。

第一，志愿服务为平安中山、和谐中山的建设创造良好条件。伴随经济发展和社会转型，各种矛盾冲突难以避免。中山市志愿者通过与群众沟通，发现干群关系矛盾、利益关系纠纷的苗头后，或者及时通过“社会探热针”调查报告反映给市委市政府，或者积极主动进行协调，消除了多种冲突因素。由于这些服务产生的积极作用，近年来中山市是珠江三角洲地区发案率最少、群体事件最少、劳资冲突最少、权益侵害最少的城市，被联合国有关组织评为世界“宜居城市”。单单是每年减少社会冲突事件或恶性治安事件所减轻的经济负担，就能够转而开展大量社会建设与公共服务。

第二，志愿服务为党和政府赢得了群众的好评。中山市委市政府领导带领有关部门、机构人员慰问困难群众的时候，经常听到群众说：“志愿者好，真心帮助我们，做了很多事情。”因此，各级领导对于志愿服务有深刻的印象，感觉它是联系群众、帮助群众的有效纽带。志愿者不仅关心帮助本地群众，也热诚关心和帮助外来务工人员，维护他们的合法权益，帮助他们改善生活条件。一些中途曾经到其他市务工谋

慈善爱心店志愿服务

生的人员，后来又转回中山市务工谋生。他们说："虽然在中山打工可能经济收入少一些，但是有人理解和关心，感觉温暖，愿意留在这里。"特别是中山市许多领导、干部带头参加志愿组织，群众往往将"志愿者"与党员干部看成一个群体，说"志愿者好"，又说"政府干部好，都爱帮助人"。这样，通过开展志愿服务，为党和政府营造了良好的群众基础。

第三，志愿服务为中山市赢得国内外的好评，特别是海外华侨与港澳同胞的好评。作为中国著名的侨乡之一，每年都有大批侨胞回中山探亲、游览。近年来，伴随志愿服务事业的迅速发展，不论是在车站码头，还是在家乡所在的农村，侨胞都能看到志愿者服务的身影。因此，华侨和港澳同胞非常赞赏中山市的文明进步、风气改善。孙中山先生的后裔每年回乡省亲的时候，对于义工（志愿者）的服务赞不绝口。每年"慈善万人行"举办之际，港澳同胞踊跃参与，纷纷夸奖志愿者提供的服务。中山市电视、报纸、网络上报道的志愿者服务困难群众的事迹，传到海外之后，引起华侨和港澳同胞的感触，激起他们对家乡和祖国的热爱。

中山市志愿服务产生的社会效益，不是单纯经济数字能够说明的，而是从广大群众生活的安全、舒适，心情的欢快、愉悦体现出来的。

四、几点启示

中山市志愿服务事业发展的案例，提供了非常有意义的启示：

第一，党政推动，全民参与，是志愿者事业蓬勃兴起、持续发展的关键因素。中山市党政领导在各种会议上都肯定志愿服务对社会和谐发展的意义，要求各个部门为志愿服务事业发展提供支持，而且亲力亲为参与日常化服务活动，带动了党员、群众参加志愿服务的热潮。市委组织部与团市委、民政局联合发文推进社区农村志愿服务；市委宣传部、团市委、民政局联合发文推进志愿文化建设。各级党员干部、团员青年率先投身志愿服务，吸引广大群众的热情参与，促进了志愿服务事业的繁荣兴旺。

第二，促进志愿精神与社会主义精神文明、传统优秀文化的结合，是志愿服务事业广泛传播、富有活力的重要条件。中山市是社会主义精神文明建设的先进地区，首批“全国文明城市”，大力倡导互助友爱的社会风尚。同时，孙中山先生提倡的“博爱”理念成为城市精神的要素，激励市民相互关心和帮助。近年来，中山市积极学习和借鉴外国、港澳地区的义工精神（志愿精神），将公益慈善意识与互助友爱观念相结合，形成具有中山特色的志愿文化，成为城乡居民的生活时尚。

第三，部门合作、团队活跃、灵活创新，是志愿者事业发展壮大的必要条件。在中山市委市政府领导下，组织部、宣传部、团市委、民政局等部门相互合作，共同促进志愿服务发展，取得了成功的经验。组织部激励党员干部参加志愿服务，宣传部加大志愿精神传播的力度，团市委动员团员青年联系各类群众参与志愿活动，民政局在社区农村为志愿服务提供资金、场所、设备的支持。此外，纪委、检察院、应急办、教育局、工商局、工会、妇联等都鼓励本系统的干部员工参加志愿组织，提供社会服务。与此同时，志愿者协会培育大量充满生机活力的志愿者，带领他们自主创新，提供群众需要的服务，产生了良好的社会反响。

第四，理论创新、调查评估、建立诚信，是志愿服务事业健康顺利发展的重要基础。中山市与广东青年干部学院长期合作，邀请专家学者、社会工作者、热心人士开展志愿服务的调查研究。一方面提供志愿服务项目的评估结果，向社会公示，建立诚信，赢得更多的支持。另一方面提供《平安社区与志愿服务》、《中山市志愿服务体系建设调研》、《中山市社区志愿服务调查报告》等给市委市政府，作为推进公共服务型政府的参考。再有就是把大量调查研究的成果转化为媒体报道、社会传播的要素，为普及志愿精神、倡导志愿服务发挥了积极作用。

思考题

1. 党和政府在推进志愿服务事业方面应该发挥什么作用？
2. 志愿者队伍如何才能持之以恒？

案例21　北京奥运志愿服务及成果转化

在北京奥运会、残奥会期间，170万名志愿者在各类服务领域做义工，为服务对象提供了高水平的志愿服务，确保了奥运会赛事和城市工作的正常运行。奥运会之后，北京市提出全力做好奥运志愿者工作成果保留转化工作，引导志愿者长期、有序参与志愿服务活动，推进了北京志愿者组织建设和社会组织建设。

一、案例背景

志愿者是指不为物质报酬，基于良知、信念和责任，志愿为社会和他人提供服务和帮助的人。志愿服务活动是指在不为任何物质报酬的情况下，自愿贡献个人的时间、精力、金钱等，从事社会公益和社会服务事业，为推动社会进步而开展的服务活动。奥运志愿者，是指在奥运会筹备和举办的全过程中以自愿为原则，以志愿服务为基本形式，在奥运会志愿者行动项目体系内，服务他人、服务社会、服务奥运的各界人士。1992年第25届巴塞罗那奥运会正式提出了奥运志愿者的概念。

2008年8月8日，第29届奥运会在北京开幕，同年9月6日，第13届残奥会也在北京举行。170万名志愿者——10万名赛会志愿者、40万名城市志愿者、100万名社会志愿者和20万名拉拉队志愿者——在各类服务领域累计服务超过2亿小时，为奥运会整体工作运行作出了巨大贡献。志愿者的微笑是北京最好的名片，赛会志愿者、城市志愿者、社会志愿者，在各自岗位上为奥运会提供了专业的服务。从赛会开始到成功举办，志愿者用自己的良好风貌感动着各国的运动员、感动着各方的来宾、感动着社会各界。

奥运会之后，北京市提出全力做好奥运志愿者工作成果保留转化工作。保留500个城市志愿服务站点，加大北京志愿服务公益实践项目的开发力度，整合资源，为全市百岁以上老人提供“包户”服务，为全市

补充阅读

《北京市志愿服务促进条例》

第三条 本条例所称志愿服务是指自愿、无偿地服务他人和社会的公益性活动。

本条例所称志愿者是指不以物质报酬为目的，利用自己的时间、技能等资源，自愿为社会和他人提供服务和帮助的人。

本条例所称志愿者组织是指市和区、县志愿者协会及各类专业性志愿者协会等依法成立、专门从事志愿服务活动的非营利性社会团体。

第四条 志愿者组织依据章程组织志愿者开展志愿服务活动。

国家机关、人民团体、企业、事业单位、基层群众性自治组织和其他社会组织可以组织本单位、本系统、本社区的志愿者开展志愿服务活动。

残疾人外出就医提供帮扶，三年内实现为全市残疾人提供结对志愿服务。不断扩大志愿服务活动的参与率，力争在三年内使全市参与志愿服务的人员达到全市人口的30%。北京市还提出全面贯彻落实《北京市志愿服务促进条例》，依托各级共青团组织和志愿者协会，形成覆盖全市的志愿服务组织网络。整体保留奥运会、残奥会志愿者队伍，依托“志愿北京”信息平台，汇集170万名奥运志愿者的信息资料，制作发放志愿者卡，建立完善志愿者注册管理系统和志愿服务信息平台，建立以服务时间和服务质量为主要内容的认定、激励制度，引导志愿者长期、有序参与志愿服务活动。

二、案例过程

（一）北京市志愿服务的起源

北京市志愿服务起源于1983年宣武区大栅栏街道团工委牵头首创的“综合包户”学雷锋志愿活动，许多人认为这是志愿精神在北京最早的实践。

当时，由街道青年按单位组成小组，定期帮助住区内的五保户、残疾人解决生活困难。沐浴着改革开放的春风，学雷锋活动与志愿行动在这里聚合。

从学雷锋到志愿精神，经过26年的不懈努力，大家耳熟能详的“综合包户”成为首都志愿服务活动的品牌，也成为教育青年、凝聚人心、传承志愿精神的重要载体。北京志愿者从当年“综合包户”的几个人、十几个人，发展到170万名奥运志愿者，每10个北京人中就有一名志愿者。志愿精神能够在中华大地生根开花，源于它与中华民族讲文明、重礼仪、团结友善、热情好客的良好风尚的高度契合，也展示了中国人民包容、开放、自信的时代风采。

（二）北京市志愿服务因奥运而飞跃

志愿服务是奥林匹克运动有序顺利开展的基石。2001年7月13日，北京市申奥成功。举办一届有特色、高水平的奥运会、残奥会，离不开奥运志愿者的参与和奉献。怎样在北京举办一届有特色、高水平奥运会的同时，乘奥运的东风提高北京乃至全国人民的公民意识，社会各界都在思考。2008年3月17日，由中央文明办、民政部、北京奥组委、全国总工会、共青团中央、全国妇联、中残联共同发起的首都“迎奥运讲文明树新风志愿服务行动”启动仪式在北京国际会议中心举行。会议的主旨就是以北京奥运会和残奥会为契机，认真贯彻落实党的十七大精神，大力弘扬志愿精神，普及志愿理念，增强公民社会责任意识，通过“迎奥运讲文明树新风志愿服务行动”，进一步提高公民文明素质和社会文明程度，为举办一届“有特色、高水平”的奥运会和残奥会，营造良好社会环境。会议之后，按照中央的部署，北京市立即行动，迅速落实，及时成立了首都“迎奥运讲文明树新风志愿服务行动”协调领导小组，制定了北京关于“迎奥运讲文明树新风志愿服务行动”的工作意见。

按照中央的总体部署，结合北京筹办奥运会和残奥会的实际，确定了首都“迎奥运讲文明树新风志愿服务行动”的七项志愿服务行动：一是宣传普及文明风尚志愿者行动；二是开展赛场文明志愿活动；三是开展窗口行业服务行动；四是开展平安奥运志愿服务行动；五是开展改善城乡

● 志愿者热情服务奥运

环境志愿者服务行动；六是开展文明交通志愿服务行动；七是开展扶残助残志愿服务行动。

170万名奥运志愿者带动社会各界公众，在赛场内外用热情真诚的微笑、优质周到的服务塑造了中国的良好形象，为实现让国际社会满意、让各国运动员满意、让人民群众满意的目标作出了积极贡献。据统计，各类志愿者累计服务时间超过2亿小时。10万名赛会志愿者累计上岗200余万人次，累计服务1600万小时，志愿者每日出勤率始终保持在99.5%以上。北京市社情民意调查中心调查结果显示，在奥运会成功举办原因的调查中，97.2%的人认为志愿者的热情服务功不可没。

（三）北京市奥运志愿服务工作的开展

那么，北京170万名志愿者又是如何组织和培养的？

1. 坚持党建带团建，为奥运会志愿者工作提供坚强组织保障

奥运会筹办以来，北京各级团组织坚持党建带团建，全面加强团的各项建设，在奥运会志愿者工作中切实发挥了团组织的战斗堡垒作用和团员青年的模范带头作用。据不完全统计，各领域志愿者团队共建立临时团委（团总支）100余个，成立临时团支部3500余个。各级临时团组织积极完善工作制度，选配工作力量，开展团的工作。

各级团组织加强人才培养，让青年骨干在奥运会志愿者工作一线经受锻炼。北京市对加强青年人才队伍建设的组织领导、推动重点工作项目、加强工作保障等工作进行了全面部署。把志愿者骨干人才、管理人才培养纳入《北京奥运人才行动计划》，在全市重点任务中明确“团市委负责动员社会力量参与奥运会志愿服务工作，建设一支约10万人的志愿者队伍，培养5000名志愿者骨干人才和1000名志愿者管理人才”的工作目标，不断优化青年人才的培养环境。

各级团组织搭建贡献平台，团员青年在奥运筹办和首都建设发展中发挥先锋模范作用。北京各级党团组织通过各种举措加强推优工作，激励团员青年在奥运筹办中担当重任、争做先锋。如北京交通大学在各类志愿者中全面建立临时团组织，构筑推优工作平台，400多名表现优秀的志愿者被推荐为入党积极分子。北京工业大学联合场馆团队加大考察、培养力度，奥运会期间为29名志愿者新党员举行了入党宣誓仪式。

2. 培训管理机制的形成

在奥运志愿者培训管理机制的建立上，北京市充分发挥了举国体制的优势。2005年3月即成立了奥运培训工作协调小组，北京市委常委、市委教育工委书记朱善璐为组长，还有若干个副组长，30个成员单位。成立培训工作协调小组目的就是协调各方面的优质资源，凡是与奥运相关的部门都纳入进来，18个区县也都成立了协调小组，负责辖区内的奥运教育培训工作。

培训管理机制主要是发挥了传统的体制机制优势，定期有协调小组全会，有组长专题会议、办公室主任会和联络员会等各种会议及信息报送、检查指导、评比表彰等各种制度。协调小组也为开展培训工作提供必要服务。在政策上，制定了全市统一的政策，让各部门依据政策开展工作；在教材方面，由协调小组办公室统一抓教材体系的建设；在师资方面，在全市统一搞骨干师资的培养；在经费方面，协调小组给予部分保障，但各相关机构单位也承担一定的经费。

培训工作具体分为三个层次：一是新工作人员、志愿者、合同商工作人员、国内技术官员；二是直接或间接服务奥运会的窗口行业、保障部门的工作人员；三是面向社会的全员教育培训，包括大中小学生及广大市民。

区县协调小组与市里的协调小组在工作和业务方面是指导关系。市里有协调小组，下设了办公室，18个区（县）也有小组办公室。区（县）落实市里的任务，同时开展本区（县）特色活动。区（县）委副书记、区（县）委常委、副区（县）长等担任组长、副组长，人数不定。办公室设在各团区（县）委或区（县）文明办，有的还组建联合办公室，把教委、宣传部、文明办、团区（县）委的力量整合起来。

这种机制充分利用了原有的体制机制优势，协调小组的主要功能就是协调、服务、检查、督促和指导，就是要利用好现有机制，把教育培训任务从条从块贯彻下去，达到培训的目的。

3. 保障和激励机制的建立

以奥运赛事志愿者为例，奥运会期间的志愿者由奥组委提供以下工作保障：制发身份注册卡；提供工作制服装备；提供工作期间的餐饮；提供市内特定区间的免费公共交通服务；提供工作期间的人身意外伤害保险。同时还提供下列表彰激励：颁发奥运会、残奥会志愿服务证书和证章；评选优秀赛会志愿者个人、团队和工作机构，授予荣誉称号；根据服务时间和服务效果，赛会志愿者可以获得奥运会、残奥会纪念品；奥运会、残奥会结束后，建立志愿者纪念设施。

另外，赛事举办地以外的赛会志愿者，自行承担从居住地到赛事举办地的往返交通费用、在赛事举办地的住宿费用和在工作期间以外的餐饮费用。而对于不履行义务的赛会志愿者，北京奥组委将根据相关规定，取消其北京奥运会、残奥会赛会志愿者资格。

在奥运期间，北京是全国志愿服务组织最密集、志愿者数量最多、志愿服务活动最活跃的城市之一。2007 年 12 月 5 日，“国际志愿者日”当天，《北京市志愿服务促进条例》正式实施，在法律上促进了北京志愿服务者政策和保障机制的建立。这一条例将建立健全志愿者权益保障体系作为一项重要任务，明确列举了志愿者享有知情权、获得必要条件和保障权、获得教育和培训权、请求解决问题权、困难时优先获得帮助权、监督权六项权利。同时，条例规定志愿者组织有风险告知义务，应提前告知志愿者服务中存在的风险。条例规定，志愿者组织与志愿者之间、志愿者组织与接收志愿服务的组织或个人之间，应当就志愿服务的主要内容协商一致。任

北京奥运赛事志愿者进入比赛场地

何一方要求签协议，就应当签署书面协议。条例还规定了协议的主要内容。

此外，对人身安全、身心健康有较高风险的志愿服务活动，连续三个月以上专职服务，为大型社会活动中提供志愿服务，组织志愿者在北京市行政区域以外开展志愿服务，组织境外人员开展志愿服务五种情况下，志愿者组织应当与志愿者签订书面协议。提倡建立契约关系，目的是为了保障志愿服务各方权益。根据条例的规定，北京市在全国率先设立志愿服务基金会，基金用于对志愿服务活动的资助，对因从事志愿服务活动遇到特殊困难的志愿者进行救助，以及对作出特殊贡献的志愿服务组织和志愿者进行奖励等。

（四）奥运志愿服务获得了良好的社会评价

奥运志愿者以热情真诚良好的服务，成功打造了北京的“微笑名片”，为国家赢得了尊严和友谊，成为中国和奥运的“形象大使”。奥运志愿服务广泛传播了志愿精神和志愿文化，提升了社会公众对志愿服务的认识。在奥运志愿者的示范带动下，广大社会公众积极加入到参与奥运、服务奥运、奉献奥运的行列中来。作为奥运志愿服务的主体，广大青年在志愿服务中进一步坚定了理想信念，提升了综合素质。

（五）奥运成果转化工作的开展

北京奥运会、残奥会志愿者工作留下的丰硕成果，为北京志愿者事业的长远发展提供了源源不竭的“愿动力”。百万“平安北京”治安志愿者，数十万首都巾帼志愿者，30 万社区志愿者……在志愿精神的感召下，越来越多的队伍汇聚在一起，共同为人文北京、科技北京、绿色北京建设贡献力量。

在北京奥运会、残奥会总结表彰大会上，胡锦涛总书记在充分肯定志愿者工作的同时，明确提出："要认真总结和发扬北京奥运会、残奥会志愿服务方面的宝贵经验，进一步开展群众性精神文明创建活动，完善社会志愿服务体系，以奉献爱心、服务社会为主题，深入开展城乡社会志愿服务，不断发挥志愿服务在促进社会和谐方面的作用。"发挥奥运志愿精神，促进奥运成果转化，让奥运志愿精神为和谐社会首善之区建设继续发挥应有的作用，成为全社会关注的问题。

北京市委、市政府非常重视社会组织的作用，奥运会成功举办之后，市委、市政府及时召开首次全市社会组织建设大会，出台《北京市加强社会组织建设实施纲要》及配套文件，首都社会建设工作站在了一个新的起点上，民间组织的发展格局开始产生深刻的变化。之后，为了贯彻中央领导的指示精神，北京市团市委、北京志愿者协会结合《北京市志愿服务促进条例》的实施，开始推进奥运成果的转化工作。重点做好"三项转化"和完善"四项机制"。做好"三项转化"是：（1）做好志愿精神和文化成果的转化，把志愿精神的种子播撒到每一个人心中；（2）做好志愿者人员队伍成果的保留转化，加强志愿者管理人才、骨干人才、专业志愿者队伍建设；（3）做好志愿者工作机制体制成果的保留转化，依托奥运会志愿者工作组织体系，建立统筹规划、协调推进的北京志愿服务工作机制。完善"四项机制"是：（1）完善志愿者组织机制，发挥共青团组织和北京志愿者协会的优势，建立统筹规划、共同参与、协调推进的工作机制，完善各部门齐抓共管、共青团组织推进的志愿服务组织机制；（2）完善培训管理机制，根据项目的要求，依托各种宣传教育阵地，对志愿者进行培训；（3）完善激励机制，在志愿组织内部建立以服务时间和服务质量为主要内容的认定制度；（4）完善政策保障机制，把志愿服务的要求渗透到社会管理之中，体现在村规民约、乡规民约、学生守则、职业规范之中。

通过北京奥运志愿者的辛勤工作，形成了广大市民发自内心、自觉自愿、服务社会、充实自我的良好局面。建立健全党委政府统一领导、社会建设工作领导小组办公室综合协调、志愿者"枢纽型"组织具体实施、相关单位密切配合的体制机制，努力把经过奥运会志愿者实际工作检验的成功经验、工作机制固化下来，不断提高志愿服务项目管理的水平，实现志愿者工作的机制化和常态化，有利于持续激发人民群众的“愿动力”，弘扬志愿精神，切实推进志愿服务事业的发展，共建共享和谐。

三、主要经验

北京市奥运会和残奥会期间的志愿服务工作创造的经验是多方面的。对于全国志愿者队伍建设而言，有几点经验很值得借鉴。

（一）党和政府对志愿服务的培育和推进

志愿者工作是一个复杂、庞大的系统工程，要统筹规划、明确职责、分工落实，各项工作要立足赛事运行，协调配套推进。对于奥运筹办工作，胡锦涛总书记曾提出了明确要求，就是“要增强对筹办工作特点和规律的认识，增强工作的整体性、协调性、规范性，不断提高工作水平”。北京市志愿者服务的筹办工作在总体工作思路和实施全过程中体现和落实了这一工作要求。

从全国来讲，“志愿中国 · 人文奥运”主题活动是团中央以奥运会为契机，组织和引导广大青年和社会公众开展志愿服务活动，以此来营造奥运氛围、推动和谐社会建设的一项重点工作，充分体现和贯彻了总书记的要求。团中央、奥运会志愿者工作协调小组指导、协调 30 个京外省区市团委，按照《北京奥运会、残奥会城市志愿者工作指导意见》中统一的工作目标、工作机制和工作流程，分别开展奥运志愿服务的各项组织工作。与这种体制相一致，北京市团委负责北京地区奥运志愿服务的组织和指挥工作。北京市团委积极争取市委和市政府重视和支持，发挥好党委和政府在主题活动和招募工作中的领导和支持保障作用，团委设有专人负责志愿服务工作。“发挥体制优势、健全组织体系、加强人才培养是志愿者工作成功的前提。”这是共青团北京市委书记、北京奥组委志愿者部部长刘剑在奥运结束后接受记者采访时说的一句话，“其中，发挥党团组织的政治优势和组织优势，是推进奥运会志愿者工作的根本保障。”他说，奥运会筹办以来，北京各级团组织坚持党建带团建，全面加强团的各项建设，在奥运会志愿者工作中切实发挥了团组织的战斗堡垒作用和团员青年的模范带头作用。

奥运结束后，北京市各级党委政府从贯彻落实科学发展观、构建社会主义和谐社会首善之区和建设人文北京、科技北京、绿色北京的高度，重视加强和改进志愿者工作。包括将加强和改进志愿者工作纳入经济社会发展总体规划，列入党委和政府工作的重要议事日程，切实推动志愿服务机制化、常态化，以及在投入资金上充分发挥政府投入的引导作用等。

（二）建立健全志愿者工作管理体系

促进北京志愿服务事业的可持续发展，关键在于建立科学有效的志愿服务管理和运行机制。十多年来，北京推出了一系列有影响的志愿服务品牌，探索和积累了一定的组织和管理志愿者的成功做法和经验。在服务大型赛会方面，北京志愿者先后为第十一届亚运会、第四届世界妇女大会、第七届远南残疾人运动会、第二十一届世界大学生运动会、第十一届世界女子垒球锦标赛、第十一届国际田联世界青年田径锦标赛等提供了高质量的服务，受到了社会的广泛赞誉。但奥运会志愿者不仅规模庞大，来源广泛，而且从志愿者的宣传、招募、选拔到培训、使用，持续时间长、跨度大，也给组织和管理工作增添了一定的难度，提出了严峻的挑战。为此，北京市在总结以往工作经验和学习借鉴世界其他国家和地区开展志愿服务工作经验的基础上，进一步加大对志愿服务的管理和运行机制的探索和研究：在积极培育各种志愿者组织的同时，探索建立新型的社会动员机制，提高志愿服务的参与面；建立和完善志愿者的招募、培训、使用、考评、激励等机制，不断激发志愿者的参与热情，提高志愿服务管理的科学化水平；通过完善活动机制，形成“党政支持、社会化推进、项目化运作”的工作格局；通过构建志愿服务的评价和激励机制，为志愿服务提供持续发展的内在动力。

奥运结束后，北京市进一步健全了志愿者工作领导协调机制，构建了在党委政府领导下，社会建设工作领导小组办公室综合协调、志愿者联合组织具体实施、相关单位密切配合的志愿者工作机制。市社会建设工作领导小组办公室的职能是认真研究提出全市志愿者工作的总体方案和重要政策建议，协调解决全市志愿者工作的突出问题，认真督促检查各区县、各部门志愿服务工作开展情况，不断总结推广先进经验。市志愿者联合组织的职能是充分发挥“枢纽型”社会组织作用，联合各类志愿者组织广泛开展志愿服务。市社会建设工作领导小组各成员单位的职能是结合工作实际，发挥自身优势，分工负责、团结协作，积极推进志愿者工作全面开展。

同时构建“枢纽型”志愿者组织。奥运期间，北京志愿者协会发挥了重要的作用，包括向全社会发出了“平安奥运人人有责，人人都是平安奥运志愿者”的倡议，包括组织协调各类社会志愿者组织成为组织动员社会公众的重要载体等。奥运会结束后，依托共青团组织建立的北京志愿者协会，将其改造提升为北京市志愿者联合会，成为联合各部门、各系统、各领域志愿者组织的“枢纽型”社会组织。在政治上，充分发挥党委政府与各类志愿者组织之间的桥梁纽带作用；在业务上，充分发挥龙头和联合作用，为各类志愿者组织开展活动和广大志愿者发展提供平台；在管理上，按照章程和政府授权，做好各类志愿者组织的日常管理和服务协调工作。

（三）培养和造就高素质的志愿者队伍，为志愿服务事业的发展奠定人才基础

志愿者是志愿服务的主体力量，没有志愿者的积极参与，志愿服务行动就成了无源之水、无本之木。做好北京奥运会志愿者工作，推动北京志愿服务事业不断向前发展，关键是必须有一支高素质的志愿者队伍。在申办奥运成功后不久，北京市就推出志愿服务项目，在探索志愿服务者管理和运行机制的同时，切实重视培养和锻炼志愿者队伍、提高志愿者的服务能力和水平。为此，各级团组织在广泛发动的基础上，把那些真正热心公益事业和志愿服务的人士吸纳到志愿者队伍中来；努力培养造就一支骨干志愿者队伍，充分发挥他们的示范作用，带动更多的人士参与志愿服务；更加注重发挥志愿者的能力、特长，满足志愿者的个人需求和兴

趣，让志愿者在参与服务的过程中获得愉悦的心理感受；更加重视对志愿者的培训工作，不断丰富培训内容，创新培训形式，提升志愿者的学习、实践和创新能力，使参与志愿服务成为志愿者提高自身素质的一个有效途径和渠道。总之，是把志愿者参与志愿服务，特别是奥运会志愿服务的过程作为有效提升志愿者素质和能力的人力资源开发过程，通过锻造一支相对稳定的、高素质的志愿者队伍，推动北京志愿服务事业不断向前发展。

奥运会后，北京市在积极培育扶持志愿者组织发展、规范志愿者的招募和注册、加强志愿者的管理和培训等方面制定具体办法，整体推动志愿者队伍的培养。

四、几点启示

（一）弘扬志愿精神、塑造全社会自觉参与的“志愿文化”，对构建社会主义和谐社会意义重大

弘扬志愿精神、塑造全社会自觉参与的“志愿文化”，进一步在全社会倡导志愿服务理念，提高公民特别是青少年对志愿服务的认知度和参与度，对构建社会主义和谐社会意义重大。近些年来我国发展志愿服务的实践启示我们，只有民众对志愿服务有了正确而深刻的理解，对志愿服务的价值有了广泛的认同，才能有效地激励更多的社会成员源源不断地加入到志愿服务的行列中来，民众参与志愿服务的愿望和行动也才能持久。从整体来看，我国民众对志愿精神和志愿服务理念的认识还不够深刻，对志愿服务的认可度和参与度还有待进一步提高。进一步在全社会倡导志愿服务理念，弘扬志愿精神，提高公民特别是青少年对志愿服务的认知度和参与度，对于在科学发展观指导下，大力构建社会主义和谐社会大有裨益。

志愿精神中蕴涵一种社会责任，和谐的社会首先是一个有责任的社会。国际经验和历史经验证明，没有责任感，任何社会都不会长期繁荣和可持续发展。应该看到，现在许多社会问题的形成往往是由于缺乏责任感

产生的，责任不仅仅是政府的，也是全社会的，社会主义和谐社会应加强公民的社会责任教育。积极倡导志愿精神，推动志愿服务，对整个社会道德责任感的提升意义重大。

（二）应把志愿者队伍建设提升到社会建设的高度加以认识

党的十七大报告中首次把社会组织建设放到全面推进社会主义经济建设、政治建设、文化建设、社会建设“四位一体”的高度，从多个方面对社会组织提出了具体而明确的要求。发挥社会组织的积极作用是服从、服务于全面建设小康社会、加快推进社会主义现代化的客观需要，重视社会组织，团结社会组织，凝聚社会组织，善用社会组织，使其成为科学发展、社会和谐的积极力量。成为中华民族复兴的可靠力量。北京市以奥运为契机，大力发展志愿服务，为我们在引导、鼓励、支持社会组织参与社会建设、服务发展大局、促进社会和谐方面提供了有益的经验和启示，各地都应该多多探索，大胆实践。要通过试点，积极探索“党委领导、政府负责、社会协同、公众参与”的机制，认真总结实践经验。要大力发展志愿服务组织，积极探索培育志愿服务组织的新途径，使志愿组织在服务群众、加强社会主义民主政治建设等方面发挥积极作用。

（三）志愿服务应向着制度化、日常化迈进

北京奥运志愿服务引起了各界对志愿服务问题的关注。改革开放以来，我国志愿服务事业尽管取得了长足进展，但其在制度化、日常化和全民参与的道路上还刚刚起步，尚缺乏足够的制度保障。

目前国外志愿服务的主要形式有：专项性的志愿服务工作、专业性的志愿服务工作、公益性的志愿服务工作和社区性的志愿服务工作。志愿服务活动逐渐呈现出向法制化、政府化、机制化、全民化、社区化方向发展的趋势。

在我国，志愿行动制度化的发展进程刚刚开始，志愿服务作为一项长久的事业，如何推动志愿服务事业的可持续发展，关键在于建立志愿服务发展的长效机制——一种涵盖了志愿服务发展的宏观和微观因素机制。就

宏观方面而言，长效机制包括社会各个层面的参与，如志愿服务的立法、资金、组织机构、服务网络等方面形成的社会机制；就微观方面而言，长效机制则是对志愿服务整个过程的科学管理机制。具体而言，一是志愿服务发展的社会长效机制，包括加强志愿服务工作的法律法规的建设、为建立志愿服务的统一组织机构进行资源整合、形成志愿者服务网络等。二是志愿服务过程的管理长效机制，包括科学的定位与计划机制、招募机制、筛选及分类和调配机制、保障、支持与激励机制、监督和评估机制及应急机制等。三是志愿服务活动长效机制，如推出特色的品牌活动，推出常规化、长期化志愿服务项目等。这是保障志愿行动持续发展和不断扩大的一个重要方面。

思考题

1. 奥运志愿精神的内涵是什么？

2. 北京奥运志愿服务工作有哪些成功的经验和做法？

3. 以北京奥运志愿服务工作为例，谈谈如何做好志愿服务成果转化工作？

第六章
优抚安置工作案例

PART 6

概　述

优抚安置工作是国家和社会依法对优抚安置对象的物质与精神生活提供服务的特殊社会保障，是民政工作的一项传统业务和重要内容，在服务国防和军队建设、促进社会和谐稳定中具有不可替代的重要作用。

一、优抚安置工作的基本概况

（一）优抚安置工作的主要内容

优抚安置工作是以对中国革命和建设作出牺牲贡献的军人及其家属为主要对象的优待、抚恤、褒扬和退役安置工作。它伴随国家和军队的产生而产生，随着经济和社会的发展而发展。我国的优抚安置工作可以追溯到春秋战国时期，那时就有了优待士卒、犒劳将士、奖励军功的做法。

1927年，中国共产党缔造了自己的军队，随后，1928年党的第六次代表大会通过的《中国共产党抗日救国十大纲领》，1933年的《中华苏维埃共和国地方苏维埃暂行组织法（草案）》，中央委员会、中华苏维埃政府颁布的《红军优抚条例》，1943年陕甘宁边区政府制定公布的《关于拥护军队的决定》、《优待抗日军人家属条例》等，逐步从组织和制度上确立了新型的优抚安置制度框架。新中国成立后，特别是改革开放后，优抚安置工作逐步走向了法制化、经常化的渠道，当前优抚安置工作主要包括以下几个方面：

1. 优待抚恤工作

优待抚恤工作是我国军民在长期的革命和建设实践中逐步形成并发展起来的一项传统工作，它通过对以军人及其家属为主体的优抚对象实行物质照顾和精神抚慰，直接服务于军队和国防建设，是我国社会保障体系的重要组成部分。其特定的保障对象称为优抚对象，包括中国人民解放军的现役军人、革命伤残军人、复员退伍军人、革命烈士家属、因公牺牲军人家属、病故军人家属、现役军人家属等。

优抚工作的职责是拟定拥军优属、优待抚恤工作的方针、政策、规章，并监督实施。优抚工作实行“国家、社会、群众”三结合的优抚制度，在国家抚恤的基础上，发挥社会和群众力量，依靠全社会共同做好优抚工作，保障优抚对象的抚恤优待与国民经济的发展相适应，确保优抚对象的生活不低于当地的平均水平。

2. 烈士褒扬工作

烈士褒扬是对为国家、民族、社会和人民而光荣献身的烈士所举行的纪念活动，是以教育、鼓舞和激励社会全体成员发扬献身精神的一种政治社会行为。烈士是为保卫国家安全，保护国家财产、集体财产和公民生命财产安全英勇牺牲，堪为后人楷模的人民英雄。褒扬烈士，弘扬烈士的献身精神，抚恤优待烈士遗属，是国家的责任和全社会的义务，也是我们党和国家的优良传统。烈士褒扬工作包括宣传烈士事迹、保护管理烈士纪念建筑物等方面。其重点可分为两个方面：一是通过兴建烈士陵园、烈士纪念碑、纪念塔、纪念馆等纪念设施来褒扬先烈，激励后人；二是通过搜集、整理、陈列烈士的遗物和斗争史料来宣扬先烈的崇高品德。

烈士褒扬工作是一项历史悠久、传统优良、政治鲜明、与时俱进的工作，地位十分重要、作用十分明显。新时期，做好烈士褒扬工作，对于培育民族意识和中华民族的凝聚力，促进社会主义先进文化建设，构建社会主义和谐社会具有重大意义。

3. 复员退伍军人安置工作

复员退伍军人安置工作是为军队建设服务的，是国防建设的一个组成部分，直接关系到国家的政治稳定、经济建设和社会发展。安置工作的职责是：承担军队退出现役的义务兵（含伤病残义务兵）、复员士官、转业士官、复员干部的接收安置，以及演习打靶、抢险救灾、新老兵运输、部队换防等过往部队的饮食、饮水供应和住宿保障工作。

改革开放以来，在党中央、国务院、中央军委的高度重视下，在地方各级党委、政府的大力支持下，在各级安置部门的艰苦努力下，这一工作在改革中探索，在创新中发展，逐步走上了制度化、法制化、经常化的轨道，取得了显著成绩，为国防和军队建设作出了重要贡献。

此外，军队离退休干部安置管理工作、优抚事业单位管理工作、军供管理工作、双拥工作也是我国优抚安置工作的基本内容。

（二）优抚安置工作的主要特征

优抚安置是民政工作的四项传统业务之一，有着优良的传统和悠久的历史。虽然不同时期优抚安置的任务不同，但工作特点非常突出。当前主要表现出四个明显特征：

第一，政治性强，政策保证要求高。优抚安置是为国防和军队建设服务的，横跨党政军三大系统，与国家政治、经济、军事形势的发展紧密相连。维护好优抚群体的合法利益，既是满足经济发展、维护社会稳定的客观需要，也是国家政治行为的重要部分。对政治性比较强的优抚安置工作来说，政策不仅是依据，也是生命。优抚安置对象类别多，每种对象的情况也不尽相同，都需要不同的政策法规作保障，而且随着形势的发展、社会法制的健全，对政策法规的依赖也越大、要求也越高。据统计，现行各项优抚安置政策达700多项，为维护优抚安置对象权益提供了有力保证，但仍需紧随形势任务发展而不断调整完善。

第二，相关性强，协调沟通任务重。优抚安置工作涉及党、政、军、地的许多部门，有中央有基层，有军队有地方，管理对象既涉及人也涉及物。工作中既需要与地方组织、编制、发展改革、财政、人力资源和社会保障、卫生、工商、税务等30多个部门紧密联系，又需要与军队军务、动员、干部、组织、群工、营房、卫生、军交、人事劳动等10多个部门密切配合。大到政策体系调整，小到应对粮油调价带来的影响，都需要与有关部门反复沟通协调，不是争取优惠政策，就是要钱要物，协调难度异常艰巨，协调任务极其繁重。

第三，特殊性强，服务保障难度大。优抚安置与其他业务工作相比，具有较强的特殊性：一是绝大多数服务对象带有“军字”号，保障他们的生活必须有别于一般的困难群体，要充分体现国家的优待抚恤政策，体现党、政府和人民对革命功臣的特殊关爱。二是服务对象种类多，老龄化突出。服务对象有优抚和安置两大部分，共5类27种。优抚对象包括“三红”、“三属”、残疾军人、带病回乡退伍军人、在乡复员军人、义务兵家属、伤残国家机关工作人员、伤残人民警察、伤残民兵、伤残民工等十几种；安置对象包括军队离休干部、退休干部、退休士官、伤病残干部、无军籍退休退职职工和退役士兵、复员干部、伤病残士兵等十几种。已接收的军队离退休干部平均年龄71.5岁，重点优抚对象60岁以上的占70.8%。不同的服务对象需要不同的服务标准和保障方法。三是工作环节和服务保障流程复杂。比如，要接收安置一名重点对象，需要经过审定安置计划、落实住房建购经费、下达安置计划、办理移交手续以及负责住房保障等十几个环节；接收下来后，还要负责落实政治待遇、生活待遇、医疗保障等服务管理内容几十项；这些对象中，少部分是动态的，需要管一段时间，大部分是需要管一生，本人去世后还要负责遗属的生活和医疗等保障。这就要求民政部门在工作理念、工作作风和工作方法上，不能等同于一般工作，要有更先进的理念、更扎实的作风、更深厚的感情、更高的标准和要求来做好这项工作。

第四，矛盾性强，形势任务适应难。长期以来，优抚安置工作本身存在着三对矛盾：一是“政治化”与“市场化”的矛盾。优抚安置工作具有很强的政治性，完成政治任务的基本办法就是运用行政手段实现社会资源的配置，而市场经济体制要求弱化政府配置资源能力，强化市场调节功能。这就使优抚安置工作形成了任务要求上政治化与政策制度保障上市场化的矛盾，而且对优抚安置水平的要求越高，完成任务的矛盾越突出。二是改革中的主体化与边缘化的矛盾。改革有“破”有“立”，优抚安置对象在“破”中是主体，而在“立”中却被边缘化。因为优抚安置对象包含在社会的全体成员中，分散在社会的各个阶层、各个行业里，只要涉及人头的改革，都会对其带来影响。在打破原有的保障机制时，他们享受的优惠政策就会失灵。由于他们都在某个方面处于弱势，又是需要优待的群体，所以在制定新的保障机制时，对他们的保障又成为难题，往往需要“另行制定”，如果迟迟制定不出来，就会被“边缘化”。三是市场经济体制与供给制的矛盾。优抚安置机构作为政府的职能部门，处于市场经济体制之中，各项工作必须与市场经济的发展要求相适应，按市场规律运作。而军队则是高度集中、以供给制为特征的特殊群体。优抚安置工作作为军队工作的延续，必须在军队与地方、计划与市场的夹缝中开展，这无疑增加了工作难度。

二、优抚安置工作面临的机遇与挑战

近年来，全国拥军优抚安置系统认真贯彻落实党中央、国务院、中央军委的决策部署，着眼于服务军队履行新的历史使命和做好军事斗争准备，紧紧围绕实现“优待优惠原则得以充分体现、保障水平与经济社会发展协调推进”的新格局，积极适应新形势，迎接新挑战，拓展新思路，争取新作为。优抚群体保障水平大幅提高，法规政策建设成果丰硕，多项改革取得实质性突破，优抚安置事业单位稳步发展。但是，在国家经济社会发展新的历史起点上，优抚安置工作既面临良好的发展机遇，也面对严峻的挑战。

新形势下，优抚安置工作面临的机遇主要来自四个方面：一是党政军领导的高度重视为拥军优抚安置工作发展提供了有力保证。二是社会主义和谐社会建设为拥军优抚安置工作发展创造了良好环境，对于以维护4000万优抚安置对象基本权益为己任的优抚安置工作来说，是一个非常难得的发展良机。三是综合国力的增强为拥军优抚安置工作发展提供了物质保障。综合国力的空前增强和人民生活水平的日益提高，为保障优抚安置对象基本权益奠定了坚实的物质基础。四是自身建设的加强为拥军优抚安置工作发展奠定了坚实基础。经过多年不断积累，拥军优抚安置工作的各项基础建设有了长足发展。

面对的挑战主要有四个方面：一是拥军优抚安置改革难以与国家、军队有关改革同步进行。优抚安置工作显著的政治性、特殊性、相关性，决定了其计划与市场相结合的工作模式难以彻底改变，每项改革都要涉及军地多个职能部门，推进难度很大，每次改革都必须在国家、军队主体改革基本到位后才能实施，这样势必形成“时间差”，一定程度上会影响优抚安置对象更好更快地享受改革发展带来的成果。二是复员退伍军人上访问题难以在短期内得到根本解决。复员退伍军人上访问题，是经济社会发展到一定时期社会矛盾凸显的具体体现，解决这些问题是一项长期的任务，需要一个艰难的过程，付出艰辛的努力。三是军事斗争准备为拥军优抚安置工作发展提出了更高要求。当前，军队着眼于有效履行新世纪新阶段历史使命，加速推进中国特色军事变革，抓紧做好军事斗争准备，提高信息化条件下的整体防卫作战能力。这就需要拥军优抚安置工作进一步拓展服务方式、丰富保障内容、强化工作手段、提升服务水平，努力为部队减压解负，为部队搞建设、谋打赢提供坚实支撑。四是社会国防观念淡化给拥军优抚安置工作落实增加了难度。长期的和平环境使全社会的国防观念和拥军优属意识有所弱化，人们的思想观念、价值取向与履行国防责任义务之间的矛盾在新时期日益显现。个别领域和层面对拥军优抚安置工作的重要性认识不足，不同程度地存在着政策制定难、出台难、落实难的问题。

三、新时期优抚安置工作基本思路

（一）总体思路

高举中国特色社会主义伟大旗帜，全面贯彻党的十七大精神，以邓小平理论和“三个代表”重要思想为指导，深入贯彻落实科学发展观，始终坚持“以民为本、为民解困、为民服务”的根本宗旨，以服务军队履行新的历史使命为牵引，以完善政策法规体系为重点，以建立健全服务保障体系为基础，以构建高效顺畅的管理体制为支撑，解放思想、与时俱进，开拓创新、求真务实，不断提高优抚安置保障水平，加快形成“优待优惠原则得以充分体现、保障水平与经济社会发展协调推进、各项优抚安置事业和谐发展”工作新格局，更好地为优抚安置对象服务，为国防和军队建设服务，为改革发展稳定大局服务。

（二）总体目标

以科学发展观为统揽，科学统筹拥军优抚安置工作的各个方面，逐步建立完善“五个体系”：一是完善与市场经济相衔接、与国防建设相适应的拥军优抚安置政策法规体系；二是健全以国家保障为主体、国家和社会等多元保障相结合的优抚安置对象保障体系；三是构建与军队履行“三个提供、一个发挥”新使命要求相吻合的为军服务体系；四是构建强化全社会爱国拥军意识和弘扬烈士褒扬精神的组织协调体系；五是构建与和谐社会氛围相协调的复员退伍军人问题应急处置体系。

（三）工作要求

主要突出三个重点：

一是强化工作理念。确立保障水平与经济社会发展同步增长的理念，国家保障责任主体化与服务方式社会化相结合的理念，以情优抚安置和依法优抚安置相结合的理念，用发展和改革的办法解决工作前进中遇到问题的理念，把优抚对象优先优惠纳入相应社会保障体系后再实施特殊保障以体现优待的理念。也就是说，对优抚群体的“优”，应体现在优先进入社会保障体系和享受抚恤补助两个方面。这是今后优抚工作需要树立和强化的理念。

二是加大改革力度。针对影响和制约拥军优抚安置工作的突出矛盾和问题，采取军地联合、部门配合、上下结合的办法，集中精力，重点攻关，一个一个地突破；针对国家和军队即将展开的相关改革，提前介入，主动靠上，积极争取，力求拥军优抚安置改革与国家和军队相关改革同频共振，同步进行。

三是完善经费增长和运行机制。突出中央财政保障投入的主体责任，合理争取中央和地方经费分担比例，减轻地方压力，逐步形成经费投入渠道顺畅、与经济社会发展水平相适应的优抚安置事业经费增长机制；继续健全和落实政府主导、军地合作、部门配合的运行机制，切实形成工作合力。

四、新时期优抚安置工作的主要任务

第一，优抚工作要围绕不断完善抚恤补助、生活待遇、医疗补助标准自然增长机制，优先优惠将重点优抚对象纳入社会保障体系，确保对重点对象的实际保障水平不低于人民群众平均生活水平。要着力抓好三方面工作：一是尽快建立医疗保障新体系。本着保障水平不能降的原则，采取参保、补助、优待“三结合”办法，将不同类型的优抚对象优先优惠纳入相应医疗保险体系，实行优抚医疗“一站式”即时结算服务，逐步建立充分体现优待优惠的优抚医疗保障模式。二是不断提高抚恤补助标准。建立补助标准自然增长机制，随国民经济发展逐步适时提高。三是调整生活待遇落实方式。改革现行各类优抚对象生活待遇逐级发放的办法，逐步推行优抚对象“一卡通”制度。民政部门核定对象和标准，财政部门通过银行系统直接将抚恤金发放到个人“一卡通”账户，以减少发放过程中的中间环节。

第二，烈士褒扬工作要围绕实现发挥褒扬功能与发挥教育功能两手都要硬的目标，拟突出抓好三个重点：一是建立烈士褒扬金制度。这有利于解决目前烈士待遇存在的标准偏低、落差较大以及政策项目不够统一等问题。因此，全面整合现行的烈士抚恤待遇，设立烈士褒扬金制度，十分必要。二是设立烈士纪念日。世界上许多国家都设立了类似于烈士纪念日的节日，并在当天举行大型纪念活动。修订的《革命烈士褒扬条例》在广泛征求意见的基础上，也提出设立烈士纪念日，开展公祭烈士活动，并建议将每年清明节的前一天设为烈士纪念日。三是做好境外烈士和零散烈士纪念设施管理保护工作。据记载，我国约有 20 多万烈士安葬在国外。目前，境内还有 7469 处零散烈士纪念设施。对于境外烈士纪念设施的管理保护，主要是争取国家投入修缮经费，逐步解决基数不清、保护不力、毁坏严重等问题；对于境内零散烈士纪念设施的管理保护，主要是采取分类管理保护的办法，逐步将零散烈士纪念设施以县为单位适当集中，进一步改善其面貌。

第三，退伍安置工作要围绕建立以扶持自主就业为主，发放退役金、安排工作、退休、供养等多种方式相结合的城乡一体化安置新制度，坚持以改革为突破口，加快修订兵役法和出台《退役士兵安置条例》步伐，努力实现“四个转变”：一是缩小由政府安排工作范围，实现由普遍安置向重点安置的转变。二是建立士兵退役金制度，实现自谋职业补助经费由地方政府保障为主向中央财政保障为主的转变。三是建立城乡一体化安置制度，实现城乡有别模式向城乡一致模式的转变。四是完善退役士兵优惠政策，实现享受优惠政策范围由个别、零散向普遍、全面的转变。这些改革措施可有效缓解退役士兵安置面临的突出矛盾，体现对退役士兵多方面的优待，实现退役安置与服役表现的有机结合，基本形成与市场经济要求相适应的“自主就业、经济补偿、重点安置、政策优惠、城乡一体”的多形式多渠道安置制度体系。

第四，军休工作要围绕扎实推进以落实“两个待遇”为中心、以实现“六老”要求为目标的军休安置服务管理模式，着力把握好两个关键环节：一是做好接收安置工作，二是提高服务质量。这是做好军休工作的重中之重。在两个待遇落实上，继续按照“基本政治待遇不变、生活待遇略为从优”的原则，政治上享受安置地国家机关同职级离退休干部的待遇，生活上执行军队统一的项目和标准，并建立离退休费自然增长机制。

第五，优抚事业单位管理工作要围绕逐步构建集社会效益与经济效益、自我发展与借助外援于一体的运行机制，着力解决制约事业单位发展的“瓶颈”问题。一是理顺编制性质。通过努力，解决编制性质、级别和编制员额混乱的状况。二是理顺设置布局。综合考虑各方面因素，对现有布局进行适当调整、整合，形成布局合理、高效运转的格局。三是理顺建管机制。特别是对军供站建设，通过出台管理办法，逐步收回产权，解决建设和管理两层皮的问题。四是理顺经费渠道。努力实现事业单位建设管理经费，由中央和地方政府共同负担的目标。

第六，双拥工作要围绕用好用足用活“双拥模范城（县）”评比命名这个载体，着力满足应对突发事件的需要，构建集预警、保障、处置于一体的军地应急调处体系；着力配合重大军事活动和重大科研试验的需要，构建支持军队完成任务的各项服务保障体系；着力满足扩大双拥工作群众基础的需要，构建经济利益与拥军优属互相支撑、相互促进的“两新组织”拥军体系，更好地为构建社会主义和谐社会服务。

案例 22　公务员跳绳受伤能“评残”吗

2007 年，某公务员在参加区直属机关组织的运动会个人单项跳绳比赛时，不慎受伤致腰椎压缩性骨折，上报省民政厅要求参照《军人抚恤优待条例》有关规定进行评残。民政厅按照有关解释，作出不予评残的决定。当事人遂向区法院提起行政诉讼，区法院作出撤销民政厅决定的判决。一审判决后，在社会上引起了消极的影响。经民政厅提起上诉后，中院认为省民政厅作出的不予评残的决定符合法律规定，撤销一审法院作出的决定。事件逐渐得到平息。

一、案例背景

根据《中华人民共和国公务员法》和《军人抚恤优待条例》的有关规定，公务员因公致残应当参照《军人抚恤优待条例》评残抚恤。条例中关于因公牺牲、因公致残的规定看似详尽具体，然而在实践中却往往因对条文规定内容理解上的分歧导致结论的截然相反。比如公务员因公伤残的其中一种情形即“在执行任务中或者在上下班途中，由于意外事件伤残”的。对于“执行任务”和“意外事件”的理解将决定本案的结果。

二、事件经过

2007 年，某公务员在参加区直属机关组织的运动会个人单项跳绳比赛中，不慎跌坐在地致腰椎压缩性骨折，上报省民政厅要求评残。民政厅按照民政部关于对“意外事件”的解释，以不属于“意外事件”致伤作出不予评残决定。本人不服，向区法院提起行政诉讼。区法院认为：“其此次受伤属于无法抗拒或无法预料造成的情形，具有主观不可预见性，应属于意外事件。”因此作出“撤销民政厅作出的不予评定残疾等级决定”的判决。民政厅不服，向市中级法院提起上诉。

补充阅读

《民政部关于国家机关工作人员参照〈军人抚恤优待条例〉办理评残中如何认定“意外事件”的复函》(摘录)

二、确认“执行任务中或者上下班途中，由于意外事件”致残的情形，应当严格注意以下两点：

（一）“执行任务或者上下班途中”，是指公务员履行公职、执行公务过程中或者在上下班途中，发生了由于意外事件致残的情形。不是履行公职、执行公务，或者不是在上下班途中，发生的致残事故不属于因公致残情形。

（二）意外事件，是指行为人在非故意、非过失的情况下，由于不能预见的原因造成致残的情形。过失，是指行为人应当预见、能够预见而没有预见的主观状态，这一主观状态与致残情形的发生具有因果关系的，不属于意外。确认意外事件情形时，必须严格排除故意、过失的主观状态，要严格把握行为人是否尽到了应尽的注意义务，对于经过注意能够避免的情形，均不属于意外事件。

公务员在执行任务或者上下班途中应当对自身安全尽注意义务。不是执行任务或者上下班途中，或者因未尽到注意义务过失致残的，均不能认定为因公致残。

中院认为，公务员因公致残参照《军人抚恤优待条例》评残抚恤，应当体现《军人抚恤优待条例》褒扬、激励的立法宗旨，严格、准确界定公务员因公致残的情形和范围。根据《军人抚恤优待条例》第九条第一款第（一）项、第二十条第二款的规定，军人在执行任务中或上下班途中，由于意外事件导致残疾的，认定为因公致残。《民政部关于国家机关工作人员参照〈军人抚恤优待条例〉办理评残中如何认定“意外事件”的复函》，明确了公务员因公致残评定必须同时具备“执行任务中或者上下班途中”及“意外事件”两个必备条件。“意外事件”是指在非故意、非过失的情况下，由于不能预见的原因造成致残的情形，强调了主观上的不可预见性和客观上的不可抗力性。对于非不可抗拒的外力致伤情形，一般不予认定为因公致残。当事人是在个人单项跳绳比赛中跌坐在地，没有不可预见、不可抗力的外界因素，省民政厅作出的不予评残决定，符合法律规定。判决撤销一审法院作出的决定。

三、社会影响

此案虽属个案，但它带有典型的政策导向，直接影响公务员评残工作全局。

一方面，一审判决结果在公务员队伍中产生了消极的影响。一审判决后，经一些小报炒作，在社会上产生了很大的负面影响，引发了其他未能评定伤残等级的公务员上访，强烈要求比照该案重新予以评残。

另一方面，本案的起诉和审理也引起了部分残疾军人和企业参战退役人员的强烈反应。他们认为公务员本身就有一份稳定的收入，参加跳绳娱乐活动都能评残，终身享受不菲的伤残抚恤金，心理极不平衡，对社会稳定产生了一定的负面影响。

四、案例分析与启示

本案分歧的焦点是如何认定“意外事件”。我们认为，认定民政部门负责评残中的“意外事件”应把握两点：

一是，公务员评残抚恤与工伤保险是两种制度，不能相互混淆和替代。“意外事件”用于公务员评残和工伤认定两个不同领域，可能会有不同的理解。工伤保险的目的和宗旨主要是“医疗救治和经济补偿”、“促进工伤预防和职业康复”、“分散用人单位的工伤风险”；其实施和通行原则是无责任补偿原则，即在“工作时间、工作场所、工作原因”遭受事故伤害的均可以获得工伤保险补偿。因此，工伤保险是保障制度，在工伤认定上有从宽的趋势，如在工作时间、工作地点不慎滑倒致残也可以列为工伤，实行无责任补偿。而公务员因公致残抚恤则是从维护治安、抢险救灾等公共利益出发，依法确立的褒扬、激励制度，对其认定必须从严把握。

公务员因公致残抚恤制度与工伤保险制度有明显区别，《中华人民共和国公务员法》中也对两项制度作了分别表述，在实际操作中必须严格区分，不能混淆适用评定原则和评定标准，更不能将公务员因公致残抚恤作为尚未建立完善的公务员工伤保险的替代。目前一些司法机构在审理涉及公务员评残行政复议或行政诉讼案件时，往往以认定工伤的观念来认定民政部门负责的因公评残，并作出对民政部门不利的判决。

二是，公务员参照军人“执行任务中或者上下班途中，由于意外事件”致残的理解与适用。“意外事件”有原则的定义，但在一些具体案件的认定上，包括一些法律专家，每个人可能都会有不同的观点，这就必须从政策的立法本意上加以理解。《军人抚恤优待条例》中的“意外事件”是从民政部关于印发《关于贯彻执行〈军人抚恤优待条例〉若干具体问题的解释》的通知中的“非本人责任和无法抗拒的意外伤”修改而来，指导思想上是对军人从严要求，适用上从严掌握标准。公务员因公致残参照军

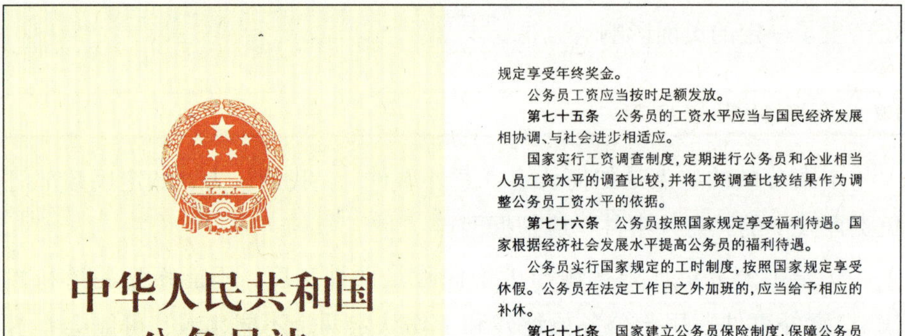
中华人民共和国
公务员法

党建读物出版社
中国人事出版社

规定享受年终奖金。

公务员工资应当按时足额发放。

第七十五条 公务员的工资水平应当与国民经济发展相协调、与社会进步相适应。

国家实行工资调查制度，定期进行公务员和企业相当人员工资水平的调查比较，并将工资调查比较结果作为调整公务员工资水平的依据。

第七十六条 公务员按照国家规定享受福利待遇。国家根据经济社会发展水平提高公务员的福利待遇。

公务员实行国家规定的工时制度，按照国家规定享受休假。公务员在法定工作日之外加班的，应当给予相应的补休。

第七十七条 国家建立公务员保险制度，保障公务员在退休、患病、工伤、生育、失业等情况下获得帮助和补偿。

公务员因公致残的，享受国家规定的伤残待遇。公务员因公牺牲、因公死亡或者病故的，其亲属享受国家规定的抚恤和优待。

第七十八条 任何机关不得违反国家规定自行更改公务员工资、福利、保险政策，擅自提高或者降低公务员的工资、福利、保险待遇。任何机关不得扣减或者拖欠公务员的工资。

第七十九条 公务员工资、福利、保险、退休金以及录用、培训、奖励、辞退等所需经费，应当列入财政预算，予以保障。

《中华人民共和国公务员法》（摘录）

人规定办理，也是从严把握。关于“意外事件”，应强调主观上的不可预见性和客观上的不可抗力性。对于不可抗力，应主要把握是否为不可抗拒的外力，对于不是外力的情形，一般不予认定。

补充阅读

《军人抚恤优待条例》（摘录）

第八条 现役军人死亡，符合下列情形之一的，批准为烈士：

（一）对敌作战死亡，或者对敌作战负伤在医疗终结前因伤死亡的；

第九条 现役军人死亡，符合下列情形之一的，确认为因公牺牲：

（一）在执行任务中或者在上下班途中，由于意外事件死亡的；

（二）被认定为因战、因公致残后因旧伤复发死亡的；

（三）因患职业病死亡的；

（四）在执行任务中或者在工作岗位上因病猝然死亡，或者因医疗事故死亡的；

（五）其他因公死亡的。

现役军人在执行对敌作战、边海防执勤或者抢险救灾以外的其他任务中失踪，经法定程序宣告死亡的，按照因公牺牲对待。

现役军人因公牺牲，由军队团级以上单位政治机关确认；属于本条第一款第（五）项规定情形的，由军队军级以上单位政治机关确认。

第二十条 现役军人残疾被认定为因战致残、因公致残或者因病致残的，依照本条例的规定享受抚恤。

因第八条第一款规定的情形之一导致残疾的，认定为因战致残；因第九条第一款规定的情形之一导致残疾的，认定为因公致残；义务兵和初级士官因第九条第一款第（三）项、第（四）项规定情形以外的疾病导致残疾的，认定为因病致残。

在体育比赛时，对于诸如足球这样的对抗性运动或竞技体操这样的高危运动，尽管本人经过充分注意，但在运动中也很难完全控制自己的动作，从而避免事故发生（如桑兰致残），这种情形致残的，可认定为意外致残。而对于其他自己完全可以控制动作的运动，但由于自己未充分尽到注意义务过失致残的，则不能认定为意外致残。本案中公务员参加跳绳文体活动不慎摔倒致残的情形，就属于后者，不属于意外致残。

通过以上案例，我们能够看到优抚安置工作具有高度的政治性，甚至是“牵一发而动全身”的敏感工作。维护好优抚群体的合法利益，既是满足经济发展、维护社会稳定的客观需要，其本身又构成国家政治行为的一部分。对政治性比较强的优抚安置工作来说，政策不仅是依据，也是生命。优抚安置对象类别多，每种对象的情况也不尽相同，都需要不同的政策法规作保障，而且随着形势的发展、社会法制的健全，对政策法规的依赖也越大、要求也越高。

思考题

1. 公务员因公致残抚恤制度和军人抚恤优待制度有哪些不同？

2. 公务员因公致残中的“意外事件”应该如何认定？

3. 公务员因公致残抚恤制度与公务员工伤保险制度的区别是什么？

案例 23　河南泌阳烈士陵园事件的真相

2009 年 3 月，一条题为《河南泌阳：为了盖起别墅群，疯狂扒掉烈士坟》的帖子在网络上迅速流传，一时间舆论哗然。事件发生后，各有关部门迅速派出调查组，查明真相，并有效开展善后工作。

一、案例背景

泌阳县烈士陵园始建于 1955 年，占地 17.9 亩，园内安葬有首任中共鄂豫边省委书记张星江、中共鄂豫边游击队长陈香斋等 132 位革命先烈，为市级烈士纪念建筑物保护单位。

烈士纪念设施作为公益性事业，是“褒扬烈士、教育群众”的重要阵地，具有强烈的政治性和特殊性。全国烈士纪念设施实行分级管理，分为全国重点、省级重点、市级、县级四级保护单位，由所在地人民政府负责管理保护。1995 年民政部颁布《革命烈士纪念建筑物管理保护办法》，规定：“革命烈士纪念建筑物保护单位范围内的土地，任何单位和个人不得侵占。在革命烈士纪念建筑物保护单位范围内进行其他建设工程的，应当经原批准公布的人民政府和上级人民政府的民政部门同意。”

二、事件经过

2008 年 5 月，泌阳县为解决县城东部 4 个乡镇进城交通问题和该县第二高中近万名师生出行难问题，根据驻马店市人民政府 2005 年批准的《泌阳县城市总体规划（2005—2020）》，决定打通陵园所在的行政路向东延伸，将陵园南北两边围墙拆除，改建为透绿护栏。在行政路延伸施工中，为保护烈士陵园，在陵园段特意采取了环岛行驶的方式，陵园南北两侧实施单行。在打通行政路取直两侧道路时，部分路段占用了陵园南北两侧各宽约 2 米的土地，但未动烈士陵园的烈士墓。同时，泌阳县政府投入 100 余

补充阅读

《革命烈士纪念建筑物管理保护办法》(摘录)

第八条 革命烈士纪念建筑物及其周围的建筑应当纳入当地城乡建设总体规划，绿化美化环境，实现园林化，使革命烈士纪念场所形成庄严、肃穆、优美的环境和气氛，为社会提供良好的瞻仰和教育场所。

万元，在保持烈士陵园原貌的基础上，整修陵园大门，重建管护房，改建骨灰堂，营造草场花圃。县政府还分别在陵园东部和西部征地近 6 亩，扩建了陵园西门广场（大理石铺面），增加了陵园东门（后门）外小游园。总体来说，陵园整体面积有所扩大，现实际用地面积达到了 18.2 亩。

泌阳烈士陵园原本是行政街的终点，行政街东扩正好通过烈士陵园。而东扩后的行政街正好通往网民所说的“泌阳县人大、纪委新建的住宅楼和别墅群”。该住宅小区被一条南北方向的通道分割成东西两个部分：东侧靠南的位置矗立着 9 栋别墅；东侧靠北以及西侧都是相对普通的多层住宅楼。别墅及住宅楼主体均已完工。该住宅小区原是 2005 年泌阳县人大、纪检监察系统征地 40 亩筹建单位集资楼。但 2006 年底，由于国家明令禁止单位建集资房，该项目全部转给了泌阳县金发房地产开发有限公司开发，实行市场化运作，面向社会出售。县人大、纪检监察系统职工以团购方式从该小区购房，享受一定优惠。从空间上看，人们认为，修路是为了建别墅，修路占了烈士陵园，所以，就得出“建别墅占了烈士陵园”的结论。

三、社会影响和处理结果

自媒体反映“扒掉烈士坟，盖起别墅群”一事后，在社会公众中造成极大的负面影响。中央领导高度关注此事处理的进展情况。2009 年 3 月 26 日，中共中央政治局委员、国务院副总理回良玉批示要求妥善处理相关问题，民政部随即派出了调查组赴当地调查。

经查实，真相如下：

第一，网上关于“扒掉烈士坟，盖起别墅群”的言论不符合事实，修建别墅群与烈士陵园没有直接联系。为此，河南电视台作出报道称，网上制造假新闻的目的，就是为了吸引大家对别墅群的注意力。

第二，泌阳县把烈士陵园的建设纳入城市规划中，对土地调整使用，并投入 100 余万元对陵园环境进行整修和美化，使之基本达到了园林化，形成庄严、肃穆、优美的环境和气氛，符合《革命烈士纪念建筑物管理保护办法》第八条规定。

第三，泌阳县对烈士陵园进行保护改造未履行文字报批手续，是不符合规定的。按照《革命烈士纪念建筑物管理保护办法》第十三条规定：“在革命烈士纪念建筑物保护单位范围内进行其他建设工程的，应当经原批准公布的人民政府和上一级人民政府的民政部门同意。”虽然该县投入一定资金，但在土地调整使用、砖墙改为透绿栅栏等施工前，未严格履行文字报批手续，与相关规定不相符。

针对泌阳县擅自调整使用烈士陵园土地、砖墙改为透绿栅栏等施工过程中存在的问题，相关部门采取了几项如下善后措施：

（1）补办了相关报批手续。关于调整使用烈士陵园部分土地面积未及时报批一事，泌阳县委、县政府领导作了认真反思，并抓紧补办了相关手续，分别向驻马店市政府和河南省民政厅申请报批，补办了陵园东部游园和西部广场的土地使用证。2009 年 4 月上旬，河南省民政厅、驻马店市政府批复同意泌阳县委、县政府的报告。

（2）向新闻单位和社会各界说明了情况。河南省民政厅、驻马店市有关部门、泌阳县政府主动向上级领导作了翔实汇报。充分利用网络、报纸等媒体，向新闻单位和社会各界说明情况，并在有关网站上对此事进行了相关的解释和说明。

（3）对相关单位和责任人员进行了批评教育。驻马店市、泌阳县民政局专门组织干部职工学习烈士陵园保护和管理的相关法律法规，要求全体干部职工引以为戒，县民政局领导进行了自我批评，对烈士陵园负责人和有关人员进行了批评教育。

（4）全面开展烈士纪念建筑物保护改造工作。2009 年 4 月 7 日，河南省政府召开由各省市主管民政工作的副市长和民政局局长参加的专题会议，主管副省长、民政厅厅长就加强烈士纪念建筑物保护提出了要求。其中重点强调了要严格执行烈士纪念建筑物保护的政策规定，严格报批，出现问题严肃处理。

四、案例分析及启示

泌阳县调整使用烈士陵园土地、砖墙改为透绿栅栏等施工前，未严格履行文字报批手续，与《革命烈士纪念建筑物管理保护办法》的规定不相符。这反映了当地烈士纪念建筑物管理保护工作还存在一些薄弱环节和问题，主要是政策把握不到位的问题。目前，少数基层民政单位业务不熟悉，业务政策规定把握不够。有的地方领导对烈士纪念建筑物管理保护工作的政策了解不够，在决策过程中没有考虑到相关政策限制的因素，在此过程中地方民政部门没有做好业务解释工作，政策执行不力，最后出现相关问题。

泌阳县调整使用烈士陵园土地事件的发生也给我们提供了一些启示，主要有以下几点：

（一）必须充分认识烈士纪念设施管理保护工作的政治性、敏感性和严肃性

烈士纪念设施是“褒扬烈士、教育群众”的重要阵地，具有强烈的政治性、敏感性和严肃性。在烈士纪念设施管理保护工作，特别是工程建设中涉及烈士纪念设施的，一定要在法律法规规定的范围内展开，绝不能随心所欲，任何疏忽都有可能造成十分严重的社会影响。因此，各地、各单位必须树立法律意识、责任意识，严格按照法律法规的规定办事：一是烈士纪念设施的维修改造工作必须按规定的程序报批，待审批同意后才能按申报的方案进行；二是烈士纪念设施管理保护经费必须严格执行财务管理制度，管好、用好；三是对破坏、污损烈士纪念设施的行为人必须严肃处

理，追究相应的法律责任。

（二）必须切实解决烈士纪念设施管理保护工作中的难题

目前，全国1.4万余处烈士纪念设施数目众多且分布零散，管理保护工作极为复杂，经过50多年的风吹雨打，风化毁坏比较严重，维修改造任务十分艰巨，长期以来由于经费投入不足，烈士纪念设施管理保护工作存在许多困难。按照现行政策法规的规定，烈士纪念设施实行属地管理，各级烈士纪念设施管理保护的经费投入主要由当地政府负担，中央对全国重点烈士纪念设施拨给部分维修改造经费。为此，地方政府要高度重视，积极解决烈士纪念设施管理保护工作中的难题，切实改善烈士纪念设施的面貌。

（三）必须切实提高各级各部门的工作能力

泌阳县烈士陵园事件的发生以及处理过程，反映出加强各级各部门工作能力建设的重要性和必要性。今后，各地要进一步加强机关效能建设，做任何事情都要坚持高标准、严要求，办任何事情都要讲程序、讲规矩，做到依法依纪、规范认真，坚决避免一切工作失误和违法违纪事件的发生。要进一步加强应对复杂局面的能力，善于分析问题，善于沟通协调，善于预防问题的发生。解决突发问题，要求我们要坚决依据法律、政策和实际情况，实事求是地解决问题，特别是针对媒体关注的复杂问题，要有大局观念，从大处着眼、细处着手，善于与新闻媒体打交道、交朋友，保持与媒体的良好关系，取得媒体的支持和配合，把问题解决在萌芽状态。对于一些重要问题，要及时向当地党委、政府和上级民政部门汇报，保证渠道畅通，共同应对复杂的局面、解决复杂的问题。

思考题

1. 如何认识烈士纪念设施建设和管理工作的重要性？

2. 泌阳县烈士纪念设施管理保护存在哪些问题？

3. 泌阳县烈士陵园事件的处置对烈士纪念设施管理保护工作有哪些启示？

案例 24 “植物人”士兵得到妥善安置

王某，2004 年 12 月从湖北省谷城县入伍，在中国人民解放军某部服役。2006 年 7 月，王某因公致残，并送部队医院治疗。2008 年 4 月，王某被所在部队评定为因公一级残疾。2008 年 6 月，王某被列入移交地方计划，准备组织统一移交。但王某家属以其残疾程度高、地方优抚保障水平有限、家庭困难等原因，要求部队除给予政策规定所有经费外，至少一次性补偿其家庭 50 万元人民币。由于部队与家属难以达成共识，退役移交陷入困境。经地方民政部门认真细致做部队与家属的沟通工作，王某所在部队、其父母和县民政局于 2009 年 2 月协商达成协议。王某顺利移交地方，家属满意，部队也满意。本案例反映了伤病残军人退役移交安置的基本环节与做法，也体现了地方民政部门在工作中应把握的一些经验与做法，对这项工作发展与政策调整也有一定的启示。

一、案例背景

军队伤病残人员的安置问题，历来受到党、国家和军队的高度重视。特别是改革开放以来，国家制定了一系列政策法规，提高了抚恤优待和各项经费标准。各级民政部门根据国家的政策规定，在部队和各有关部门的支持下，想方设法，克服困难，做了大量卓有成效的工作。但由于医疗保障的现有水平与伤病残退役人员及家属的实际要求有差距，部队及伤病残人员对政策了解不够全面等原因，使得伤病残退役人员移交安置成为困扰军地相关部门的现实问题。

士兵在服役期间因战、因公、因病致残医疗期满后，应按规定标准进行评定残疾等级。被评定为一级至四级残疾等级的义务兵，因患精神病被评为一级至六级残疾等级的义务兵和初级士官，每年由民政部会同部队有关部门编制计划，作集中移交。计划下达后，士兵所在部队要组织人员到地方进行档案审查、人员交接。

为解决伤病残人员移交安置中的突出问题，军地有关部门采取了许多措施，收到了明显成效。1992 年，《国务院、中央军委批转民政部、总参谋部等部门给予进一步做好伤病残义务兵退伍和安置工作意见的通知》对一级至四级伤残义务兵、慢性病病员等伤病残士兵的退役移交事项作出规定。2000 年，民政部、财政部、总参谋部、总后勤部下发文件，要求对滞留军队的一至四级伤残义务兵、患精神病义务兵和因伤病残基本丧失工作能力士官进行集中移交，并增加、提高了有关经费保障水平。2004 年，新的《军人抚恤优待条例》明确了抚恤补助标准自然增长机制，并逐年提高残疾抚恤金。2005 年，民政部、总参谋部联合下发《关于做好患精神病义务兵和初级士官退役移交安置工作有关问题的通知》，对集中计划移交的工作环节和接收安置要求作出了规定。2007 年，民政部、财政部等部门印发了《优抚对象医疗保障办法》，确立了残疾军人基本医疗保险加医疗补助的医疗保障制度。2009 年，民政部、财政部和解放军总参谋部、总政治部、总后勤部等军地五部门联合颁发《伤病残军人退役安置规定》，这是国家和军队首次以军事行政规章的形式，对伤病残军人的安置方式和工作程序、经费投入、住房待遇、医疗保障等问题作出全面系统的规范，是军地各级做好伤病残军人退役安置工作的基本遵循和依据。

二、事件经过

（一）伤残及医疗过程

王某，男，2004 年 12 月经谷城县人民政府征兵办公室批准入伍，在中国人民解放军某部服役，系部队汽车司机。2006 年 7 月，王某在使用电动割草机割草时，不慎触电，出现呼吸心跳骤停，经现场急救，恢复呼吸心跳后，急送汕头市中心医院抢救，诊断为“电击伤后，心脏复苏术后，缺血缺氧性脑病，继发性癫痫”（即意识丧失），病情相对稳定后送广州军区总医院治疗，3 个月后仍处于植物人状态，后转送中国人民解放军某医院继续康复治疗。2007 年 5 月，王某的父母强烈要求转入地方医院治疗，经双方多次协商，部队同意由其父母带至北京军区总医院治疗 3 个月，王某在外治疗费用由部队根据大病医疗统筹规定向上级申请核报，报多少给其返还多少，剩下费用自理。2007 年 8 月，王某转入地方治疗 3 个月后病情无明显好转，王某父母在与部队再次协商后将其转入河南省中医药研究所附属医院、谷城县中医院及其老家进行康复治疗达 15 个月，效果不明显，仍处于植物人状态。

（二）评残移交

2008 年 4 月，根据《军人残疾等级评定标准（试行）》第一条第一款规定，王某被所在部队集团军评定为因公一级残疾军人。2008 年 6 月，部队将王某列入移交计划并上报，上级组织同意移交。但王某家属认为王某残疾程度高，地方优抚保障有规定的标准和限度，家庭存在客观困难，要求部队除给予政策规定的所有经费外，至少一次性补偿其家庭 50 万元。

（三）接收安置

2009 年 2 月 17 日，经王某所在部队、其父母和县民政局协商，达成

补充阅读

《军人残疾等级评定标准（试行）》（摘录）

依据《军人抚恤优待条例》，综合考虑残疾军人于医疗期满后的器官缺损、功能障碍、心理障碍和对医疗护理依赖的程度，将现役军人因战、因公（含职业病）致残等级评定标准由重至轻分为 1—10 级，其中，1—6 级同时适用于因病致残的义务兵和初级士官。

（一）具有下列残情之一，器官缺失或功能完全丧失，其他器官不能代偿，存在特殊医疗依赖和完全护理依赖的，为一级：

1. 植物状态；

2. 极重度智能减退；

（略）

了如下协议：由王某所在部队按政策规定给予其家庭所有经费 85860 元，并在政策规定之外从团医疗费、差旅费、福利费、机动费中给予王某家庭一次性经济补贴 274140 元，两项共计 36 万元，于当日拨入王某个人账户。其家属比较满意，至此，王某顺利移交地方。根据其家属意愿，由谷城县民政局按分散供养方式落实其一级伤残军人的优抚待遇。

三、主要做法

王某伤残后，其家人和所在部队领导先后来到谷城县民政局询问相关政策，协商移交安置事宜。作为负责接收安置残疾士兵工作的民政部门，在工作中注意讲究工作方法和工作方式，与各方认真协商，促使残疾士兵家属和部队之间达成共识，确保了移交安置工作的顺利进行。

首先，工作人员能够认真解释好政策，确保残疾士兵家属对伤残抚恤政策有全面细致的了解。其次，民政局工作人员注意交谈的方法和艺术，做好士兵家属的思想工作，引导残疾士兵家属正确面对现实。再次，通过座谈、深入到残疾士兵家中走访等形式，掌握了解残疾士兵家庭的实际情况，切实帮助解决他们面临的现实困难。另外，积极与部队协商，帮助部队做好相关工作，了解部队移交安置工作存在的客观情况。最后，积极争取军地双方领导的支持，为士兵家属和部队达成协议创造条件。

四、几点启示

（一）要把残疾士兵家属和部队达成协议作为地方接收安置高等级残疾士兵工作的前提条件

地方民政部门既要服务于军队和国防建设，无条件完成上级下达的接收安置任务，又要维护和保障好士兵及其家属权益，确保接收安置后无遗留问题。为此，必须把残疾士兵家属和部队达成一致意见作为同意接收安置高等级残疾士兵的前提条件，如果移交安置前的一些问题得不到妥善解决，势必导致残疾士兵回地方后出现新的矛盾和不稳定因素。

（二）地方民政部门在士兵家属和部队之间要发挥好桥梁和纽带作用

地方民政部门在不折不扣执行政策的基础上，要按照以人为本、客观公正的原则，当好中间人角色，搞好协调和配合，确保士兵家属和部队之间友好协商，互谅互解，最终达成一致意见。

（三）深入细致的工作是做好移交安置工作的有力保证

在移交安置残疾士兵工作中，无论是在对残疾士兵家属解释政策、交流意见，还是利用一切条件争取有关部门配合、部队支持，均要把工作做细做实，避免移交工作某一环节失误而造成新的矛盾或出现上访现象。

思考题

1. 在伤病残士兵移交安置工作各主要环节应把握的关键问题有哪些？

2. 在现有条件下，如何进一步做好伤病残士兵的接收安置工作？

3. 伤病残士兵的移交安置工作需要如何调整才能适应社会主义市场经济体制要求？

第七章
行政区划、地名管理案例

PART 7

概　述

行政区划是事关国家长治久安的根本大政，是国家权益配置的基本架构，是国家重要的地方治理制度。行政区域界线是行政区划的重要组成部分。地名管理是国家行政管理工作的组成部分，是一项服务经济社会发展和人民群众生产生活的公益性基础工作，在国家经济社会运行中发挥着重要作用。做好行政区域界线突发事件应急管理工作是坚持以人为本、贯彻落实科学发展观的内在要求，也是执政为民的具体体现。

一、行政区划管理

（一）行政区划概况

1. 行政区划的定义

行政区划是对行政区域的划分。具体地说，行政区划是根据国家行政管理和政治、经济、军事、外交的需要，遵循有关法律的规定，充分考虑经济联系、地理条件、民族分布、历史传统、风俗习惯、地区差异和人口密度等客观因素，进行行政区域的分级分类划分，将国土划分为层次不等、大小不同、类别各异的行政区划体系，并在各个区域内设置相应的地方国家权力机关和行政机关，建立政府公共管理网络，为经济社会和对外交往明确空间定位。

2. 行政区划的调整

行政区划应当保持相对稳定。需要调整时，要按照以人为本，全面、协调、可持续发展的科学发展观的要求，遵循有利于经济社会发展，有利于社会稳定和民族团结，有利于国家统一和巩固国防，有利于行政管理的原则，制定变更方案，逐级上报审批。

3. 行政区划的法律依据

《中华人民共和国宪法》第三十条规定，中华人民共和国的行政区域划分如下：全国分为省、自治区、直辖市；省、自治区分为自治州、县、自治县、市；县、自治县分为乡、民族乡、镇。直辖市和较大的市分为区、县。自治州分为县、自治县、市。自治区、自治州、自治县都是民族自治地方。第三十一条规定，国家在必要时得设立特别行政区。

《中华人民共和国地方各级人民代表大会和地方各级人民政府组织法》第一条规定：省、自治区、直辖市、自治州、县、自治县、市、市辖区、乡、民族乡、镇设立人民代表大会和人民政府。第五条规定：省、自治区、直辖市、自治州、设区的市的人民代表大会代表由下一级的人民代表大会选举；县、自治县、不设区的市、市辖区、乡、民族乡、镇的人民代表大会代表由选民直接选举。第六十八条规定：省、自治区的人民政府在必要的时候，经国务院批准，可以设立若干派出机关。县、自治县的人民政府在必要的时候，经省、自治区、直辖市的人民政府批准，可以设立若干区公所，作为它的派出机关。市辖区、不设区的市的人民政府，经上一级人民政府批准，可以设立若干街道办事处，作为它的派出机关。

《中华人民共和国民族区域自治法》第十二条规定：少数民族聚居的地方，根据当地民族关系、经济发展等条件，并参酌历史情况，可以建立以一个或者几个少数民族聚居区为基础的自治地方。民族自治地方内其他少数民族聚居的地方，建立相应的自治地方或者民族乡。民族自治地方依

中华人民共和国行政区划图

据本地方的实际情况，可以包括一部分汉族或者其他民族的居民区和城镇。第十三条规定：民族自治地方的名称，除特殊情况外，按照地方名称、民族名称、行政地位的顺序组成。第十四条规定：民族自治地方的建立、区域界线的划分、名称的组成，由上级国家机关会同有关地方的国家机关，和有关民族的代表充分协商拟定，按照法律规定的程序报请批准。民族自治地方一经建立，未经法定程序，不得撤销或者合并；民族自治地方的区域界线一经确定，未经法定程序，不得变动；确实需要撤销、合并或者变动的，由上级国家机关的有关部门和民族自治地方的自治机关充分协商拟定，按照法定程序报请批准。

《国务院关于行政区划管理的规定》进一步明确了行政区划管理的原则、行政区划管理的内容以及行政区划变更的报批、备案程序等。

4. 行政区划的体系

行政区划体系是指行政区划单位按照一定的秩序和内部联系组合而成的整体，主要分为三类四级，三类是指地域型、城镇型、特殊型行政区，地域型行政区包括省、自治区、自治州、县、自治县、乡等；城镇型行政区包括直辖市、地级市、县级市、市辖区、镇等；民族型行政区包括自治区、自治州、自治县等；特殊型行政区包括政治性的特别行政区和经济性的特别行政区。四级是省、自治区、直辖市、特别行政区——地级市、自治州、地区、盟——县级市、市辖区、县、自治县——乡、民族乡、镇等。

截至 2010 年底，全国共有 34 个省级行政区划单位（23 个省、5 个自治区、4 个直辖市、2 个特别行政区）；333 个地级行政区划单位（283 个地级市、17 个地区、30 个自治州、3 个盟）；2856 个县级行政区划单位（853 个市辖区、370 个县级市、1461 个县、117 个自治县、49 个旗、3 个自治旗、2 个特区、1 个林区）；19410 个镇，13475 个乡（苏木），1096 个民族乡（民族苏木），构成了中国特色的行政区划体系。

（二）行政区划调整的审批权限和程序

行政区划调整的审批权限和程序是指审核报批行政区划变更的过程和步骤。按照国务院关于行政区划管理的规定，依照行政区划变更审批权限，各类行政区划单位变更的审批程序如下：

一是关于省、自治区、直辖市、特别行政区的设立、撤销、更名，由国务院组织，民政部及有关部委参加，经过调查、论证、提出方案，经国务院讨论同意，报请全国人民代表大会审议决定。

二是关于省、自治区、直辖市的行政区域界线的变更，省、自治区人民政府驻地的迁移以及自治州、地级市和地区（盟）的设立、撤销、命名和人民政府（行政公署）驻地的确定，由省、自治区、直辖市人民政府组织民政及有关部门进行科学论证，提出变更方案，并附有关地方人民政府（行政公署）的意见，请示国务院，转经民政部审核并征求有关部委意见后报请国务院批准。

三是关于自治州、地级市和地区（盟）的更名，自治州、地级市人民政府和地区（盟）行政公署驻地的迁移，自治州行政区域界线的变更和地级市的行政区域界线的重大变更，县、自治县、县级市、市辖区的设立、撤销、命名、隶属关系的变更和人民政府驻地的确定，自治县的行政区域界线的变更，县、县级市、市辖区的行政区域界线的重大变更；凡涉及海岸线、海岛、边疆要地、重要资源地区及特殊情况地区的隶属关系或行政区域界线的变更，由自治州、地级市（地区、盟）人民政府（行政公署）组织民政及有关部门进行科学论证，提出变更方案，并附有关地方人民政府的意见，请示省、自治区、直辖市人民政府。省、自治区、直辖市人民政府研究同意后，请示国务院，转经民政部审核并征求有关部委意见后报请国务院批准。

四是关于县、自治县、县级市、市辖区的更名和人民政府驻地迁移，县级市（县）升格为地级市。由县、自治县、县级市、市辖区人民政府组织民政及有关部门进行科学论证，提出变更方案，并附有关地方人民政府的意见，请示自治州、地级市（地区、盟）人民政府（行政公署）。自治州、地级市（地区、盟）人民政府（行政公署）研究同意后，请示省、自治区、直辖市人民政府。省、自治区、直辖市人民政府研究同意后，请示国务院，转经民政部审核并征求有关部委意见后报请国务院批准。

五是关于县、县级市、市辖区部分行政区域界线的变更。由自治州、地级市（地区、盟）人民政府（行政公署）组织民政及有关部门进行科学论证，提出变更方案，并附有关地方人民政府的意见，请示省、自治区、直辖市人民政府，转经民政厅（局）审核并征求有关部门意见后报请省、自治区、直辖市人民政府批准。批准变更时，同时送民政部备案。

六是关于乡、民族乡、镇的设立、撤销、更名和行政区域界线的变更，乡、民族乡、镇人民政府驻地的迁移，由县、自治县、县级市、市辖区人民政府组织民政及有关部门进行科学论证，提出变更方案，并附有关地方人民政府意见，由省、自治区、直辖市人民政府，转经民政厅（局）审核并征求有关部门意见后报请省、自治区、直辖市人民政府批准，同时送民政部备案。

（三）行政区划调整工作的主要成效

改革开放以来，我国行政区划调整工作大致经历了三个阶段：

1. 1978 年到 1985 年，重点是撤销人民公社体制，恢复乡镇政权建制

新中国成立初期我国县以下行政区划为乡镇体制，1958 年以后改为政社合一的人民公社体制。1982 年修改通过的《中华人民共和国宪法》规定：县、自治县分为乡、民族乡、镇，人民公社是农村集体经济组织，实行政社分开。1983 年中共中央、国务院发出《关于实行政社分开建立乡政府的通知》，要求撤社建乡。到 1985 年，全国共撤销人民公社 54368 个，建立乡镇 88446 个。

2. 1986 年到 1997 年，重点是县改市和乡改镇

由于历史原因，20 世纪六七十年代我国市镇发展出现萎缩局面。改革开放以后，为适应第二产业、第三产业迅猛发展的需要，加快了设置市镇建制的步伐，国务院先后于 1984 年、1986 年和 1993 年颁布实施了新的设市设镇标准，放宽了设市设镇条件，年均设市 30 个、设镇 1000 个左右。到 1997 年，全国共有市 668 个、镇 18925 个。1997 年 4 月，中共中央、国务院从当时形势出发，在《关于进一步加强土地管理切实保护耕地的通知》中决定暂停县改市的审批工作，此后县改市和镇改市工作都冻结。

3. 1998 年以来，重点是地改市及地市合并、市辖区结构调整和乡镇撤并

地市合并和地改市是根据 1993 年八届全国人大一次会议通过的《政府工作报告》和 1999 年中共中央、国务院《关于地方政府机构改革的意见》中的有关精神进行调整的。从 1998 年到 2008 年，全国共撤销地区 60 个。乡镇撤并是 2000 年开始相对集中地进行的。2000 年 12 月，中共中央办公厅、国务院办公厅《关于市县乡人员编制精简的意见》提出，有条件的地方，可以适当撤并乡（镇）。2001 年 7 月，经国务院同意，民政部、中央编办、国务院体改办、建设部、财政部、农业部、国土资源部联合下发了《关于乡镇行政区划调整工作的指导意见》，对各地开展乡镇撤并工作进行了指导。目前，全国大多数省（自治区、直辖市）已基本完成相对集中的乡镇撤并工作，撤并幅度一般在10%—30%左右。截至2010年底，我国共有33981个乡镇，乡镇比2000年减少9530个，撤并22%。

总的看来，各个时期的行政区划调整工作都认真贯彻了党中央、国务院确定的方针政策，适应了客观形势的要求，促进了经济社会的发展。地市合并、地改市理顺了管理体制，消除了市地矛盾，促进了中西部地区中心城市发展和辐射带动作用的发挥，对统筹城乡经济社会协调发展起到了一定的积极作用。大中城市市辖区结构性调整，打破了郊区包围城区的格局、优化了各市辖区空间布局，促进了各个市辖区经济社会的协调发展。县（市）改区，理顺了市县（市）关系，整合了市县（市）资源，减少了市县（市）重复建设，促进了大中城市产业结构调整，对统筹城乡协调发展和区域协调发展，发挥了积极作用。县改市，有利于加快经济发展步伐，提高城市规划建设水平，促进第二产业、第三产业发展和农村现代化进程。乡镇撤并，有利于精简机构，减少乡镇行政人员和财政开支，降低管理成本，减轻农民负担，是解决我国“三农”问题的重要措施；有利于优化资源配置，促进乡镇经济的发展；有利于优化小城镇体系，促进小城镇建设，从而推进我国城镇化进程。

（四）行政区域界线突发事件应急管理

行政区域界线是毗邻行政区域之间的分界线，是国家依法实施分级行政管理的重要依据，标示地方政府依照法律规定的权限，是实施经济、教育、科学、文化、卫生、体育、城乡建设事业和财政、民政、公安、民族事务、司法行政、监察、计划生育等行政管理工作的区域范围。行政区域界线突发事件是指因边界争议次生、衍生的群体性事件，这些事件造成群体聚集、上访、械斗事件，破坏、掠夺资源事件，破坏民族团结事件，阻断交通事件，刑事案件等，具有很大的社会危害性。边界争议突发事件属于社会安全事件范畴。

边界争议突发事件应急管理的基本原则是：以人为本，预防为主；各司其职，密切配合；顾全大局，友好协商。按照预防与应急相结合，预防重于应急的原则，边界争议突发事件应急管理的主要内容与任务是：

1. 未发生突发事件时积极预防

第一，建立管理组织体系，制定应急预案。第二，明确各有关部门职责，密切配合，共同维护边界地区稳定。第三，建立健全维护边界地区稳定的长效机制。第四，加强宣传，营造良好的行政区域界线管理环境。

2. 边界争议突发事件发生后要妥善应急

边界争议发生后，当矛盾激化，已经发展到群众聚集、上访或械斗时，接到信息的有关政府和部门要立即启动应急预案，进入应急处置状态。目前，我国省、县两级陆地行政区域界线已经基本勘定成为法定线，因行政区域界线不清楚引发边界争议的根源问题已经不复存在。但由于还存在已经勘定界线尚未落实和行政区划调整变更的行政区域界线未能及时勘定等情况，因行政区域界线不清引发的边界争议突发事件仍会出现。这类突发事件的处置程序是：首先，争议双方人民政府控制事态发展，稳定争议地区局势。其次，按照分级负责原则，划定行政区域界线。最后，追究有关单位和人员的责任，做好善后工作。

行政区域界线勘定后，边界地区双方干部群众对行政区域界线实地位置认定仍然不一致的，首先，应由争议双方人民政府控制事态发展，稳定争议地区局势；其次，测定行政区域界线实地位置；最后，追究有关单位和人员的责任，做好善后工作。

这里需要特别提请注意的是，对于边界争议突发事件的处置一般应当按照报告、控制、定界、善后等先后顺序进行，首要的是了解并报告情况，救死扶伤，隔离冲突双方，控制事态发展，然后才是定界和处理善后。如果在事态尚未得到有效控制的情况下先谈定界和善后问题，则容易造成现场冲突双方或一方群众情绪波动、节外生枝而引发更大的事件。

二、地名管理

（一）地名管理的内容

一般认为，地名是人们对具有特定方位、范围的地理实体或者说个体地域赋予的专用名称。它是人类社会发展的产物，随着社会的前进而不断发展演变。根据属性和需要，地名可以分为若干不同类别，如，根据地理属性，可分为自然地理实体名称和人文地理实体名称；根据时间属性，可分为历史地名和当今地名；根据语种属性，可分为汉语地名、少数民族语地名和外国语地名等。

地名管理是有关管理机构以地名为对象，依据有关法规，按照科学方法，为推进和实现地名标准化而开展的各项活动，其主要目的是推行和实现地名标准化，为经济社会发展和人民群众生产生活服务。地名管理工作的主要内容有两方面：一是行政管理，如地名的命名更名；二是公共服务，如向社会提供标准规范的地名信息。

（二）地名命名更名的影响

地名管理涉及内政外交、新闻出版、测绘制图、邮电通讯、交通旅游等各个方面，地名命名更名对经济、社会、文化等各方面都具有重要影响。第一，地名影响社会生活。地名最基本的功能是指位，它是定位的符号、指向的工具，是信息传输的载体，大到内政外交，小到走亲访友，任何交流交往活动都离不开地名，地名命名更名首先影响人民群众生活。第二，地名影响经济发展。地名标准化、规范化程度影响经济运行效率，同时，地名也是一个地方的品牌，是一项重要的无形资产，在塑造城市形象、促进旅游业发展等方面具有重要作用。第三，地名关系政府行政管理。地名管理是社会行政管理的重要内容，在国家政治经济生活中具有重要地位，关系到社会行政管理和国防建设。第四，地名影响社会文化。地名作为一种社会文化形态，既是弘扬中华民族传统文化的重要载体，又是建设社会主义先进文化的重要内容，具有鲜明的历史性、继承性和时代性，文化内涵丰富，内容博大精深，应重视地名文化底蕴，挖掘保护传统地名文化，提升新生地名文化内涵，促进地名文化传承发展。

（三）地名管理的机构和法规

目前，根据有关行政法规和国务院部门“三定”（定机构、定编制、定职能）规定，民政部主管全国地名工作，负责拟定全国地名管理的方针政策，起草地名管理法律法规草案，拟定地名管理的技术规范，负责县级以上行政区域的命名、更名，负责重要自然地理实体（海域地名除外）以及国际公有领域、天体地理实体的命名、更名的审核工作。

当前，我国地名管理的主要法律依据是国务院《地名管理条例》和国务院《关于行政区划管理的规定》，根据这两个文件，县以上行政区划名称和重要的自然地理实体名称，由国务院命名更名，乡镇以下的名称由省政府决定。根据法规规定，地名要保持相对稳定，不能随意改名，可改可不改的，不要轻易改；必须改的要充分论证，按法定程序审批。

（四）地名管理的措施

党和国家一直非常重视地名管理工作。新中国成立以来，特别是改革开放以来，在逐步改革和理顺地名管理体制的同时，我国根据经济社会发展需要，采取了多项措施，规范了地名管理，扩大了地名公共服务。主要措施有：一是进行地名调查和地名资料的补查更新工作，掌握地名情况，建立地名档案；二是完善地名法规和标准体系，加强地名命名更名管理，规范地名拼写译写；三是加强地名公共服务，设立地名标志，开展地名网站、声讯问路、地名触摸屏等信息化服务，建立和完善地名公共服务体系；四是进行地名理论研究和地名文化建设，传承和弘扬优秀地名文化。

当前，我国正处在全面建设小康社会、加快推进社会主义现代化建设的重要阶段，我国工业化、信息化、城镇化、市场化、国际化的快速发展对地名工作提出了许多新的要求，地名工作面临许多新的情况和问题。近些年来，地名命名更名不论是数量还是频率都呈现出增加趋势。面对新形势新要求，各级政府需要进一步规范地名命名更名管理，发展地名公共服务，为社会创造一个规范和谐的地名环境。

案例 25　哈尔滨市行政区划调整工作取得良好成效

2004 年以来，哈尔滨市从城市发展实际需要出发，进行了两次市辖区行政区划调整，由 7 区 12 县（市）调整为 8 区 10 县（市），减少了 1 个县级建制和 1 个开发区机构。在调整过程中，哈尔滨市注重统一思想认识，强化组织领导，建立统筹机制，紧紧抓住行政区划调整这一有利契机，将政府机构改革与机构调整结合起来，积极推进体制、机制创新，合理调整和划分行政管理权限，科学确定区级管理体制和职能定位。通过调整，不仅初步解决了哈尔滨市市辖区结构不合理的问题，实现了平稳过渡，而且各区的经济社会发展都实现了巨大飞跃，整个城市综合竞争力得到了提高，调整取得了良好成效。

一、背景情况

2004 年以前的哈尔滨市行政区划格局是 1996 年由松花江地区和哈尔滨市合并而成的，共辖 7 个区（道里区、道外区、南岗区、香坊区、动力区、太平区、平房区）、8 个县（呼兰县、宾县、巴彦县、木兰县、通河县、方正县、延寿县、依兰县），代管 4 个县级市（阿城市、双城市、五常市、尚志市）。2004 年以前的哈尔滨市市辖区格局是 20 世纪 60 年代以来逐步形成的。全市总面积 5.3 万平方公里，总人口 948.3 万人，分别为全国省会城市的第一位和第二位，其中 7 个市辖区面积 1600 平方公里，人口 348.1 万人。

由于市区面积狭小，且各区人口、空间、经济资源及产业分布不均，小的市区只有 16 万人，不足 100 平方公里，大的市区 90 多万人，近 500 平方公里，相差 4 倍之多，与周边县市的差异就更大，致使中心城区的集聚、辐射和综合功能难以发挥，在一定程度上影响了哈尔滨市的进一步发展，抑制了全省龙头作用的发挥。因此，调整哈尔滨市的行政区划，拓展

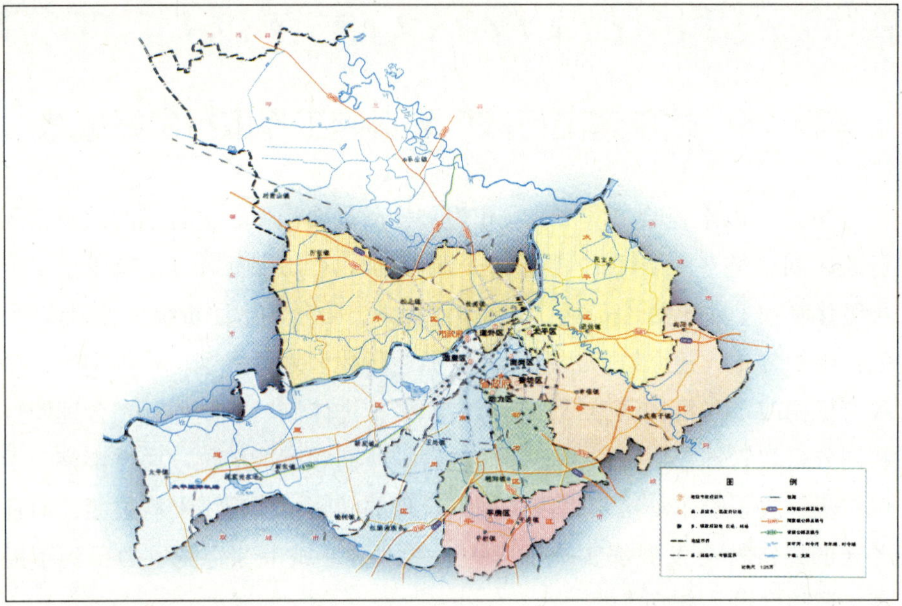

调整前哈尔滨市市辖区行政区划示意图

城市发展空间，在更大范围内集聚和配置经济社会与文化资源，成为哈尔滨市发展的当务之急。

二、调整经过

2003 年 7 月 8 日，哈尔滨市提出请示，要求调整哈尔滨市市辖区的行政区划。11 月 13 日，黑龙江省政府向国务院上报了《关于调整哈尔滨市行政区划的请示》。2004 年 2 月 4 日，国务院批复同意撤销哈尔滨市太平区，将其行政区域划归哈尔滨市道外区管辖；撤销呼兰县，设立哈尔滨市呼兰区，以原呼兰县的行政区域（不含乐业、对青山 2 个镇）为呼兰区的行政区域；设立哈尔滨市松北区，将道外区的太阳岛、三电 2 个街道，松北、松浦、万宝 3 个镇和原呼兰县的乐业、对青山 2 个镇划归哈尔滨市松北区管辖。

2006 年 4 月 7 日，哈尔滨市提出请示，再次要求调整哈尔滨市部分行政区划。5 月 10 日，黑龙江省政府向国务院上报了《关于调整哈尔滨市部分行政区划的请示》。2006 年 8 月 15 日，国务院批复同意撤销哈尔滨市动力区、香坊区，组建新的香坊区，以原动力区和香坊区的行政区域为新设香坊区的行政区域；将阿城市永源镇、巨源镇划归哈尔滨市道外区管辖；撤销阿城市，设立哈尔滨市阿城区，以原阿城市的行政区域（不含永源镇、巨源镇）为阿城区的行政区域。

经过两次调整，哈尔滨市的行政区划格局由 19 区（县、市）调整为 18 区（县、市），并将松北经济技术开发区与松北区合署办公，实行“两块牌子、一套人马”，减少了 1 个县级建制和 1 个开发区机构。调整后的哈尔滨市市区面积由 1600 平方公里增加到 7086 平方公里，人口由 348 万人增加到 480 万人，基本上解决了哈尔滨市市辖区结构不合理的问题。在主城区形成了道里、南岗、道外、香坊 4 个相对均衡的城区，提高了城市的综合竞争力。新设立的松北区，是以哈尔滨松北开发区为基础设立的新

调整后哈尔滨市市辖区行政区划示意图

区，已成为集行政服务、科技教育、文化体育和休闲度假四个中心于一体的生态型新城区。阿城改区后，以生态旅游和金源历史文化为载体，丰富和延展了哈尔滨历史文脉。将呼兰纳入市区范围后，城市发展空间跨松花江向北进一步扩展，为哈尔滨市经济社会可持续发展和构筑东北亚区域中心城市框架奠定了科学合理的市区结构布局。

三、主要成效

（一）拓展了城市发展空间

哈尔滨市作为黑龙江省省会城市，过去由于区划布局不合理、城市发展空间狭小，不利于产业规划、产业聚集及城市功能分区的实施。经过调整，哈尔滨市在产业和功能分布上有了较大的腾移空间，老城区内大多数工业企业逐步向呼兰和阿城的工业区迁移，主城区内人口开始向松北和呼兰区分流，旅游业逐渐向阿城拓展，教育产业向呼兰集中。一些企业和学校搬迁后的空置土地，或用作房地产开发，或留为公共设施用地，一些土地直接转为公共绿地或公园，城市宜居水平得到了提高。

（二）增强了区域经济优势

哈尔滨市抓住行政区划调整带来的有利机遇，加快产业结构调整步伐，呈现了良好发展态势。呼兰区抓住老工业基地调整改造的机遇，积极参与全市产业协作和分工，加强对外交流合作，大力招商引资、引厂、引教。以利民开发区为基地，承接哈尔滨市老城区工业企业搬迁和吸引企业132家，进驻大专院校13所，引进招商项目587个，实际到位资金79.3亿元。全区经济结构不断优化，工业经济比重显著上升，目前非公有制经济规模已占全区经济总量的98.7%，在全市8区中经济总量排名第3位。阿城区以独特的山水风光和金源文化为载体，打造旅游和文化产业，发展了一批有特色、高品位的旅游项目，进一步挖掘了以金源文化为代表的历史特色文化。原香坊区与动力区合并组建的香坊区，是国家“一五”期间重点建设的老工业基地和著名的“三大动力之乡”。该区依托雄厚的科技优势，进一步发展壮大机电、装备制造等优势产业，形成机电配套、电子、包装、食品、环保设备、新型建材、轴承、纺织等8大产业群，加快了新型工业化的进程。松北区深入实施“开发江北，两地繁荣”的发展战略，吸纳投资148.9亿元，转移和承接教育、文化、医疗、科研机构7家，吸引一批高科技企业投资建厂，修建公路175延长公里，全区人口从16万人增至20.7万人，形成了良好的发展形势。

（三）加快了区域一体化发展进程

哈尔滨市把都市圈建设作为重要发展战略，经过两次行政区划调整，区域经济一体化有了长足进展。在哈尔滨半小时经济圈内，分布着6个农业及矿产资源丰富又有一定工业基础的区、县（市）（阿城区、呼兰区、双城市、宾县、肇东市、兰西县）。呼兰县、阿城市改区后，原有的行政和社会管理体制的壁垒得以打破，市、区间能够进行统一规划和资源的有效配置，实现各生产要素的合理流动。随着两区基础设施配套及居住环境的改善，哈尔滨老城区大批人口开始在呼兰、阿城区买房居住，成为老城区人口分散的主要选择去向。交通设施在原有的哈绥、哈呼公路基础上，又新修一、二类街道4970延长米。呼兰区利民大道改造扩建后，已成为市区纵贯南北的重要交通干线。大面积的集中供暖工程、污水处理工程、天然气入户工程也相继启动运营，呼兰县改区3年来，投入了14亿元用于城区道路、供排水、供电、供热、通讯等基础设施建设。区划调整使哈尔滨主城区北移东扩20公里至30公里，拉近了周边宾县、五常市、尚志市、兰西县、巴彦县等县（市）和绥化市与哈尔滨市的空间距离，有力地推动了区域一体化的形成。

（四）加大了城乡统筹发展力度

呼兰区建区以来，以城镇化和工业化带动农村发展和农民富裕，共转移劳动力12.1万人，减少农村宅基地占用农地4.2万亩，新农村建设蓬勃发展，农村面貌日新月异，城乡差别明显缩小。阿城市改区后，一改原阿城市区人口不断萎缩的趋势，城区居住人口突破了30万，转移农村劳动力10万人，占全区农村劳动力的2/3。农村地区特别是山区农村，从以种植业为主向旅游业、矿产开采业和养殖业转变，目前已形成350个特色经济发展村屯，10个特色农产品加工群，10个农家乐旅游村庄。两次区划调整不仅使哈尔滨中心城区的集约效益、规模效益以及生态效益有了较大提升，而且使呼兰、阿城两区更直接、更快捷、更高效地接受哈尔滨城区的技术、人才、资金、信息等辐射，实现在更广范围内的资源、产业配置，在更大程度上实现城乡互动、城乡经济社会的统筹发展。

（五）精简了机构编制，降低了行政成本

经过调整，哈尔滨市减少了1个县级建制、1个开发区机构。原7个老城区通过合并减少为5个，使老城区的局级机构减少8个，处级机构减少68个，降低了行政成本，减少了财政开支。3个新区行政和城市管理体制的创新，使权责高度统一，审批环节和程序简化，行政效率明显提升。

（六）促进了大流域治理和环境保护

近年来哈尔滨市投入几十亿元进行松花江污染防治，上马了20个节能减排环保项目。呼兰和阿城两区正处于松花江哈尔滨段两大支流呼兰河与阿什河的上游，改区前因行政分立，对流域治理和环境保护缺乏统筹协调。如阿什河进入阿城市前，水质清澈，基本没有工业污染，但经过阿城市后，就变得污黑浑浊，水质大幅下降。阿城市改区后，在全市统一规划和支持下，上马了日处理污水5万吨的处理厂，阿什河的水质将得到较大改善。呼兰建区4年来，上马了两个污水处理厂，为有效开展流域治理和环境保护工作提供了有利条件。

当前哈尔滨市正针对区划调整后城区新的经济社会特征，以科学发展观为统领，继续深化行政区划调整后的各项改革，着力推进城乡综合配套改革，以工促农，以城带乡，进一步解决“三农”和城乡二元结构问题，增强区域发展活力，形成城乡一体化格局，努力把哈尔滨建设成为“适宜创业、适宜人居、适宜人的全面发展”的现代文明城市。

四、主要经验

（一）统一思想认识

哈尔滨市两次行政区划调整，涉及7个区（县、市），280多万人，

权利与利益关系极其复杂。哈尔滨市市委、市政府高度重视，把统一全市广大干部群众特别是领导干部的思想，作为行政区划调整的重要工作来抓。通过多种方式广泛宣传行政区划调整的战略意义，消除因行政区划调整导致的部门、区域和个人的利益纷争，引导、教育广大干部正确对待个人利益，进一步统一思想认识，从而保证了行政区划调整工作的顺利进行。

（二）强化组织领导

在两次行政区划调整过程中，都从哈尔滨市市委、市政府、市政协及市纪委抽调人员，组成领导小组，统筹谋划、分工协作，使行政区划调整过程中的每个方面和环节都有专人负责协调和落实。同时，市委、市政府还出台了具体的操作细则，对机构设置、干部安排、资产调整和财产审计等关键环节作了详细规定，市纪委也明确了相应的工作纪律，为行政区划调整工作的顺利进行提供了有力保障。

（三）建立统筹机制

两次行政区划调整都涉及对老城区的合并。为做好干部安置工作，保持队伍稳定，市委直接领导干部安排和分流工作，为防止突击提干，提前半年冻结各区（县、市）及市直部门的干部提拔和人事交流工作。调整工作开始后，市委组织部门又及时出台行政区划调整过程中的干部人事制度相关规定，对新区的干部安置分流工作进行指导。同时，市委、市政府对调整后的道外区和香坊区在干部配备安置、财政转移支付、重点项目安排等方面给予一定的优惠政策，允许在机构不超的情况下，进行一定的干部超配，然后逐步消化，加大财政转移支付力度，首先安排重大建设项目和公共设施建设等。通过全市“一盘棋”的运作方式，缓解了合并区后的人员、财政压力，新区发展加快，面貌明显改观。

（四）创新管理体制

哈尔滨市紧紧抓住两次行政区划调整的有利契机，在新区组建过程中，积极推进体制、机制创新，合理调整行政管理权限，努力构建与经济社会和人的全面发展相适应的社会管理体制。将政府机构改革与松北、道外、香坊区机构调整结合起来，科学确定管理体制和职能定位，建立结构合理、行为规范、办事高效、运转协调的行政管理体系。如把松北区作为行政改革的试验区，按照“两块牌子、一套人马”赋予其特殊权限和政策，使其既行使行政区的职能，又具备开发区的功能。对呼兰、阿城也给予特殊政策，规划、公安、财政等保持原行政体制5年不变，并赋予城市管理职能，逐步建立与城区功能相适应的城市行政管理框架。

五、几点启示

（一）合理的行政区划调整是贯彻落实科学发展观的必然要求

中外行政区划的历史经验表明，一个国家的行政区划体制是与历史传统、生产力水平和自然条件紧密相连的，有着很强的历史延续性和相对稳定性。从国际经验看，在工业化、城镇化快速发展时期较大幅度地调整行政区划，是发达国家的共同规律，英国、法国、德国、美国、日本在城镇化加速发展时期都进行过大规模的行政区划调整。我国经济社会发展进程已进入工业化、信息化、城镇化、市场化、国际化加速发展的历史阶段，合理调整行政区划，是经济社会发展的客观规律，是贯彻落实科学发展观的必然要求。

（二）合理的行政区划调整是实现经济社会又好又快发展的必要手段

行政区划是国家地方行政建制的空间安排，是国家权益的地方配置，是国家地方制度的重要基础。从一定意义上说，行政区划设置得是否科学合理，直接关系到国家管理机制能否有效运行、国民经济能否健康发展、生产力布局能否科学合理，关系到中央能否有效管理地方、地方能否充分发挥能动性和创造性。随着工业化、信息化、城镇化、市场化、国际化的加速发展，大中城市行政区划格局的矛盾和问题日益显现，通过合理的行政区划调整，有利于激发地方的活力，创造良好的发展条件，实现经济社会又好又快发展。

（三）合理的行政区划调整是工业化城镇化发展、政府职能转变、交通通讯条件改善的必然结果

目前我国已进入了工业化城镇化加速发展的历史阶段，城镇化水平达

到了45.68%，城镇人口超过6亿。据专家预测，今后城镇人口将以每年1%的速度增长，每年将增加1300万城镇人口。城镇化的快速发展，对我国的行政区划产生了巨大、深刻的影响，成为进行行政区划调整的主要动因。同时，随着社会主义市场经济体制的建立健全，科技的进步、交通通讯的发达和管理手段的现代化，经济管理从微观管理转向宏观管理，地方政府从全能型政府转变为服务型政府，管理效率大大提高，为合理的行政区划调整创造了条件。

思考题

1. 哈尔滨市行政区划调整带给我们什么启示？
2. 当前大中城市行政区划存在哪些方面的问题？
3. 怎样解决行政区划中的矛盾和问题？

案例 26　辽宁省北宁市更名为北镇市

2006 年 2 月，经国务院批准，辽宁省北宁市更名为北镇市。总结北镇市更名的过程，分析更名的原因和影响，对规范地名命名更名管理、保护与发展地名文化具有重要的借鉴意义。

一、案例背景

北镇市位于辽宁省西南部，由锦州市代管，东邻黑山县，西接义县，南与盘山县毗邻，北与阜新蒙古族自治县交界。全市总面积 1782 平方公里，辖 24 个乡镇、324 个村，总人口 53 万人，有满、汉、回等 19 个民族，其中，满族人口占 62.4%。

北镇因医巫闾山为北方镇山而得名。《周礼》记载，东镇青州沂山，西镇雍州吴山，中镇冀州霍山，南镇杨州金稽山，北镇医巫闾山，合称五座镇山。据《广宁县乡土志》记载，“舜封十二山，以医巫闾山为幽州之镇，故名北镇”。在明、清时期有广宁大山之称，至今广大群众仍称其为“大山”。两汉的无虑县，唐代的巫闾守捉，都是由医巫闾山而得名。金代开始改称为广宁，沿用至清末。1913 年全国统一县名，因与湖南省广宁县重名而改称为北镇县。1989 年改称为北镇满族自治县。1995 年 3 月，经国务院批准，撤销北镇满族自治县，设立县级市，鉴于历史上曾称广宁，故从“北镇”和“广宁”中各取一字，称北宁市。

二、事情经过

（一）更名理由

1. “北镇”名称历史悠久，文化底蕴丰厚

该名称早在隋朝就已启用，已经有 1400 多年的历史，而“北宁”

这一名称是1995年撤县建市时的人为组合，缺乏历史积淀，难以起到传承历史文化的作用。恢复“北镇”名称，有利于继承和弘扬镇山文化。

2.“北镇”名称充分反映了当地的历史和地理特征

建于隋朝的北镇庙是全国五大镇山中唯一保存完好的一座，当地还有很多历史文物古迹，如祠庙、鼓楼、崇兴寺、辽代双塔等都以“北镇”冠名，这些历史和地理文化已与北镇融为一体。恢复“北镇”名称，能够准确地反映当地的历史和地理特征，指位性更明显，符合地名命名更名的原则。

补充阅读

《地名管理条例》（摘录）

第三条 地名管理应当从我国地名的历史和现状出发，保持地名的相对稳定。必须命名和更名时，应当按照本条例规定的原则和审批权限报经批准。未经批准，任何单位和个人不得擅自决定。

3.“北宁”名称的社会认同度低

在1995年撤县设市后，政府正式批准了“北宁”这一新名称，但一直难以取得当地群众的普遍认同，而原名称“北镇”仍在社会上广泛使用。新地名难以取代旧地名，造成了两个地名混用的局面，给广大人民群众的交流交往造成了诸多不便，社会各界恢复“北镇”名称的意愿非常强烈。

（二）更名过程

1.提出更名申请

2004年1月，北宁市123名人大代表联名提出《将“北宁市”更名为“北镇市”的议案》。市委、市政府对此高度重视，专门成立了更名工作领导小组。在充分论证并征求各方意见的基础上，市政府正式向上级人民政府提出更名申请。此后，锦州市政府向辽宁省政府上报了《关于恳请省政府致函国家民政部协调将北宁市更名为北镇市的请示》。

2006年2月，北宁市更名为北镇市

2. 征求社会意见

有关部门对更名工作进行了社会问卷调查。问卷调查结果表明，92%的居民认为很有必要或有必要将北宁市更名为北镇市。绝大多数人认为，“北宁”与“北镇”相比，历史短暂，知名度小，影响力低，不利于北镇的经济发展和文化传承，也影响了人民群众的生产生活。调查结果表明，将北宁市更名为北镇市具有深厚的民众基础，符合广大群众的意愿。

3. 组织专家论证

各级政府和民政部门都组织有关专家对更名进行了论证。北宁市市政府邀请辽宁大学、沈阳工业大学、沈阳师范大学和渤海大学等单位的多位专家学者就北宁市更名为北镇市的历史依据、现实作用和发展优势进行了全方位的可行性论证。辽宁省人民政府就更名事宜，组织了有关部门的专家学者进行了广泛的调研论证，学者专家普遍认同。民政部地名研究所、中国行政区划与地名学会受民政部区划地名司委托，组织有关地名学、历史学、语言学专家进行论证。专家认为，“北宁”更名为“北镇”符合《地名管理条例》有关规定，有利于传承和保护地名文化遗产，更名是可行的。

4. 批复

2006年2月，经国务院批准，民政部发出《关于辽宁省北宁市更名为北镇市的批复》，批准将北宁市更名为北镇市。

至此，在1995年北镇满族自治县更名为北宁市11年后，又正式恢复了“北镇”名称。

三、社会影响

（一）更好地弘扬和传承了历史文化

“北镇”之名历史渊源深厚，文化积淀浓郁。由于受到历代统治阶级的高度重视，北镇医巫闾山在中国历史上拥有很高的知名度和影响力，“北镇”这一名称也逐步由山名向政区名称演变，在全国范围内具有较大影响。1913年更名为北镇县，是历史发展的必然选择。而1995年更名为北宁市，更多的是出于与“南宁”、“西宁”相呼应的良好愿望，对历史地理文化以及社会根基的充分考虑不多。恢复使用“北镇”名称，则真正延续了“北镇”的历史脉络，续写了“北镇”的发展史。

（二）结束了地名混用的局面，方便了群众生活

原来“北宁”和“北镇”两个名称混用，很多人反映，两个地名同时使用，容易产生误解，不少外地游客以为北宁和北镇是两个地方，经常坐错车或者走错路。恢复使用“北镇”名称，使标准政区名称与社会惯用名称保持一致，消除了一地多名的负面影响，促进了地名标准化，方便了广大群众出行和交流，受到社会各界的欢迎。

（三）促进了地方经济社会发展

“北镇”享有较高的知名度，当地的众多历史、文化古迹以及知名品

牌、特色产品等都以“北镇”冠名，北镇鸭梨、北镇猪蹄等产品闻名遐迩，北镇医巫闾山是国家重点风景名胜区，很多历史遗存和文物古迹在国家和省登记造册时都冠以“北镇”之名。“北镇”形成了品牌效应，得到了广大人民群众的心理认同，成为了北镇人值得骄傲的称呼。恢复“北镇”这一名称，不仅有利于保护文化遗产，传承历史文化，而且有效地提升了城市品牌和形象，大大推动了城市旅游等各项产业的发展，促进了地方经济发展和社会和谐。

四、分析与启示

地名命名更名是地名管理工作的中心环节，涉及面广，影响巨大，是一项政策性、科学性、社会性和实用性都很强的工作。从 1995 年到 2006 年，在短短 10 多年时间里，北镇市的名称经历了两次变更，产生了广泛而深刻的影响。这其中既有更名的教训，也有果断恢复老地名的经验。这启示我们，在地名命名更名管理中，要重点把握以下三个方面：

（一）注重提高地名的文化理念

地名是一种社会文化形态，历史悠久的老地名中往往包含许多历史信息，蕴涵着丰富的文化内涵。我国许多城市历史悠久，地名源远流长，含义丰富多彩。据统计，我国千年以上的县名就超过六百个，内涵丰富的古镇名有上千个，古村落名近十万个，自然地理实体中的传统老地名则更多。地名文化经过上千年的历史积淀才得以形成，对历史悠久的老地名，应深入挖掘，加大保护力度，决不能轻易更改。“北镇”更名为“北宁”得不到社会认同，很大一个原因就是丧失了当地的文化认同。因此，各级领导应树立和强化保护地名文化的理念，对历史悠久的老地名绝不能轻易改掉，在地名命名更名工作中正确把握地名标准化与民族习俗、历史传承的关系，正确处理保护历史地名与清理整顿不规范地名的关系，本着既坚持传承中华优秀传统文化又积极吸取国内外先进文化的原则，加强新生地名的锤炼打造，充实新生地名的文化内涵，提高文化品位，促进地名文化的传承发展，把地名命名更名的文化理念融入社会主义和谐文化建设之中。

（二）尊重地名命名更名规律

地名既是一种文化现象，又是一种社会现象，它反映着历史、地理、文化、民俗、社会等各方面的特征，情况十分复杂，地名的形成有其特殊的规律。地名命名更名工作必须尊重这些科学规律，科学规划，统筹考虑，规范进行。一是要综合考虑并遵循地名命名更名的原则。比如，地名要反映当地历史和地理特征，反映当地的山水等自然景观，反映地理实体的方位关系，反映当地的地形特征等。实践证明，与当地历史地理特点紧密结合、最能反映当地特征的地名，其指位功能更清晰、更明确，以这形式命名的地名，在现有地名中存在的数量最多，也最具有稳定性。此外，还要遵守在一定范围内不应重名、使用规范的汉字或少数民族文字，避免使用生僻字等原则。二是要正确处理地名变更与保持稳定的关系。地名一经形成，流传开来，即成为社会公众使用的公共交流工具，一旦更改，必然会给社会交往造成不同程度的不便。因此，地名管理法规都十分强调地名的稳定性，将保持相对稳定作为地名命名更名的总原则。我们要

补充阅读

《地名管理条例》（摘录）

第五条 地名的更名应遵循下列规定：

（一）凡有损我国领土主权和民族尊严的，带有民族歧视性质和妨碍民族团结的，带有侮辱劳动人民性质和极端庸俗的，以及其他违背国家方针、政策的地名，必须更名。

（二）不符合本条例第四条第三、四、五款规定的地名，在征得有关方面和当地群众同意后，予以更名。

（三）一地多名、一名多写的，应当确定一个统一的名称和用字。

（四）不明显属于上述范围的、可改可不改的和当地群众不同意改的地名，不要更改。

用历史唯物主义的观点对待历史上形成的地名，对不属于地名管理法规规定的必须更改的不规范问题，即可改可不改的地名，不要更改。但是，保持地名相对稳定是一个辩证的概念，随着经济社会的发展，我国城乡面貌发生了巨大变化，许多地理实体发生了变更，地名也必然会随之发生相应的变化。地名命名更名也要根据地名动态发展的规律，反映地理实体的客观变化。在保持地名相对稳定的前提下，本着谨慎的态度，对于违背地名命名原则、符合地名法规更名要求的地名，要及时更名。

（三）要充分尊重社会群众意愿

地名是定位的符号、指向的工具，是信息传输的载体。人们每天工作、生活、交往都要使用地名，可以说，社会生活须臾离不开地名，地名的变更首先影响人民群众的生活。地名对社会生活的影响是全方面的，特别是政区更名，影响面非常广，不仅涉及本地上上下下的各种招牌、各项业务工作，而且还牵涉到全国的交通、邮电、地图等多个部门，可谓牵一发而动全身。科学开展地名命名更名工作，必须充分考虑对社会生活的影响，满足社会生活的需要，否则，更名就很难得到社会认同。案例中“北宁”恢复“北镇”名称，最主要的原因就是广大群众不认可新名称，造成了两个地名混用的局面。为此，要进一步完善专家论证和社会听证制度，广泛听取社会各界民意。对需要命名更名的，应组织召开由有关专家学者参加的论证会，对地名命名更名的必要性、可行性和科学性等进行充分的论证，必要时要召开由社会各界群众代表参加的听证会，决不能闭门运作，由少数人直接随意决定。要通过建立完善论证制度和听证制度，建立科学、民主决策的机制，广泛听取社会各方面的意见，保证社会各界的意见能够及时准确表达，做到公开、公平、公正，确保地名命名更名的科学性、规范性。

思考题

1. 行政区域更名会产生哪些影响？
2. 如何从制度层面把好地名更名关？

案例 27 地名有偿命名的争议

近年来，在市场经济的大潮中，我国一些城市探索开展了地名有偿命名工作，引起了较大的社会反响。本文以上海市探索开展地名有偿命名的过程为例，总结地名有偿命名的历程和经验，对今后各地在市场经济条件下进一步做好地名管理工作有一定借鉴意义。

一、案例背景

地名有偿命名，又称“出让地名使用权”或“拍卖地名冠名权”，简单地说，就是由企业出资，地名主管部门同意以企业名称或商标名称等命名道路、桥梁、广场等有关地理实体的行为。

地名有偿命名是随着我国改革开放和市场经济深入发展而产生的一种地名命名方式。传统上，地名命名主要有两种方式：一是政府命名，即由政府成立的专门地名管理机构负责地名命名更名，政府依靠其强制力对地理实体进行命名；二是约定俗成，大多数地名是因为老百姓在日常生活中经常使用自发约定而成的。有偿命名方式产生前，不论是政府命名，还是约定俗成，都是非市场行为，都是无偿的，不存在付费问题。改革开放后，随着市场经济的发展，市场经济观念也逐渐渗透到地名管理和服务工作中，为解决地名管理和城市建设经费不足的问题，有些城市探索将市场化机制引入到地名工作中，尝试开展地名有偿命名。

二、案例过程

上海是我国最早探索地名有偿命名的城市。从 1992 年开始，上海市浦东金桥开发区为解决新建道路两旁的绿化、人行道等配套工程建设资金，在征得上海市地名办的同意后，把一些道路的冠名权分别拍卖给了开发区的企业。到 1996 年，开发区内已有 19 条道路实行了有偿命名，19 家企业中国有企业或中外合资企业占大多数，路名使用期限与土地批租期限相同。路名主要采用厂名（或谐音）命名，如信谊制药厂取名信谊路，裕安公司取名裕安路，迅达电梯厂取名迅达路，二纺织机械厂用谐音取名良机路。也有用几家外企名取名的，如“西门子路”、“夏普路”、“美能达路”等。

但这次道路命名工作没有维持很长时间，命名后不久就产生了一系列问题。以“欧德力路”为例，该路名是位于浦东金桥开发区的上海欧德力服饰有限公司通过与有关部门鉴定协议获得的。因为“欧德力”这一名称同时也是该公司生产的衬衫、运动鞋、休闲服等产品的商标。同在该路上的其他公司、厂家生产的产品都要在生产地址栏中标注“欧德力路”的字样，相应的广告、信封、信纸、宣传品等需要注明地址的物品也都需要标注这一路名。这样，相当于其他厂家都在免费为欧德力公司作宣传。因此，许多公司不愿意使用别的公司的名称作路名。其中，日本日立公司在上海设立的合资公司——日立上菱电化机器有限公司便是其中一家。为解决这一问题，日立上菱公司策划出资购买该路路名的冠名权。1996 年 6 月，日立上菱公司与欧德力公司就道路冠名权问题进行了一次谈判。谈判中，日立上菱公司开价 10 万美元。尽管这一价格远远高于原先取得冠名权时的 16 万元人民币，但欧德力公司认为路名已经成为公司的无形资产，据估算其当时市场价值约为 6000 万元人民币，提出成交的底价为 1000 万元人民币。由于双方报价相差很大，谈判无果而终。

政府地名主管部门发现，这种用企业名命名道路的方法，对长远投资不利，一些被企业命名的道路区域，对更多企业进行投资丧失了吸引力，因此不久后就将地名陆续改了回去。从 1999 年 12 月开始，上海市地名办不再接受企业对道路的冠名请求。2006 年，上海市地名办有关负责人表示，上海今后不会再采用地名有偿命名的制度，随着经济不断发展，这种制度越来越不可行，而且上海也没有必要通过这种方式筹集资金。

三、社会反响

上海的地名有偿命名工作自开展以来就争议不断，引起了较大的社会反响，其中既有支持者，也不乏反对的声音。

支持者认为，地名有偿命名是一桩多方共赢的好事，应当适度倡导。主要理由有以下四点：一是可以筹集地名管理和城市公共设施建设资金，弥补财政资金不足。近年来，地名工作范围不断扩展，除命名更名管理外，还包括地名标志设置、地名规划、地名信息化服务等多项内容，而财政资金投入很少，地名管理和服务资金缺口很大。地名有偿命名在一定程度上缓解了地名工作资金不足的困难。二是为企业提供了一个广告平台，有利于扩大企业知名度，起到了较好的广告宣传效应。三是将有偿命名筹集的资金用于公共设施建设和服务，提高了地名公共服务水平，社会公众享受到了更完善的地名服务。四是从法律角度看，目前国家地名法规没有禁止地名有偿命名更名的相关规定，有关行政机关在遵守法律、法规的前提下，实施地名有偿命名以筹集资金，并将筹集到的资金用于城市建设、地名标志设置等公益事业，符合法律规定和精神，也符合政府加强公共服务的要求。

反对者则认为，地名是公共资源，是政府应当提供的公共产品，政府不应用来营利，而且这种方式容易产生地名变换频繁、破坏地名文化等一系列问题，应当禁止。主要原因有五个方面：一是侵犯社会公众利益。以一个企业名称命名一条道路，位于这条道路上的其他企业和个人都要使用该企业名称作为自己的住址名称，相当于免费为该企业作广告宣传，他们认为自身的利益受到侵犯。二是产生了巨额社会成本。伴随着道路名称的变更，相关的身份证、房产证、邮寄地址等都要变更，其他企业和居民承担了不应承担的额外支出，特别是在企业冠名期限较短的情况下，若干年后还要再次承担该成本。三是容易造成地名混乱。有些地方可能会为了经济利益而大量进行有偿命名，且冠名权一般都有期限限制，到期后如果企业不续约，还必须再次更名，地名的稳定性难以保障。四是容易滋生腐败行为。有人认为，地名是属于城市的公共资源，政府拿公共资源进行市场化运作而获利，是一种“权力寻租”行为，极易产生用政府公权力来谋私利的行为。五是不利于地名文化保护。地名是文化资源，是一种文化产品，地名命名应雅俗共赏，有文化品位。有偿命名很大程度上是为企业作广告，是赤裸裸的商业行为，造成了文化割裂，破坏了地名文化。

从实践发展来看，尽管社会各界对地名有偿命名争议不断，但继上海之后，许多城市仍然在不断探索地名有偿命名工作，如北京先后以企业名命名了一些环路上的立交桥，如“燕莎桥”、“国贸桥”、“联想桥”、“四通桥”等。1998 年，济南市将军集团将原济南市二环东路冠名为将军路。2002 年，青岛市举办了“经营城市促进周”活动，通过拍卖、转让、认养等方式对全市范围内的广场、道路、桥梁等实行有偿命名，共筹集资金 7 亿元。2003 年，长沙市面向社会公开拍卖伍家岭立交桥冠名权，湖南波隆公司以 60 万元买断 20 年的冠名权。2004 年，重庆拍卖了轻轨“较新线”沿线 13 个车站地名冠名权。2006 年，武汉市宣布将实行地名有偿命名制度，通过协议和拍卖的方式，将新建的或者必须改名的道路、桥梁、广场等公用设施以及住宅区的命名权进行出售。此消息一出，就在全国引起了强烈争议，之后武汉市没有再出台有偿命名的具体办法，没有再开展有偿命名工作。

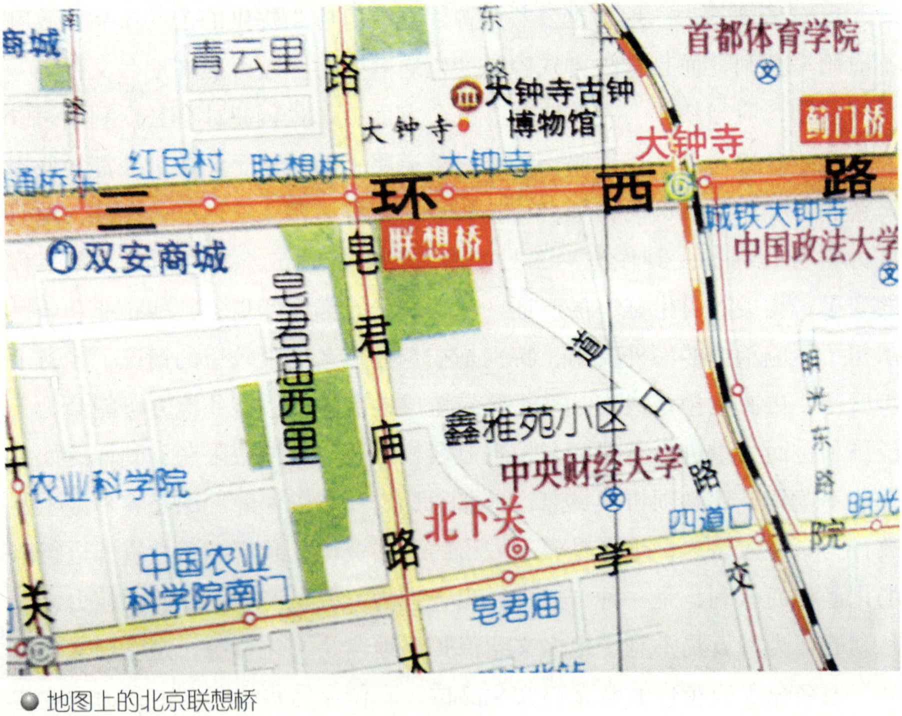

● 地图上的北京联想桥

四、几点启示

对地名有偿命名这一地名命名的新形式，我们既要看到其有利的一面，更不能忽视其可能引发的各种问题，在探索时必须坚持慎之又慎的态度，避免产生影响恶劣的事件，要有针对性地破解问题，提高地名命名的规范性和科学性。

（一）地名有偿命名的探索必须慎重

从实践看，我国地名有偿命名工作仍处于探索阶段，理论和经验都还不成熟。因此，必须坚持因地制宜、慎之又慎的态度，不能勉强市场化和过度市场化。地名有偿命名作为一种特殊的地名命名方式，必须具备相应的条件才能进行，比如规范的管理法规和制度、公平良好的竞争环境、大多数市民的同意等，不能简单地以经费不足为由，对不具备上述条件的地名命名更名工作强行推进。

（二）严格限定地名有偿命名的范围

有偿命名必须适度，必须严格合理地确定有偿命名的范围。在种类上，不是所有的地名都可以施行有偿命名，对区域地名、线状地名等，由于直接联系千家万户，一般不宜进行有偿命名，对桥梁、广场等点状地名则可以探索；对历史悠久、文化内涵丰富的老地名，对老百姓长期使用的老地名，对有重大历史意义的地名等，一般不能实行有偿命名，有偿命名应主要应用在新建的无名地理实体上。在数量上，应严格控制在一定数量之内，不能一哄而上，大面积、多数量地进行有偿命名，以免产生混乱。同时，地名要具有稳定性，因此地名有偿命名的时限不能太短，应确定一个尽可能长的期限。

（三）处理好社会效益与经济效益的关系

地名有偿命名的经济效益直接明显，比较容易衡量，但社会影响广泛长远，社会效益很难准确估量。从实践看，很多地方往往注重经济效益而对社会效益评估不足，有的甚至产生了较大的负面影响，造成了有偿命名工作的失败。应综合权衡社会效益和经济效益，优先考虑社会效益，兼顾经济效益，在保障群众利益的前提下，发挥有偿命名对经济发展和城乡建设的推动作用。为此，要做好相关配套工作，如做好命名更名宣传、地名标志的设置更新、地图等相关地名服务的更新工作，否则将会给群众带来不必要的麻烦。

（四）处理好政府管理与市场化的关系

按照科学发展观要求，当前政府改革的一个重要方向是建设服务型政府，地名工作的重心也由地名管理向地名服务转移。地名有偿命名作为地名市场化运作的一种探索，对实现地名工作投资主体多元化、促进地名工作迅速发展具有一定意义。有偿命名是行政管理和市场机制的有机融合，探索时需要特别处理好政府管理与市场化的关系。一方面，政府应当统筹规划，完善法规政策，加强监督审核，合理安排所筹资金。另一方面，要完善有偿命名的市场竞争机制，做好相关服务工作，吸引有竞争力的市场主体参与到地名工作中来，确保地名命名更名工作规范开展。

（五）注意保护和发展地名文化

地名反映着一个城市的历史文化，新生地名也必须与城市文化相和谐，才能得到社会认同。有偿命名同其他形式的命名一样，要从本地的历史和现状出发，反映当地的历史、地理和民族特征，并体现当地文化底蕴，在不破坏当地文化特色、文化主题、文化内涵的基础上，做好商业文章，做到文化与经济相得益彰，实现地名文化健康发展。

思考题

1. 你认为地方政府应对地名有偿命名持什么态度？
2. 如何规范地名有偿命名？

案例 28　河道采砂问题引起的行政区域界线纠纷

俗话说，“三十年河东，三十年河西”，意思是说世事变化，盛衰无常。这句话用在行政区划中也很恰当，下面就是一起运用司法手段处置因行政区域界线实地位置认定不一致引发的资源管理使用争议突发事件的案例。两县的勘界划分引发了砂场出租权的争端，最终通过法律手段得到解决。

一、案例背景

1998 年 10 月，H 省同属八道河市行政管辖的复兴区与胜利县完成了两区县之间行政区域界线勘定工作，两区县人民政府正式签订了联合勘定的行政区域界线协议书（以下简称勘界协议书），标绘了协议书附图；2000 年 3 月，H 省人民政府批复同意两区县勘界协议书。勘界协议书明确，两区县位于长发地段的行政区域界线走向为“沿泥可河主河流中心线下行至河弯处”，协议书附图标绘的也是以图上泥可河主河流中心线为界。

补充阅读

《行政区域边界争议处理条例》（摘录）

第三条　处理因行政区域界线不明确而发生的边界争议，应当按照有利于各族人民的团结，有利于国家的统一管理，有利于保护、开发和利用自然资源的原则，由争议双方人民政府从实际情况出发，兼顾当地双方群众的生产和生活，实事求是，互谅互让地协商解决。经争议双方协商未达成协议的，由争议双方的上级人民政府决定。必要时，可以按照行政区划管理的权限，通过变更行政区域的方法解决。

解决边界争议，必须明确划定争议地区的行政区域界线。

二、事件经过

（一）争议始发

复兴区认为是越界出租，予以制止，引发纠纷。

2002年，胜利县泥可河河道管理站在交界的泥可河边出租砂场。10月，李女士经胜利县泥可河河道管理站批准领取了第 × 号河道采砂准采证，准许李女士在泥可河河道指定范围内采砂，有效期5年。2003年5月，李女士在胜利县工商局办理了营业执照，6月向胜利县国土资源局申请办理了采砂证，并缴纳了采矿权出让抵押金1500元。复兴区河道部门认为胜利县河道部门越界出租砂场，予以制止；李女士砂场开办后，受到相邻的复兴区某砂场多次干涉。至此，在两区县行政区域界线长发地段因河道采砂问题出现了纠纷。

（二）有关部门进行协调处理、实地测定

2003年6月，李女士向胜利县国土资源局提出《关于勘查长发段李女士砂场边界的申请》，胜利县国土资源局组成勘查组经现场勘查核定并与1∶50000地形图核对后作出说明，认为李女士砂场位于胜利县行政区域，归胜利县泥可河河道管理站管理。

砂场纠纷的情况反映到了八道河市信访办，因涉及土地资源利用问题，信访办交由市国土局处理。2003年8月，八道河市国土局主持召开协调会议形成协调会议纪要，下达了《关于李女士砂场纠纷有关事宜的函》，明确李女士采砂的土地和地下资源应归属八道河市复兴区管辖。李女士对该函有异议，要求以1998年两区县勘界协议书和附图为标准确定砂场位置。同时李女士申请对协议书附图实地位置司法鉴定。

2003年8月，八道河市水务局立案受理了关于李女士砂场非法采砂的群众举报，经调查认为李女士在其河道管理范围内非法采砂，9月，参考市国土局协调会议纪要及函件，依据《中华人民共和国河道管理条例》有关规定作出《责令停止水事件违法行为通知书》和《违法行政处罚决定书》，主要内容为：（1）责令立即停止违法行为，赔偿损失，采取补救措

施；（2）没收非法所得；（3）罚款1万元整。

八道河市国土局、水务局提出处理意见后，部分群众到市政府上访。市政府责成市民政局负责处理行政区域界线位置问题。八道河市民政局依据两区县勘界协议书和附图，经实地测量后出具了争议地段行政区域界线测量技术报告，但报告无文字阐明具体位置。同时，市民政局感觉事态重大，上报省民政厅处理。2004年3月，H省民政厅派出行政区域界线管理专业技术人员会同省测绘队技术人员一起赴八道河市，先参加了由八道河市信访局组织召开的“确定胜利县、复兴区部分边界会议”，然后在八道河市民政局、复兴区、胜利县的有关人员陪同下，以两区县1998年勘界协议书和附图为依据，利用仪器把界线落实到了实地。复兴区、胜利县双方有关人员据此现场进行了实地认界，八道河市民政局现场拍摄了落界点位置照片。

李女士向法院提起诉讼后，根据李女士申请，一审法院请H省高级人民法院司法鉴定中心进行鉴定。H省高级人民法院司法鉴定中心请省测绘产品质量监督检验站协助进行实地测量后，于2004年6月共同出具鉴定书，鉴定结论为：第一，现地争议砂场位置在胜利县辖区内；第二，现场争议砂场的使用权不在本鉴定范围内。被告八道河市水务局对鉴定结论不服，提出请H省司法鉴定中心重新鉴定。一审法院经请示H省高级人民法院司法鉴定中心同意，委托H省司法鉴定中心进行鉴定。为确保鉴定结果准确，2005年1月，H省司法鉴定中心请求国家民政部派出专家实地协助鉴定。同时，明确提出，上次H省民政厅派到实地进行认定的行政区域界线管理专业

补充阅读

《行政区域边界争议处理条例》（摘录）

第六条 民政部是国务院处理边界争议的主管部门。

县级以上的地方各级人民政府的民政部门是本级人民政府处理边界争议的主管部门。

技术人员作为当事人要予以回避。1月下旬，民政部派出工作人员会同国家测绘局技术人员作为专家组成员赴八道河市，同H省司法鉴定中心、八道河市、复兴区、胜利县有关领导和人员一起，依据1998年两区县勘界协议书和附图，利用专用工具，实地测定了争议地段——长发地段的行政区域界线位置。专家组正式给出了测定意见：根据实地回放的界点连线判断，李女士砂场位于行政区域界线东侧（位于胜利县一侧）。此意见与之前H省民政厅、高级人民法院司法鉴定中心的两次实地判定的结论一致。

（三）三级法院审批情况

2003年，李女士对八道河市行政处罚不服，将八道河市水务局告上了杏山区人民法院。

杏山区法院审理认为，本案争议的焦点是：水务局是否越权管理，原告李女士的砂场是否在被告水务局的管理范围之内。因八道河市水务局未按时向H省司法鉴定中心缴纳鉴定费，故省司法鉴定中心鉴定工作未完成。法院采纳了H省高级人民法院司法鉴定中心鉴定结论，作出2004年第×号判决：第一，撤销被告八道河市水务局对原告李女士作出的行政处罚决定；第二，案件受理费100元，鉴定费1万元由被告承担。

之后，八道河市水务局不服判决，上诉到八道河市中级人民法院。

八道河中级人民法院审理认为，本案双方争议的焦点是李女士的砂场位置是否由八道河市水务局管辖，争议双方当事人均以1998年两区县勘界协议书及附图为标准来确认。根据《行政区域边界争议处理条例》规定，双方争议焦点应由双方人民政府或者上一级人民政府来处理边界争议。H省高级人民法院司法鉴定中心和省有关测绘部门不具备处理行政区域边界争议的资质和法律效力，其联合出具的鉴定书不被认定，支持八道河市水务局的上诉请求。作出2005年第×号判决：第一，撤销杏山区法院2004年第×号判决；第二，维持八道河市水务局对李女士作出的行政处罚决定。之后，八道河市法院又下达了2006年第×号驳回申诉通知书。

李女士不服判决，上诉到H省高级人民法院。

省高级人民法院审理认为，八道河市水务局在作出处罚决定前没有履行对事实进行调查等程序，处罚程序违法；李女士提供了胜利县政府给胜利县泥可河河道管理站颁发的国有土地使用证，以及胜利县泥可河河道管理站签发的河道采砂准采证，八道河市水务局并没有提供合法有效的土地使用凭证，仅依据八道河市国土局的会议纪要认定砂场位于复兴区管辖范围内，属于证据不足，应予撤销。据此，2007年1月，H省高级人民法院下达行政判决书，对上诉人李女士诉八道河市水务局行政处罚一案作出终审判决，撤销八道河市中级人民法院2005年第×号行政判决及2006年第×号驳回申诉通知书，维持杏山区人民法院2004年第×号行政判决，原一、二审案件受理费200元及鉴定费1万元由八道河市水务局承担。

至此，围绕着李女士砂场引发的纠纷终于告一段落。

三、几点经验

纵观此案，表面上参加诉讼的是砂场主李女士和八道河市水务局，实际对垒的应当是胜利县和八道河市的水务部门，背后实质是胜利县与复兴区双方政府在争争议地段的行政管辖权。李女士砂场争议事件是一起典型的因对行政区域界线实地位置认定不一致引发的纠纷，属于行政区域界线边界争议突发事件。在本案例中，H省三级法院和相关部门共同努力，几经周折，成功平息了这起边界争议，避免了事态升级。主要经验有：

（一）运用司法手段解决边界争议是一条有效途径

过去处理边界争议，一般采用双方协商和上级政府决定的办法，这种办法对于处理那些因行政区域界线不清引发的边界争议是必须的，也是行之有效的。但对于处理类似本案例中这种行政区域界线已经划定的边界争议，如果还采用这种办法，因牵扯双方实际利益，双方协商时往往各执一词，需要耗费大量的时间、精力才能达成一致，不利于问题的及时解决，稍有不慎，还可能激化矛盾。相对于双方当事人，法院代表中立和公正，加之司法机关与生俱来的威慑力，由法院来作出判决比较容易被双方当事人接受，客观上能够加快解决问题的进程。《行政区域边界争议处理条例》第二十条规定“行政区域边界划定后，违反本条例的规定越界侵权造成损害的，当事一方可以向有管辖权的人民法院起诉”。在这个案例中，H省三级法院通过不懈努力，作出终审判决，既平息了纠纷，也为落实《行政区域边界争议处理条例》规定探索了路子，对宣传界线管理政策法规，提高我国依法管界水平有重要推动作用。

（二）有关单位各司其职，履行职责，是边界争议得以解决的重要保障

在这个案例中，除双方当事人外，涉及法院、政府、信访、民政、国土、水务、测绘等多个单位，在案例处理过程中，尽管有关单位判断有误，但各有关单位都能积极履行职责，按照职能分工都作出了反应，没有出现推诿扯皮现象，这既符合解决边界争议突发事件各司其职，密切配合的原则要求，也在客观上推动了问题的解决。

（三）上级部门在实地测定过程中公正、透明，赢得了当事双方和基层干部群众的信任

在这个案例处理过程中，焦点集中在对行政区域界线实地位置的测定上，有关单位曾组织了几次实地测定，最后都因种种原因没有得到当事双方的一致认可。应H省司法鉴定中心之邀，民政部、国家测绘局派出工作人员作为专家组成员赴实地协助进行测定工作。专家组成员除耐心向当事双方和基层干部群众说明来意，解释政策，强调纪律外，还在细节上下功夫，如在摄氏零下20多度的泥可河河道内，专家组成员踏积雪、踩冻冰，亲自操纵工具测定每一个点位；只进行政策性解释，不发表带有感情的倾向性意见，与当事双方保持等距离交流；当一方知道专家组测定位置与他们的主张一致，认为将赢得官司，买好鞭炮准备实地燃放时，为避免对另一方造成刺激，专家组坚决制止了这一行为。专家组这种透明、专业、务实、公正的工作方法，赢得了当事双方和基层干部群众的尊重。大家一致认为，专家组确实是来帮助解决问题的，不是走过场，不是拉偏架。因此，双方对专家组得出的结论都表示信服。尽管最后因某些原因，H省高级法院在终审判决时将专家组意见作为直接依据，但从双方接受判决这一

点来看，专家组在实地测定工作中的表现已经为当事双方最终接受判决意见打下了思想基础。

四、几点教训和启示

利用司法手段解决李女士采砂纠纷案件，应该算是一个处置边界争议突发事件的成功案例。但从另一个角度来看，此案例并不复杂，当所有焦点都集中在只需认定行政区域界线实地位置，就能判断李女士砂场是否越界的情况下，及时组织认定行政区域界线实地位置并不是一件困难的事情，但在实际过程中却由不同单位进行了多次实地认定。案件从纠纷发生到解决，经过若干部门和三级法院，前后用了6年时间才得以解决，这种情况除了用边界争议突发事件本身就具有解决期限比较长的特征来解释外，仅从此案例实际解决过程来看，也存在一些令人深思之处。

（一）有关部门和人员对两区县勘界协议书和附图的理解出现了偏差

两区县协议书明确位于长发地段的行政区域界线是“沿泥可河主河流中心线下行至河弯处”，协议书附图标绘的也是以图上泥可河主河流中心线为界。但这里有个客观情况，就是协议书附图用的是20世纪70年代的总参地图，“三十年河东，三十年河西”，图上标绘的泥可河主河流中心线位置已经不是纠纷发生时实地的泥可河主河流中心线位置。由于不了解这种情况，八道河市国土局、水务局才会按照现实的主河流中心线作出李女士砂场的位置位于实地泥可河主河流中心线复兴区一侧的判断；民政厅和省高院

> **补充阅读**
>
> **《行政区域界线管理条例》（摘录）**
>
> **第五条**　行政区域界线的实地位置，以界桩以及作为行政区域界线标志的河流、沟渠、道路等线状地物和行政区域界线协议书中明确规定作为指示行政区域界线走向的其他标志物标定。

司法鉴定中心实测的界线没有落在现实主河道上，当事双方不服也是这个原因。

（二）真正的业务主管部门意见没有得到尊重

《行政区域边界争议处理条例》第六条规定："民政部是国务院处理边界争议的主管部门。县级以上的地方各级人民政府的民政部门是本级人民政府处理边界争议的主管部门。"《行政区域界线管理条例》第三条规定，国务院民政部门负责全国行政区域界线管理工作。县级以上地方各级人民政府民政部门负责本行政区域界线管理工作。第十五条规定，因对行政区域界线实地位置认定不一致引发的争议，由该行政区域界线的批准机关依照该行政区域界线协议书的有关规定处理。因此，无论是根据《行政区域边界争议处理条例》处理边界争议问题，还是根据《行政区域界线管理条例》认定行政区域界线实地位置，民政部门都是同级政府的业务主管部门。严格来讲，判定行政区域界线实地位置唯一有效的依据就是两区县联合勘界协议书和附图，行政区域界线实地位置测定意见应由民政部门作出并得到采纳。遗憾的是，在事件解决过程中，或者是由其他部门进行实地测定，或者采用了其他部门的意见，而作为业务主管部门民政部门的判定意见却没有得到尊重。甚至出现了H省民政厅派出的专业人员履行职责，所作的判定意见不仅没有被有关方面采纳，还出现了被当做事件当事人被要求回避的怪事。应该说，业务主管部门的意见没有得到尊重也是案例几经反复的一个原因。

（三）有关业务主管部门和人员应该更主动一些

依法管界是一项新的工作，有关政策法规还不为多数单位和人员了解，需要持久的宣传和教育。应该说，在这个案件处理过程中，作为行政区域界线实地位置认定业务主管部门的民政部门已经做了力所能及的工作，较好地完成了交办的工作任务。但在事件处理过程中，如果能把图上界线与实地位置不一致问题多加解释，如果在知道需要进行行政区域界线实地位置认定的时候能够主动向有关部门明确本部门的职责，如果在知道作出的判定意见不被采纳后能够主动与有关部门沟通，也许就可以帮助或者提醒有关部门少走一些弯路。

通过这个案例，可以得到如下几点启示：

一是，为了及时、妥善地处理边界争议突发事件，各有关部门必须明确职责，必须坚持各司其职、密切配合的原则。

二是，为了帮助边界地区干部群众明了行政区域界线实地位置，守界生产和经营，各级行政区域界线主管部门必须持之以恒地抓好行政区域界线管理和宣传教育工作。

三是，为了适应依法管界形势需要，广大行政区域界线管理工作者必须不断提高依法行政的意识和水平。

四是，为了维护边界地区的长治久安，必须广泛开展平安边界创建活动。

思考题

1．此起边界纠纷得以解决的成功经验是什么？

2．为什么此起边界纠纷几经周折才得以解决？

案例 29　勘界纪念碑被炸毁之后

2006 年春节期间的某一天，当人们还沉浸在节日欢乐气氛中的时候，位于 A、B 两省交界处的美景关地区传出了一声爆炸声。爆炸声过后，人们发现位于美景关外的一座精美的勘界纪念碑倾倒在地，碑盖、碑身分离——这座记录着当地勘界过程的人工纪念碑被人为地炸毁了。事件发生后，A、B 两省民政部门在当地政府领导下，本着顾全大局、实事求是、互谅互让原则，换位思考，采取稳妥措施处置了这起与行政区域界线有关的边界纠纷突发事件，避免了事态的进一步升级。

一、案例背景

A、B 两省山水相连，新中国成立以来，从未正式勘定过之间的行政区域界线。毗邻双方各级人民政府基本上按照传统的习惯线进行行政管辖，双方群众也是按照传统的习惯线从事生产生活。随着人口的不断增加和人们对资源开发利用意识的逐渐增强，在部分地段曾发生或存在着双方群众为开发和利用矿产、山林、草场、土地等自然资源而引起的纠纷和争议，给国家、集体财产和人民群众的生命财产带来了较大损失。明确划定行政区域界线，彻底解决因行政区域界线不清引起的边界争议，

补充阅读

《行政区域界线管理条例》
（摘录）

第六条　任何组织或者个人不得擅自移动或者损坏界桩。非法移动界桩的，其行为无效。

行政区域界线毗邻的各有关人民政府应当按照行政区域界线协议书的规定，对界桩进行分工管理。对损坏的界桩，由分工管理该界桩的一方在毗邻方在场的情况下修复。

是双方各级人民政府和当地群众的迫切愿望。全国全面勘界期间，两省人民政府在国务院的组织领导下全部勘定了之间的行政区域界线。1998 年 1 月，两省人民政府正式签订了联合勘定行政区域界线协议书，标绘了行政区域界线协议书附图。6 月，国务院批准同意两省勘界协议书。至此，A、B 两省之间的行政区域界线成为了必须严格遵守的法定界线。

美景关位于 A、B 两省交界的山脊上，又称界关。关口立有一座界坊，始建于明景泰年间，后多次修葺，现仍完好。界坊楹柱涂金绘彩，重檐翘角，雄伟壮观。以美景关为界，朝向 B 省一面地势开阔，天气晴朗；朝向 A 省一面多山崎岖，多雨潮湿。就连界坊上的石狮也有区别，A 省一面是潮的，长上了青苔；B 省一面是干的，并有黄尘。美景关的界坊在研究两省的气象方面有一定的科学价值。美景关古代为由 A 省入 B 省的重要关隘，现在实地还能看到一条古驿道。在古代，中央政府派驻 B 省的官员，多经美景关入，离任时则由美景关出。美景关在两省历史文化的发展中起到了交通枢纽的重要作用，是一份厚重的历史文化遗产。以岭上一关为界，两省文化有别，自然环境迥然不同，美景关可算是世间一奇。正因如此，美景关如今已成为当地的一个旅游开发热点，在两省各级政府和边界地区群众心目中占有重要位置。1998 年两省勘界时按照历史习惯法定了这一地段的行政区域界线。

二、事件经过

2003 年，根据民政部工作安排，A、B 两省民政部门组织开展了第一轮行政区域界线联检工作。双方在 A 省省会召开了联检工作会议，会上，双方在交流了勘界后的界线管理情况后，一致认为，全面勘界解决了行政区域界线不清问题，为双方老百姓安居乐业、和睦相处创造了条件，被老百姓称为“德政”工程。双方提议，为纪念勘界这一前无古人的伟大工程，巩固双方传统友谊，应在美景关处建一座勘界纪念碑。11 月，为贯彻两省联检工作会议精神，B 省 Q 市、F 县民政部门与 A 省民政部门联系，在 A 省 L 市召开了联席会议，就树立勘界纪念碑事宜进行协商，达成共识并签订了纪要。会后，双方市、县民政部门，相关乡镇的有关领导和人员根据纪要条款到实地选点建碑。纪念碑位于美景关关门外侧，由B省的F县负责修建，造价10万多元，材质为大理石，外形为亭状，新颖、美观、大方。碑文讲述了美景关历史、勘界的艰辛、界线毗邻群众的情感、美景关的地理特征、双方管理界线等情况，具有较高的文化品位和观赏价值，凡到美景关游览的人多在碑前留影纪念。

纪念碑竣工后，随着前往参观的人越来越多，A省临近美景关的P县的P1镇个别村干部和少数群众对纪念碑树立的位置提出了异议。至此，牵扯纪念碑树立位置的争议开始出现。

2004年10月，B省的Q市、A省的L市两市民政部门在Q市举行了加强两市接壤段省界管理座谈会议，就纪念碑相关问题和界线管理工作进行协商，形成了会议纪要。11月，A、B两省，L、Q两市，P、F两县民政部门和P1镇有关村村委会的有关领导和人员在美景关召开协商会议，就纪念碑选点问题进行了协商，并对纪念碑移址位置达成一致，形成了会议纪要。会后，两省的县级民政部门到实地选点，但因对实地具体的位置产生了分歧，纪念碑移址问题被放了下来。

平安边界创建宣传碑

2006年春节期间，纪念碑被人为炸毁，事态升级。据有人反映，纪念碑是被A省的群众炸毁的。B省F县公安部门接到报案后曾组织调查，因涉及两省，情况复杂，没有深入追查，炸碑具体人员至今未能确认。

此后，两省相关民政部门进行了多次沟通，均同意从维护边界地区稳定大局出发，各自做好一方基层干部群众工作，低调解决这一问题，避免矛盾进一步激化。

2008年，根据民政部工作计划，A、B两省民政部门组织开展了第二轮界线联检。双方密切配合，精心安排，顺利完成了野外作业联检工作。10月底，A、B两省省、市两级民政部门在B省召开了联检汇总工作会议，民政部派员参加。会议总结了联检工作情况，起草了有关文件材料。会议期间，就处理美景关纪念碑问题，两省、市民政部门负责同志又一次进行了深入探讨，并同民政部同志一起到实地进行了调研。经过认真调研、友好协商和协调，双方相互理解、相互支持、换位思考，达成了一致意见：一是都对纪念碑被炸表示痛惜，但对炸碑事件不再追究，各自做好本方基层干部群众思想工作；二是在未做好双方基层干部群众思想工作前，不在美景关地段再建纪念碑；三是如果再建纪念碑，A省可以承担建碑费用。2009年2月，A、B两省人民政府共同向国务院上报了联检工作报告，汇报了联检工作取得的成效，联检工作中存在的问题及解决情况，并提出了下一步加强两省行政区域界线管理工作的具体措施。至此，这件炸毁勘界纪念碑的边界纠纷事件得到了务实、低调、积极的处理，避免了事件进一步升级。

三、炸碑事件处置的经验与启示

A、B两省在美景关地段的行政区域界线已经依法勘定，双方各级政府对行政区域界线实地位置的认识也达成一致。严格来讲，发生在此处的炸毁勘界纪念碑事件并不属于边界争议突发事件，只能算是一起边界纠纷事件，本不应由民政部门处置。但是，考虑到设置纪念碑与勘界有关，也是由界线主管部门实施的，因此，由双方民政部门负责平息也无可厚非。双方民政部门指导思想正确，坚持了正确的原则和方法，妥善平息了事件。总结分析，有以下两点值得肯定：

（一）坚持了顾全大局、实事求是、互谅互让的正确原则

从事件处理过程来看，双方民政部门在重大问题上始终坚持了上述原

则，每一个步骤、每一项措施都是双方换位思考、协商一致的产物，不存在一方把本方意志强加给对方的情况。双方主管部门工作中不护短、不回避矛盾，相互理解、相互信任、相互配合，心往一处想、劲往一处使，既为本方政府领导决策提供了正确依据，又赢得了对方的信任，是问题最终得以解决的关键。

（二）采取了低调、务实、稳妥的处置方式

发生这次炸碑事件的起因并不复杂，应该是某一方群众对纪念碑树立位置不满，进而引发出对美景关地区旅游资源的开发利用担忧而采取的一种极端表达方式，与一般的破坏公共设施情况不同。炸碑事件可能是由个别人完成，但其背后一定代表着某一部分人和单位的意愿。当然，并不是说炸碑有理。事实上不管出于何种担忧、意愿，都不应该采取炸碑这种极端的方式，炸碑不但造成了巨额投入化为乌有，而且也在边界双方干群心中炸开了缺口。但是由于边界问题情况复杂，牵涉到方方面面，如果不对炸碑起因进行分析，而是一味追查具体炸碑人员，就有可能在部分群众中间造成恐慌和不满，也不一定能得到对方政府和部门的配合，稍有不慎可能会引发更大的冲突事件。处理这种事情最好的办法是做好本方基层干部群众的思想工作，对方的工作由对方去做，这样才能减轻群众思想负担，赢得对方政府和有关部门的支持和配合，问题才能得到圆满解决。双方政府和有关部门处理事件时头脑清醒，公安部门慎用警力，民政部门相互理解，采取低调、务实、积极的工作方法，既使基层的干部群众得到了教育，也避免了事件的进一步升级，促使问题得到了妥善解决。

美景关炸碑事件已经告一段落，全面总结这一事件，可以得出结论：一方面，双方当初竖立纪念碑的出发点是好的，本意是为了纪念艰苦卓绝的勘界工作，是为了加深双方干部群众的感情，是为了给这一历史名关增加一些时代元素，并非要越界侵权。同时，在事件发生后，双方采取积极有效措施，避免了事态进一步扩大，妥善解决了问题，这是应该予以肯定的。但另一方面，本来应该是皆大欢喜的事情，最后落得毁碑的结果，双方在一些细节的处理上也有值得商榷之处：一是纪念碑原址选择不够科

补充阅读

《行政区域界线管理条例》（摘录）

第六条（第三款） 因建设、开发等原因需要移动或者增设界桩的，行政区域界线毗邻的各有关人民政府应当协商一致，共同测绘，增补档案资料，并报该行政区域界线的批准机关备案。

第七条 行政区域界线毗邻的任何一方不得擅自改变作为行政区域界线标志的河流、沟渠、道路等线状地物；因自然原因或者其他原因改变的，应当保持行政区域界线协议书划定的界线位置不变，行政区域界线协议书中另有约定的除外。

学。尽管双方都觉得偏在本方一侧，但从现场来看，更像是偏在A省一侧。现在还没有证据证明某方群众炸毁纪念碑是得到了政府或部门领导的授意，但可以分析得出：在美景关处竖立纪念碑，即使位置错了，对那个炸碑的群众也不可能有直接的影响。有影响的应该是双方对当地旅游资源的开发利用和行政管辖。纪念碑选址不科学，容易引起此处不再以关为界的误解，这是双方政府都不能接受的。可以预计，碑被炸了，某方基层领导可能会暗暗地松了一口气。二是树碑没有争取双方政府领导的支持。在行政区域界线上树碑，记录的又是好事，是一件大事、要事，树碑时应该请双方政府领导到场视贺或者支持，实际在树碑时只有部门领导。本来选址不太科学，又没有得到双方政府领导的支持，出现问题就成为必然。三是没有及时落实移址协议。当A省基层干部群众对纪念碑位置已经提出异议，两省民政部门也协商一致需要移址的情况下，没有及时完成纪念碑移址工作，某方群众失去耐心应该是导致纪念碑最后被炸的直接原因。

通过上面分析，对开展行政区域界线管理工作有如下启示：

一是，边界无小事，好事要办好。在行政区域界线上开展任何活动必须双方协商一致，必须取得双方政府领导的支持，必须做好基层干部群众的思想工作。

二是，认真做好联检等行政区域日常管理工作，发现问题应当及时解决，双方协商一致的事项必须及时进行落实。

三是，加大《行政区域界线管理条例》等界线管理有关法律法规的宣传力度，教育、引导群众遵守法定界线，通过合法渠道解决纠纷问题。

四是，完善界线管理工作机制，坚持预防和应急相结合，预防优先的原则，努力创建平安边界。

思考题

1. 为什么勘界纪念碑会被炸毁？
2. 此案例给行政区域界线管理工作带来的启示是什么？

后　记

本书由中央组织部组织，民政部编写，全国干部培训教材编审指导委员会审定。

李立国任本书主编，窦玉沛任副主编。参与本书调研、写作和修改工作的人员有：王齐彦、王胜三、赵泳、甄炳亮、黄茹、张齐安、赵海、范瑜、李桂广、杨佳木、潘洪杰、张国发、张绪勤、吕斌、罗峻等。参加本书审读的人员有：王顺、周长辉、朱华、朱瑞博、王宏伟、王胜三、孟令君、曹毅、时玉宝、程桂兰、张程等。在编写出版过程中，民政部档案馆、人民出版社、党建读物出版社等单位给予了大力支持，中央组织部干部教育局做了大量组织协调工作。在此，谨对所有给予本书帮助支持的单位和同志表示衷心感谢。

由于水平有限，书中难免有疏漏和不当之处，欢迎广大读者多提批评意见。

编　者

2011 年 6 月

全国干部培训教材编审指导委员会

主　　任：李源潮　中央政治局委员、中央书记处书记、
　　　　　　　　　中央组织部部长

副 主 任：雒树刚　中央宣传部常务副部长
　　　　　王尔乘　中央组织部副部长

委　　员：陈喜庆　中央统战部副部长
　　　　　王其江　中央政法委副秘书长
　　　　　何毅亭　中央政策研究室常务副主任
　　　　　李书磊　中央党校副校长
　　　　　董　宏　中央文献研究室副主任
　　　　　欧阳淞　中央党史研究室主任
　　　　　朱之鑫　国家发展和改革委员会副主任、党组副书记
　　　　　王立英　中央纪委驻教育部纪检组组长
　　　　　王志刚　科技部副部长、党组副书记
　　　　　罗平飞　民政部副部长、党组副书记
　　　　　郝赤勇　司法部副部长
　　　　　李　勇　财政部副部长
　　　　　杨士秋　人力资源和社会保障部副部长
　　　　　危朝安　农业部副部长、党组副书记
　　　　　金　阳　国务院国有资产监督管理委员会副主任
　　　　　柳斌杰　新闻出版总署署长、党组书记
　　　　　武　寅　中国社会科学院副院长
　　　　　韩　康　国家行政学院副院长
　　　　　李升泉　解放军总政治部宣传部副部长

办公室主任：孙学玉　中央组织部干部教育局局长

《社会服务与管理》

主　编： 李立国

副主编： 窦玉沛